教师健康指导手册

JIAOSHI JIANKANG ZHIDAO SHOUCE

（第三版）

主编 郭 义 史丽萍

中国医药科技出版社

内 容 提 要

　　教师是人类灵魂的工程师，本书是专为教师健康保驾护航的指导手册，从健康知识、日常保健、工作保健到亚健康、疾病的防治，都准备了翔实贴心的内容。教育的过程不是牺牲，而应是享受；教育的宗旨不是痛苦的重复，而应是快乐的创造。关爱健康，关爱教师，谨以此书献给辛勤工作在教育战线上的教师们，祝你们健康快乐。

图书在版编目（CIP）数据

教师健康指导手册 / 郭义，史丽萍主编 . — 3 版 . —北京：中国医药科技出版社，2014.9

ISBN 978-7-5067-6911-2

Ⅰ . ①教… Ⅱ . ①郭… ②史… Ⅲ . ①教师—保健—基本知识

Ⅳ . ① R161

中国版本图书馆 CIP 数据核字（2014）第 162040 号

美术编辑　陈君杞
版式设计　郭小平

出版　中国医药科技出版社
地址　北京市海淀区文慧园北路甲 22 号
邮编　100082
电话　发行：010-62227427　邮购：010-62236938
网址　www.cmstp.com
规格　710×1020mm $^1/_{16}$
印张　17 $^1/_2$
字数　264 千字
版次　2014 年 9 月第 3 版
印次　2017 年 12 月第 2 次印刷
印刷　大厂回族自治县彩虹印刷有限公司
经销　全国各地新华书店
书号　ISBN 978-7-5067-6911-2
定价　**39.80 元**

本社图书如存在印装质量问题请与本社联系调换

编委会

前言

　　健康，是人类为之不懈奋斗的主题，是提高生命质量的资本，是事业的基石！

　　随着现代科学技术的不断发展，人民生活水平的日益提高及医疗条件的逐步改善，健康在人们生活中的地位及重要性前所未有地凸现出来，人们对自我身心健康渴望的热切度也不断升温。正如联合国大会曾提出的：健康是人类的基本权利，卫生服务的重点应从城市转向农村，应从重视高技术治疗转向普及预防保健；努力提高居民的文化教育水平、营养水平和生活水平；力破卫生事业狭隘的部门封闭状态，要求社会各部门积极参与实现"人人健康"的全球战略目标。

　　虽然健康是人们关注的焦点，但在教育系统，"亚健康"正在迅速蔓延。教师由于长年处在教学科研第一线，紧张繁忙，充满竞争的工作环境，高强度的工作状态，必然严重影响教师的生活节奏和质量。"开夜车"几乎是教师中存在的普遍现象，更不用说有规律地坚持身体锻炼了。这种现状给教师的身心健康带来了难以挽回的巨大损失。据不完全统计，我国知识分子的平均寿命比全国人均寿命低约10岁。教师的健康状况呈逐

年下降趋势，令人担忧。

中医学非常重视对疾病的预防，强调预防保健，防患于未然。本书以中医学的视角谈论了教师日常生活、工作中的养生保健知识和教师职业病的防治等。针对性强，通俗易懂，突出中医调养特色，是改善教师生活质量，调养身心健康的重要参考书。

教育的过程不是牺牲，而应是享受；教育的宗旨不是痛苦的重复，而应是快乐的创造。关爱健康，关爱教师，珍爱生命，提高健康水平，提高生命质量。愿本书能对人类灵魂的工程师——教师的健康有所帮助。

由于方药的使用需在专业医生的指导下处方用药，为避免药物滥用，本书只标明处方之成分，不注明处方各药的用量。

本书特别超值附赠彩色穴位定位图（人体经络穴位图、放大的头部经络穴位图及耳穴定位图），以便大家寻找疾病防治篇中使用的穴位定位。由于编写时间仓促，书中参考文献未能详尽注出，若有遗漏，敬请谅解。

编　者

2014 年教师节前夕

目录

各位老师，在本篇中您将了解到"健康"的真正含义。世界卫生组织给健康提出的10条标准，方便您对自我的健康状态进行了解，而健康的"四大基石"可以帮助各位教师朋友达到健康的状态。现在，就请您打开第一篇，开启您的健康之旅吧！

健康知识篇

日常保健篇

尊敬的教师朋友们，在日常保健篇中您将会了解到从日常生活中怎样进行简单的保健，包括怎样做一个健康的饮食规划？怎么保证一个良好的睡眠？怎样将运动和健康养生结合起来？以及怎样应用日常简单的药物？让健康理念贯穿您的生活，呵护您的生活。

辛劳的教师们，在繁忙的工作中您也许忽略了自己的身体健康。您有没有想过：每天工作的环境可能存在空气污染，办公常用的办公设备正威胁着您的健康。如何在工作中拥有健康，如何在工作中做到自我保健，我们即将向您提出建议。

工作保健篇

亚健康防治篇

随着现代社会生活节奏的加快，高强度的工作给教师的生理和心理都造成了不小的压力，教师们的亚健康问题日益凸显。有关调查数据表明，七成教师处于亚健康状态。什么是亚健康？如何进行亚健康的自我测评？如何进行亚健康的自我防治？本篇将详细向您说明。

疾病防治篇

　　教书育人是一项艰苦细致的工作，使您的身体难免出现一些小问题。如何避免教师们的职业病？面对一些常见的疾病您如何做到自我防治？女性教师应该怎样呵护自己的健康？在您心理出现问题时又应该怎样健康面对？读了本篇之后，相信您会有所收获。

PART 1
健康知识篇

▼

　　各位老师，在本篇中您将了解到"健康"的真正含义。世界卫生组织给健康提出的10条标准，方便您对自我的健康状态进行了解，而健康的"四大基石"可以帮助各位教师朋友达到健康的状态。现在，就请您打开第一篇，开启您的健康之旅吧！

没病等于健康吗

　　教师大多每年都有健康体检，为的是保障大家的健康，及早发现疾病，做到早发现，早诊断和早治疗。虽然每年的体检常能够发现少数人可能患了某种疾病，在经过进一步检查后可以确诊。但绝大多数人在体检后经常会得到一个这样的报告结果——各系统未见明显异常。于是，很多人都以为自己身体健康，可以高枕无忧了。其实，未见明显异常是指在此次体检中没有发现可疑的疾病征象，并不表示你是"健康"的。那有人就会说了，这是医生对教师体检的敷衍，不负责任。其实，用于疾病确诊的常规检查只能给你提供"没病"的结论，但没病等于健康吗？当然**不是**。所以医生在常规体检中是不能下"健康"的结论的。疾病与健康之间并没有一条清晰的界线，查不出有病或自我感觉没病并不等于真正意义上的健康。那么究竟什么才是真正的健康呢？

健康的确切含义

根据世界卫生组织（WHO）的定义，健康是指生理、心理及社会适应三个方面全部良好的一种状况，而不仅仅是指没有生病或不虚弱。

健康的相关标准

| 世界卫生组织给健康提出了 10 条标准 |

（1）精力充沛，对担负日常生活和繁重工作不感到过分的疲劳与紧张。

（2）乐观积极，乐于承担责任。

（3）善于休息，睡眠好。

（4）应变能力与适应环境能力强。

（5）有一定抵抗力，能抵抗一般性疾病。

（6）体重适当，身体匀称。

（7）眼睛明亮，反应敏锐。

（8）头发光泽，无头皮屑。

（9）牙齿清洁、无龋齿、不疼痛，牙龈颜色正常，无出血现象。

（10）肌肉丰满，皮肤富有弹性。

| 健康的四大基石 |

健康四大基石，十六字：第一，合理膳食；第二，适量运动；第三，戒烟限酒；第四，心理平衡。

健康第一大基石　合理膳食

合理膳食十个字：一、二、三、四、五，红、黄、绿、白、黑。

"一" 每天睡前喝 1 杯牛奶。

"二"　　250～350克糖类，相当于六两至八两主食。

"三"　　3份高蛋白。一份就是一两瘦肉或者一个大鸡蛋，或者二两豆腐，或者二两鱼虾，或者三两鸡和鸭，或者半两黄豆。

"四"　　指四句话　"有粗有细，不甜不咸，三四五顿，七八分饱"。

"五"　　一天500克蔬菜和水果。

"红"　　一天一个西红柿，喝少量的红葡萄酒。

"黄"　　即红黄色的蔬菜，如胡萝卜、红薯、老玉米、南瓜，红黄色的蔬菜维生素A多。

"绿"　　指绿茶以及绿色蔬菜。饮料中数茶最好，茶叶中绿茶最好。

"白"　　如燕麦粉、燕麦片，能够降低胆固醇、甘油三酯。

"黑"　　黑木耳，可以降低血液的粘度，预防心脑血管疾病以及动脉硬化症。

健康第二大基石　　适量运动

运动做到三个字：三、五、七。

"三"　　每次步行3公里，时间超过30分钟。

"五"　　每星期最少运动5次。

"七"　　运动量达中等量，即心跳＋年龄＝170。

健康第三大基石　　戒烟限酒

吸烟对人体百害而无一利，不仅使人成瘾，还会促发高血压、冠心病，引起气管炎、肺气肿和肺癌等多种癌症等。因此，在任何年龄戒烟，都可获得健康上的真正收益。如戒烟一时有困难，每天吸烟应限制在5支以内，逐步减少吸烟量直至彻底戒烟。饮酒要少，经常或过量饮酒则伤肝，容易引起肝硬化，甚至肝癌。一日饮酒量不宜超过15克酒精，相当于葡萄酒60～100毫升，白酒25～30毫升，啤酒0.5～1瓶。

健康第四大基石　　心理平衡

古人说："恬淡虚无，真气从之，精神内守，病安从来。"可见，心理平衡十分重要，但也最难做到。谁能做到心理平衡，谁就掌握了健康的金钥匙。

心理平衡，要做到"三个快乐"：助人为乐，知足常乐，自行其乐；还要做到"三个正确"：正确对待自己，正确对待他人，正确对待社会。

最好的医生是自己，最好的心情是宁静，最好的药物是时间，最好的运动是步行。

PART 2
日常保健篇

▼

　　尊敬的教师朋友们，在日常保健篇中您将会了解到从日常生活中怎样进行简单的保健，包括怎样做一个健康的饮食规划？怎么保证一个良好的睡眠？怎样将运动和健康养生结合起来？以及怎样应用日常简单的药物？让健康理念贯穿您的生活，呵护您的生活。

健康饮食原则

饮食有节，合理搭配

　　饮食有节，是要求人们饮食要有节制。"药王"孙思邈在《千金要方》中指出"食欲少而数，不欲顿而多"，提倡进食适度。饥饱失常，也常会损害健康，甚至引发疾病。我国传统医学圣典《黄帝内经》中提出"五谷为养，五果为助，五畜为益，五菜为充。气味合而服之，以补精益气"的观点，说明古人早就认识到各种食物中所含营养素的不同，只有合理搭配各种食物，才能充分满足人体的需要。

五味调和，不可偏嗜

　　《黄帝内经》中提出"是故谨和五味，骨正筋柔，气血以流……长有天命"，说明饮食五味也与人的健康长寿有着密切的关系。所谓五味，是指酸、苦、甘、辛、咸。中医认为，味道不同，其作用也不同。如酸有敛汗、止泻、涩精、收缩小便等作用；苦有清热、泻火、燥湿、降气、解毒等作用；辛有发散、行气、活血等作用。所以，在选择食物时，必需五味调和才有益于健康，若五味偏嗜，会引起疾病的发生。要做到五味调和，首先要浓淡适宜；其次，味不可偏亢，偏亢太过，易损五脏；再者要注意各种味道的搭配，配合得宜。

健康饮食习惯

🌱 食宜暖

生冷、寒凉的食物进食过多会损伤脾胃和肺气，微则为咳，甚则为泻。体虚胃寒的人，应该少吃生冷的食物，特别是在夏日更应慎重。孙思邈在《千金翼方》中的论述是值得借鉴的，他指出"热食伤骨，冷食伤肺，热无灼唇，冷无冰齿"。

🌱 食宜细缓，不可粗速

《养病庸言》一书中说："不论粥饭点心，皆宜嚼得极细咽下。"《医说》中记述说："食不欲急，急则损脾，法当熟嚼令细。"咀嚼是帮助摄食及消化的重要环节。进食时缓嚼慢咽，能使唾液大量分泌，唾液中的淀粉酶可助消化、溶菌酶和分泌性抗体可杀菌解毒。

🌱 食后宜动

俗话说"饭后百步走，能活九十九"，说明进食后缓行散步有利于健康。《论语·乡党》篇说："食不语，寝不言。"《千金翼方》中说："食勿大言……及饥不得大语。"说明古人主张食中宜静而专致，不可高谈阔论、分心，以利纳谷和消化。

此外，饮食的平衡对于健康饮食也尤为重要。中国营养学会发布的2013年修订版中国居民平衡膳食宝塔和膳食指南，为我们合理调配膳食提供了一个可操作性指导。

"膳食宝塔"建议的各类食物摄入量是一个平均值。每日膳食中应尽量包含"膳食宝塔"中的各类食物，但无须每日都严格按照其推荐量。而在一段时间内，比如一周内，各类食物摄入量的平均值应当符合建议量。

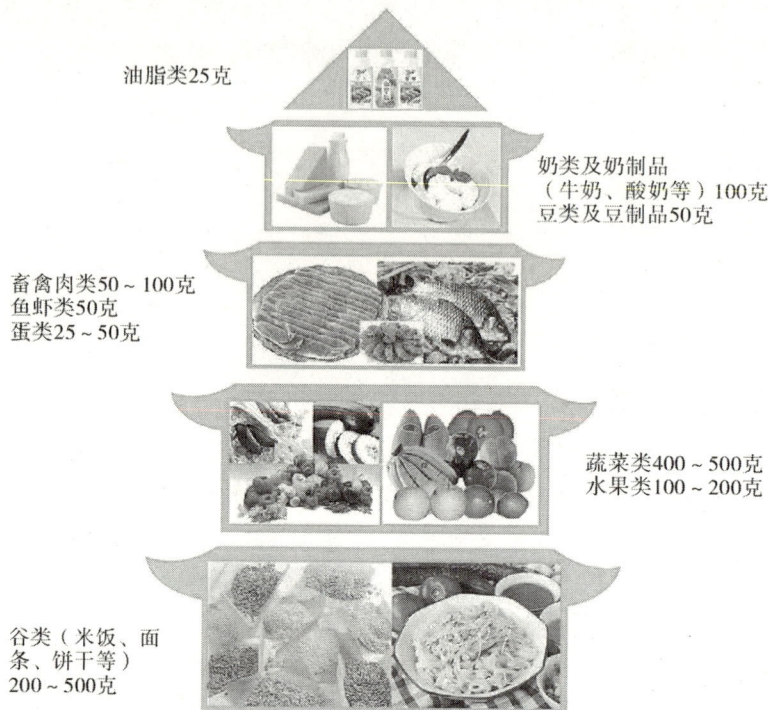

油脂类25克

奶类及奶制品
（牛奶、酸奶等）100克
豆类及豆制品50克

畜禽肉类50～100克
鱼虾类50克
蛋类25～50克

蔬菜类400～500克
水果类100～200克

谷类（米饭、面
条、饼干等）
200～500克

中国居民平衡膳食宝塔

谷薯杂豆类　谷类食物是中国传统膳食的主体，是人体能量的主要来源。谷类包括米、面、杂粮，主要提供糖类、蛋白质、膳食纤维及 B 族维生素。薯类含有丰富的淀粉、膳食纤维以及多种维生素和矿物质。另外要注意粗细搭配，经常吃一些粗粮、杂粮和全谷类食物。

蔬菜水果类　蔬菜、水果能量低，是维生素、矿物质、膳食纤维和植物化学物质的重要来源，对保持身体健康，保持肠道正常功能，提高免疫力，降低患肥胖、糖尿病、高血压等慢性疾病的风险具有重要作用。

鱼、禽、肉、蛋类　鱼、禽、蛋和瘦肉均属于动物性食物，是人类优质蛋白、脂类、脂溶性维生素、B 族维生素和矿物质的很好来源。瘦畜肉的铁含量

高且利用率好。鱼类的脂肪含量一般较低，且含有较多的多不饱和脂肪酸；禽类的脂肪含量也较低，且不饱和脂肪酸含量较高；蛋类富含优质蛋白质，是很经济的优质蛋白质来源。虾及其他水产品含脂肪很低，有条件可以多吃一些。

奶类和豆类食物　奶类除含丰富的优质蛋白质和维生素外，含钙量也较高，且利用率高，是膳食钙质的极好来源。各年龄人群适当多饮奶有利于骨健康。大豆含丰富的优质蛋白质、必需脂肪酸、多种维生素和膳食纤维，且含有磷脂、低聚糖，以及异黄酮、植物固醇等多种植物化学物质，应适当多吃大豆及其制品。

食用油和食盐　油与食盐摄入过多是我国城乡居民共同存在的问题。为此，建议我国居民应养成吃清淡少盐膳食的习惯，即膳食不要太油腻，不要太咸，不要摄食过多的动物性食物和油炸、烟熏、腌制食物。

足量饮水，增加身体活动　在温和气候条件下生活的轻体力活动成年人每日至少饮水1200毫升（约6杯）；在高温或强体力劳动条件下应适当增加。建议成年人每天进行累计相当于步行6000步以上的身体活动，如果身体条件允许，最好进行30分钟中等强度的运动。

┃2013 版居民膳食指南┃

（1）食物多样，谷类为主，粗细搭配。

（2）多吃蔬菜水果和薯类。

（3）每天吃奶类、大豆或其制品。

（4）常吃适量的鱼、禽、蛋和瘦肉。

（5）减少烹调油用量，吃清淡少盐膳食。

（6）食不过量，天天运动，保持健康体重。

（7）合理分配三餐，零食要适当。

（8）足量饮水，合理选择饮料。

（9）戒烟禁酒。

（10）吃新鲜卫生的食物。

（多、蔬、奶、优、淡，动、配、水、酒、鲜。）

四季饮食

春清

春季易受风邪，五行属木。迎风流泪易伤目，口味发酸，易怒，伤肝胆，因此在春季宜用清肝胆火旺之保健品。春季阳气升发，高血压病人容易发病，此时不宜过食辛热动火的食物，以防血压升高，大便燥结，可以择用绿色清淡的蔬菜以及荸荠、鸭梨之类的水果。

夏调

夏季易受暑邪，五行属火，耗伤津液，易使人心火上炎，面红耳赤，口舌生疮，宜食用降心火、调理心志的食物，如苦瓜、苦菜、绿豆、荸荠等。此外，夏季暑湿较重，容易导致脾胃不适。饮食应以清淡质软、易于消化为主，少吃煎炸油腻、辛辣食品。可选用薏米、扁豆、山药、冬瓜等食物健脾祛湿，调和肠胃。

秋补

秋季气候渐趋凉，人多口干舌燥，咳嗽少痰，易伤肺津，宜滋阴润肺。饮食应以"滋阴润肺"为原则，银耳、百合、莲子、梨、藕等都是不错的选择。此外，经春清、夏调之后，身体运行正常，这时需要补充适当的营养，使气血充盈，阳生阴长。而许多的补养食物中有过多的糖、脂类、蛋白和激素等，因此选择上要有尺度。

冬防

冬季气候寒冷，体虚不御寒而伤肾，活动量少，食入量增多，体内容易积存过多脂类物质，而气血运行缓慢，心脑血管疾病易发。宜择用补钙的食品，或者制成药膳：如八珍鸡汤、枸杞糯米饭、虫草红枣炖团鱼、狗肉粥等。

总之，清、调、补、防的四季食物疗法原则，便是健康体魄的养生之道，调节机体心态的平衡，补充适宜的营养，从而达到预防保健、强身健体、延年益寿的目的。

教师饮食选择

教师是脑力劳动者，长期进行紧张的思维活动，其所消耗的能量和养分并不亚于体力劳动。因此，教师平时应在饮食上多加调理，以补充大脑所需的基本营养。

糖类 神经系统时刻需要血糖，大脑的功能与体内的血糖有着密切的关系。低血糖时人会感到很疲倦，思路不清，甚至有可能昏迷、休克。大脑在活动时会消耗大量的糖类，主要是葡萄糖，而葡萄糖是由食物中的糖类分解而成的。糖类主要存在于米、面中，故平时一日三餐应吃足主食。

蛋白质 蛋白质是构成脑细胞结构的主要成分之一，而大脑细胞中的蛋白质处于不断更新的过程中。教师长期处于紧张的脑力劳动中，脑细胞代谢旺盛，蛋白质消耗量加剧。蛋白质中的谷氨酸能消除脑代谢过程中所产生的氨对脑的毒害，对大脑具有保护作用。含蛋白质的食物主要有鱼、肉、禽、蛋、奶及谷类、豆类和干果类制品等。

维生素 维生素是维持人体正常代谢和生理功能所必需的低分子有机化合物。维生素 B_1 能促进糖类的代谢，对脑神经具有保护作用；维生素 C 是蛋白质和糖正常代谢不可缺少的物质；维生素 B_6 和 B_{12} 具有维护和镇定神经的功效。维生素广泛存在于谷类、蛋黄、蔬菜和水果中。

卵磷脂 大脑神经系统的兴奋传导需要乙酰胆碱作为介质。胆碱是合成乙酰胆碱的原料，而卵磷脂经过消化可释放出胆碱，故卵磷脂能强化大脑的功能。含卵磷脂丰富的食物主要有动物的脑、肝以及蛋类和大豆及其制品。

此外，根据教师的职业特点，平时还可以有针对性地多吃些保护咽喉、防尘护肺以及抗疲劳、护眼的食物。

多食养眼食物 教师经常看书、备课，因此视力容易受到损害。上课时粉笔灰尘的影响，使教师易患结膜炎等感染性眼疾。随着电脑的普及，教师中患"电脑眼"的人也逐渐增多。要防止视力损害，除正确用眼外，还要多食具有养肝作用的食物，如羊蹄筋、羊肝、胡萝卜、菠菜、桑葚、甲鱼、黑木耳等。

多食保护咽喉的食物 尽量少食刺激性食物如辣椒、大蒜等。慎食油炸煎炒食物，力戒烟酒。用嗓子不可过度，以防声嘶。平时多选食一些清热解毒的蔬菜水果，如南瓜、丝瓜、芹菜、莲藕、雪梨、乌梅、莲子心等。

多食抗疲劳食物 教师长时间站立讲课，下肢肌肉处于紧张状态，产生的乳酸在下肢积聚较多，会出现沉重、酸胀等不适，这是疲劳的表现。故教师日常宜多食富含维生素 C 的食物，如水果、蔬菜和豆类等。

多食用抗粉尘食物 教师在日常膳食中，宜适量增加食用胡萝卜、木瓜、南瓜、西兰花、菠菜、油桃和杏等，因为这些食物含有较多的 β－胡萝卜素。β－胡萝卜素是一种抗氧化剂，有预防尘肺病发生的作用。此外，可适量食用能排尘的食物，如黑木耳和猪血。这两种食物可清除胃肠道中的粉尘，从而防止粉尘对消化道的危害。

也 谈 茶 酒

茶

《神农本草经》载"神农尝百草，日遇七十二毒，得茶而解之"。茶之益，不言而喻。公元 760 年，"茶圣"陆羽写出了世界上第一部茶书专著《茶经》，并被称为"茶博士"，奉为"茶神"。

茶叶中的营养成分　营养成分包括蛋白质、茶多酚、糖类，多种维生素和矿物质。其中能被人体利用发挥营养作用的主要是维生素和矿物质，例如维生素 C 在高档绿茶中，每 100 克含量可达 250 毫克，最高可达 500 毫克。所含矿物质主要包括钙、镁、铁、钠、锌、铜、磷、铁、硒等。此外还含有许多非营养的化学成分，如茶碱、可可碱等生物碱类，黄酮类、粗纤维、胶质、茶丹宁等。

茶的保健作用　我国饮茶至少有 3000 多年的历史，很早就有饮茶健身的记载。李时珍《本草纲目》载"茶苦而寒，阴之阳，沉也降也，最能降火，火为百病，火降则上清矣"。现代科学研究发现，茶有抗老延年、抗突变、抑癌、降血压、消炎、杀菌等功效。此外，茶叶所含的咖啡因能促进人体血液循环、兴奋中枢神经及强心利尿。所含的茶多酚有降血糖、降血脂、提高机体免疫力功能、抗辐射、抗凝血及抗血栓等功能。所含的芳香族化合物能溶解脂肪、去腻消食，所含单宁酸可抑制细菌生长及肠内毒素的吸收，可用于防治腹泻等。

茶的合理利用　茶叶含有咖啡因，故容易失眠的人睡前不宜饮浓茶。咖啡因能促进胃酸分泌，增加胃酸浓度，故患溃疡的人饮茶会使病情加重。营养不良的人也不宜多饮茶，因茶叶中含茶碱和鞣酸，影响人体对铁和蛋白质等的吸收，对缺铁性贫血患者尤其不宜。茶叶苦寒，宜喝热茶，喝冷茶会伤脾胃。体形肥胖者宜多饮绿茶，体质瘦弱者宜多饮红茶和花茶。**春季**，可以喝香气浓郁的花茶。因为花茶的香气具有很强的散发作用，可散发冬天积在体内的寒邪，使阳气逐渐升发。**夏季**，是喝绿茶的季节。绿茶性寒苦，其清热作用在诸茶中是最佳的，夏天饮用最为合适。**秋季**，饮乌龙茶、青茶。因乌龙茶、青茶的茶性介于红绿茶之间，并兼具红绿茶各自的功能。如果没有乌龙茶、青茶，可将红绿茶混合饮用，功效兼具，风味独特。**冬季**，以喝红茶为宜。红茶味甘性温，和胃养肝，因此特别适合老年人品用。 当然，有的人喜爱或习惯于一年四季只饮一种茶，可能与体质有关，这也是可以的。

泡茶水温要看泡饮什么茶而定。高级绿茶特别是各种芽叶细嫩的名茶，不能用100℃的沸水冲泡，一般以80℃左右为宜，茶叶愈嫩、愈绿、冲泡水温越要低，这样泡出的茶汤一定嫩绿明亮，滋味鲜爽，茶叶中维生素C也较少破坏。在高温下茶汤容易变黄，滋味变苦（茶中咖啡因容易浸出）。泡饮乌龙茶、普洱茶和沱茶，每次用茶量较多，且茶叶较粗老，必须用100℃沸滚开水冲泡。为了保持和提高水温，还要在冲泡前用开水烫热茶具，冲泡后在壶外淋开水。

酒

酒有着悠久的历史渊源，我国和古埃及至少有5000年的酿酒饮用历史。酒和人类的社会、文化和生活密切交融，形成了独特的酒文化。

众所周知，酗酒有害健康，还会造成很多社会问题，如酒后驾驶导致的交通事故等。近年来有关适量饮酒对健康的影响越发被人们关注，有研究发现适量饮酒可降低心脏病发作、动脉硬化和某些类型卒中以及绝经期妇女骨质疏松的危险。那么饮多少的酒是适量饮酒呢？

不同国家和地区制定的适量饮酒的标准不同。我国《中国居民膳食指南2013》建议：成年男性一天饮用酒精量不超过 25 克，相当于啤酒 750 毫升，或葡萄酒 250 毫升，或高度白酒 50 克，或 38 度白酒 75 克；成年女性一天饮用酒精量不超过 15 克，相当于啤酒 450 毫升，或葡萄酒 150 毫升，或 38 度白酒 50 克。

适量饮酒与健康的关系受个体诸多因素的影响，如年龄、性别、遗传、酒精敏感性、生活方式和代谢率等，所以不建议大家出于预防疾病（如心脏病）的考虑开始饮酒或频繁的饮酒。

🎓 饮酒 小贴士

喝酒时，可多吃豆和蛋

众所周知，饮酒伤肝。从保健角度来说，酒精含量越高，越要吃动物性蛋白质丰富的菜。市场上出售的保肝药中就含有蛋氨酸和胆碱成分。而牛肉、鸡、鱼、鸡蛋以及其他动物性食品和大豆制品中，含大量蛋氨酸和胆碱。因此，吃这些食品等于服了保肝药。但是不要过食咸鱼、香肠、腊肉下酒，因为此类熏腊食品含有大量色素与亚硝胺，与酒精发生反应，不仅伤肝，而且损害口腔与食道黏膜，甚至诱发癌症。

糖醋菜可多吃。糖对肝脏及血液循环确有一定的保护作用。因此下酒菜可选择糖醋凉拌三丝、拔丝山药、拔丝苹果、糖醋鱼以及糖醋里脊等。动物肝脏加速酒精分解。酒精要在肝脏中分解，而在分解代谢过程中需要多种维生素共同参与。因此若注意选择富含维生素的动物肝、肾以及绿叶蔬菜、水果等有助于加速酒精的分解。

🎓 解酒 小贴士

喝茶难解酒

很多人在喝多了之后依赖解酒药、浓茶、咖啡等解酒，其实这类物质均没有解酒的作用。浓茶如果真的被拿来解酒，那无异于火上浇油。酒首先会直接损伤胃黏膜，导致胃炎、胃及十二指肠溃疡，甚至发生胃出血。而浓茶和咖啡对胃黏膜也会产生一定的刺激性，诱发胃酸分泌，所以喝浓茶、咖啡对酒后损伤胃黏膜起着推波助澜的作用。酒精能使血液流动加快，血管扩张，而且对心脏有很强的兴奋作用，使心跳加速。茶中的茶碱同样具有兴奋心脏的作用，双管齐下，更加重了心脏的负担。因此，酒后不宜饮浓茶。

蜂蜜解酒　蜂蜜中含有果糖，果糖可分解和吸收酒精，能起到快速醒酒的作用，并能消除饮酒后引起的头痛、头晕。对于饮酒后容易出现头痛、头晕的人，在饮酒前后各用50克蜂蜜冲水饮服，可预防酒后头痛，并可起到醒酒作用。

水果和食醋解酒　水果里有有机酸，例如苹果里有苹果酸，橘子里有柠檬酸，葡萄里有酒石酸……有机酸能与酒中的乙醇相互作用，生成酯类物质，从而达到解酒的目的。食醋解酒是因为食醋中含有3%～5%的乙酸，乙酸能跟乙醇反应生成乙酸乙酯，也起到解酒的作用。

教师
健康与睡眠

　　据世界卫生组织调查，27% 的人有睡眠问题，睡眠障碍已成为威胁公众健康的重要因素，教师是具有高学历、社会责任重的一个特殊职业群体，肩负培养人才的重任，睡眠与身心健康密切相关。了解睡眠的机制和影响因素有助于提高睡眠质量、保证身心健康。

睡眠的生理过程

　　人类的脑活动分为 3 种状态：即清醒状态、非快眼动睡眠状态、快眼动睡眠状态。

　　非快眼动睡眠状态又称慢波睡眠。特点是脑电波呈睡眠表现，肌肉活动较清醒时减弱，不伴剧烈的眼球运动。这一阶段人的呼吸变浅、变慢而均匀，心率变慢。血压下降，全身肌肉松弛，但肌肉仍保持一定的紧张度。为劳作一天后机体休息放松的过程，

可以缓解机体的疲劳状态。

快动眼睡眠又称或快波睡眠。此时肌肉更加松弛，肌腱反射亦随之消失，这时的血压较正相睡眠时升高，呼吸稍快且不规则，体温、心率较前阶段升高，身体部分肌肉群可出现轻微的抽动。这一阶段体内各种代谢功能都明显增强，以保证脑组织蛋白的合成和消耗物质的补充，使神经系统正常，并为第二天活动积蓄能量。教师作为脑力劳动者，这一时相的睡眠很重要，可为机体充电、储藏能量。正常人睡眠的持续时间往往因人而异，差别很大。成年人平均每天 6.5 ~ 8.5 小时，有 65% 的人群取中间值，约 7.5 小时。

慢波睡眠与快波睡眠是两个相互转化的时相。成年人睡眠一开始首先进入慢波睡眠，慢波睡眠持续 80 ~ 120 分钟后，转入快波睡眠；快波睡眠持续 20 ~ 30 分钟后，又转入慢波睡眠；以后又转入快波睡眠。整个睡眠期间，这种反复转化 4 ~ 5 次。

合理的睡眠模式

睡眠是保证大脑正常功能、补充大脑营养物质，消除大脑疲劳的最佳方式。健康成年人每天需要保证 7 ~ 8 小时睡眠。中医古籍《黄帝内经》中曰："阳气尽则卧，阴气尽则寐。"说明睡眠与醒寐是阴阳交替的结果。阴气盛则入眠，阳气旺则醒来，子时是晚 23 时至凌晨 1 时，此时阴气最盛，阳气衰弱；午时是中午 11 时至下午 13 时，此时阳气最盛，阴气衰弱。中医学认为，子时和午时都是阴阳交替之时，也是人体经气"合阴"与"合阳"的时候，睡好子午觉，有利于人体养阴、养阳。

健康睡眠原则

起居有常，不妄作劳

起居有常，是指起居要有一定的规律。中医非常重视起居作息的规律性，起居有常，作息合理，可保养人的精神，使人精力充沛，清代名医张隐庵称："起居有常，养其神也。"长期起居无常，作息失度，会使人精神萎靡，面色萎黄，目光呆滞无神。起居有常还要求人们要适应四时时令的变化，安排适宜的作息时间，以达到预防疾病，增进健康和长寿的目的。

一日的起居有常，要求人体应按照"日出而作，日落而息"的原则安排作息时间。中医认为，一日之内随着昼夜晨昏阴阳消长的变化，人体的阴阳气血也发生相应的调节而与之适应。人体的阳气在白天运行于外，推动着人体的脏腑组织器官进行各种功能活动，所以白天是学习或工作的最佳时机。夜晚人体的阳气内敛于里，则有利于机体休息使精力恢复。西医学研究也证实，人体内的生物钟与自然界的昼夜规律相符，按照体内生物钟的规律而作息，有利于机体的健康。一般中午13时、夜晚22～23时，人感觉疲劳，体温下降，呼吸减缓，是身体各种功能处于最低潮的时间，选择这两个时候睡觉效果最佳。这与古人强调的睡好"子午觉"是相符合的。

一年的起居有常要求人体应按照春夏秋冬四季变化的规律对起居和日常生活进行适当地调整。一年四季具有春温、夏热、秋凉、冬寒的特点，生物体也相应具有春生、夏长，秋收、冬藏的变化。人体在四季更替的环境下生活，也应顺应自然界的变化而适当调节自己的起居规律。《内经》称"春三月，……夜卧早起；夏三月，……夜卧早起；秋三月，……早卧早起；冬三月，……早卧晚起。" 就是说四季的作息时间应有所不同，"春夏养阳"宜晚睡早起，而"秋冬养阴"则应早睡早起或早睡晚起。每人也可以根据自己的具体情况对作息时间适当调整。

健康睡眠忌宜

睡眠为生命活动所必需。人的一生有1/3的时间是在睡眠中度过的。睡眠可帮助消除疲劳，保护大脑神经细胞的正常功能，调节各种生理功能，稳定神经系统的平衡，医学研究表明，每日睡眠不足4小时者，其死亡率比睡眠7～8小时者高1倍。除此之外，在睡眠的准备、姿势和习惯方面还要特别留意一些睡眠时的忌讳，睡错了可要当心减寿！

古人曾对睡眠加以总结，并对不良睡眠的10种类型概括成"十不宜"，可引以为戒。

1. 睡眠不宜仰俯　睡觉不要脸向下，也不能直挺挺面朝上。趴着睡（俯卧）影响呼吸、心跳，也易做噩梦；仰着睡则四肢肌肉不能放松易疲劳，且手易搭胸，也易做噩梦。应该向右侧身屈膝，所谓"睡不厌蹴，觉不厌舒"。当然左右变换睡姿也可以。总之使身体血上下流通，醒时筋肉舒展自如即可。

2. 睡前不宜过度用脑　晚上如有工作和学习的习惯，要把较伤脑筋的事先做完，临睡前则做些较轻松的事，使脑子放松，这样便容易入睡。否则，大脑处于兴奋状态，即使躺在床上也难以入睡，时间长了，还容易失眠。

3. 睡前不宜恼怒　睡眠只有达到"神静志和，心境安宁"的境地，才能进入熟睡。《素问·举痛论》说："怒则气上，喜则气缓，悲则气消，恐则气下，思则气结。"凡情志的变化都会引起气血的紊乱，从而导致失眠，甚至疾病。所以睡前非但不可恼，亦应防止任何情绪的过激。

4. 睡前不宜语言　中医认为：肺为五脏华盖，主出声音，凡人卧下，肺即收敛，如果此时言语，则易耗肺气，既伤气又损津液。这好像钟磬一样，不悬挂不能发声。另外，睡前说话也会使精神兴奋，思想活跃，从而影响入睡，导致失眠。

5. 睡前不宜饱食、饥饿或大量饮水及浓茶、咖啡等饮料　《彭祖摄生养性论》说："饱食偃卧则气伤。"《抱朴子·极言》曰："饱食即卧，伤也。"《陶真人卫生歌》说："晚食常宜申酉前，何夜徒劳滞胸膈。"都说明了饱食即卧，则脾胃不运，食滞胸脘，化湿成疾，大伤阳气。如果饥饿状态入睡则饥肠辘辘，也难以入眠。因此，不妨睡前吃少许食物后稍休息一会再睡；若夜卧以后，在床上进食，则对身体更为不利。睡前亦不宜大量饮水，饮水损脾，水湿内停，夜尿增多，甚则伤肾。睡前更不宜饮兴奋饮料，烟酒亦忌，以免难以入睡。

6. 睡眠不宜对灯睡卧　《老老恒言》说："就寝即灭灯，目不外眩，则神守其舍。"《云笈七签》说："夜寝燃灯，令人心神不安。"在灯光中入睡，心神不宁，难以入睡，即使入睡也不安稳，浅睡期增多，容易醒来，因此睡前必须关灯。窗帘以冷色为佳。住房面积有限，没有专用卧室者，应将床铺设在室中幽暗角落，并以屏风或隔带与活动范围隔开。

7. 睡眠不宜张口　古人云"夜卧常习闭口"，是保持元气的最好方法。张口呼吸有好多缺点，不仅不卫生也不雅观，而且还容易使灰尘与冷气进入肺胃，对健康极为不利。有的人不仅睡卧张口，还鼾声如雷，搅得周围人都无法入睡，因此当习练闭口睡眠。

8. 睡眠不宜掩面　蒙头睡觉既容易导致呼吸不畅，又会吸入自己呼出的大量二氧化碳，对身体健康极为有害。唐代孙思邈的"冬夜勿覆头，得长寿"以及古代的"三叟歌"中有"下叟前致词，夜卧不覆首"之语，均说明蒙头睡觉对身体无益。

9. 睡眠不宜当风　人体在睡眠后，对环境变化的适应能力降低，最易受风邪侵袭。《琐碎录》说，卧不可当风，"恐患头风，背受风则嗽，肩受风则臂疼，善调摄者，虽盛夏不当风及坐卧露下"。炎热的季节，贪图凉意，卧处当风，或移床户外，遭受风袭，结果是腹痛便稀，或者是浑身骨节、肌肉酸楚，故要避风而睡。

10. 睡眠不宜对火炉　卧时头对火炉，易受火气蒸犯，令人头重目赤，或患痈肿疮疖，并易发生感冒。《琐碎录》说："卧处不可以首近火，恐伤脑。"且由于温度过高，容易在入睡后将被撩开，反而着凉，或夜间起身，亦易受寒。

影响睡眠质量的因素

错误的睡眠姿势

枕头过高　从生理角度上讲，枕头以 8 ~ 12 厘米为宜。太低，容易造成"落枕"，或因流入头脑的血液过多，造成次日头脑发胀、眼皮浮肿；过高，会影响呼吸道畅通，易打呼噜，而且长期高枕，易导致颈部不适或驼背。

枕着手睡　睡时两手枕于头下，除影响血液循环、引起上肢麻木酸痛外，还易使腹内压力升高，久而久之还会产生"返流性食道炎"。所以，睡时不宜以两手为枕。

坐着睡　坐着睡会使心率减慢，血管扩张，流到各脏器的血液也就少了。再加上胃部消化需要血液供应，从而加重了脑缺氧，导致头晕、耳鸣的出现。

错误的生活方式

睡前饱餐　睡前吃得过饱，胃肠要加紧消化，装满食物的胃刺激大脑。

大脑有兴奋点，人便不会安然入睡，正如中医所说"胃不和，则卧不安"。

睡前饮茶 茶叶中含有咖啡因等物质，这些物质会刺激中枢神经，使人兴奋，若睡前喝茶，特别是浓茶，中枢神经会更加兴奋，使人不易入睡。

睡眠环境

卧室是身心休憩的场所，所以卧室的颜色至关重要，那么卧室什么颜色有利于睡眠？我国自古就有"光厅暗室"的说法，也就是客厅亮一点、卧室暗一点。从现代眼光看，卧室颜色的总体原则是不要刺眼，即色彩的饱和度、明度稍微低一点，以柔和悦目、温馨素雅为宜，有利于放松和睡眠。

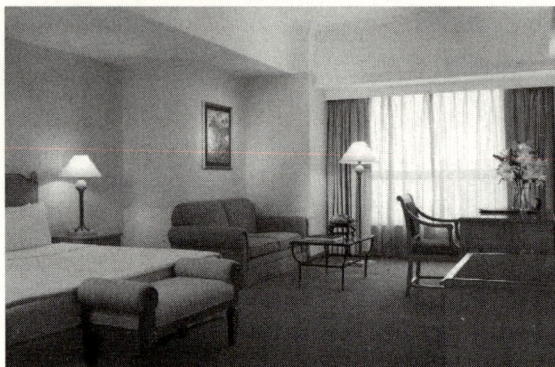

调查显示，颜色对睡眠时长影响明显。在紫色、灰色、红色、金色、棕色的卧室中，主人每晚的平均睡眠时间在 7 小时以下；而在银色、绿色、黄色的卧室中，能睡 7 个半小时以上；蓝色以 7 小时 52 分的睡眠时长高居榜首，被称为最有利睡眠的颜色。

您的睡眠质量怎么样

匹兹堡睡眠质量指数（PSQI）

此为美国匹兹堡大学精神科医生 Buysse 博士等人于 1989 年研制的。该量表适用于睡眠障碍患者、精神障碍患者评价睡眠质量，同时也适用于一般人睡眠质量的评估。

量表由 9 道题组成，前 4 题为填空题，后 5 题为选择题，其中第 5 题包含 10 道小题。

指导语：下面一些问题是关于您最近 1 个月的睡眠情况，请选择填写最符合您近 1 个月实际情况的答案。

1.近 1 个月，晚上上床睡觉通常 ____ 点钟。

2.近1个月,从上床到入睡通常需要 ___ 分钟。

3.近1个月,通常早上 ___ 点起床

4.近1个月,每夜通常实际睡眠 ___ 小时(不等于卧床时间)。

对下列问题请选择1个最适合您的答案。

5.近1个月,因下列情况影响睡眠而烦恼:

a.入睡困难(30分钟内不能入睡)

(1)无　(2)<1次/周　(3)1~2次/周　(4)≥3次/周

b.夜间易醒或早醒

(1)无　(2)<1次/周　(3)1~2次/周　(4)≥3次/周

c.夜间去厕所

(1)无　(2)<1次/周　(3)1~2次/周　(4)≥3次/周

d.呼吸不畅

(1)无　(2)<1次/周　(3)1~2次/周　(4)≥3次/周

e.咳嗽或鼾声高

(1)无　(2)<1次/周　(3)1~2次/周　(4)≥3次/周

f.感觉冷

(1)无　(2)<1次/周　(3)1~2次/周　(4)≥3次/周

g.感觉热

(1)无　(2)<1次/周　(3)1~2次/周　(4)≥3次/周

h.做噩梦

(1)无　(2)<1次/周　(3)1~2次/周　(4)≥3次/周

i.疼痛不适

(1)无　(2)<1次/周　(3)1~2次/周　(4)≥3次/周

j.其他影响睡眠的事情(如有,请说明)

(1)无　(2)<1次/周　(3)1-2次/周　(4)≥3次/周

6.近1个月,总的来说,您认为自己的睡眠质量

(1)很好　(2)较好　(3)较差　(4)很差

7.近1个月,您用药物催眠的情况

(1)无　(2)<1次/周　(3)1~2次/周　(4)≥3次/周

8.近1个月,您常感到困倦吗

(1)无　(2)<1次/周　(3)1~2次/周　(4)≥3次/周

9.近 1 个月，您做事情的精力不足吗

（1）没有　（2）偶尔有　（3）有时有　（4）经常有

使用和统计方法

PSQI 用于评定被试最近 1 个月的睡眠质量，由 19 个自评和 5 个他评条目构成，其中第 19 个自评条目和 5 个他评条目不参与计分，在此仅介绍参与计分的 18 个自评条目（详见附问卷）。18 个条目组成 7 个成分，每个成分按 0 ～ 3 等级计分，累积各成分得分为 PSQI 总分，总分范围为 0 ～ 21，得分越高，表示睡眠质量越差。被试者完成试问需要 5 ～ 10 分钟。

各成分含义及计分方法如下：

A. 睡眠质量：根据条目 6 的应答计分较好计 1 分，较差计 2 分，很差计 3 分。

B. 入睡时间

1. 条目 2 的计分为：≤ 15 分计 0 分，16 ～ 30 分计 1 分，31 ～ 60 计 2 分，≥ 60 分计 3 分。

2. 条目 5a 的计分为：无，计 0 分；<1 周 / 次，计 1 分；1 ～ 2 周 / 次；计 2 分；≥ 3 周 / 次，计 3 分。

3. 累加条目 2 和 5a 的计分，若累加分为 0，计 0 分；1 ～ 2 计 1 分；3 ～ 4，计 2 分；5 ～ 6 计 3 分。

C. 睡眠时间

根据条目 4 的应答计分，>7 小时计 0 分，6 ～ 7 计 1 分，5 ～ 6 计 2 分，<5 小时计 3 分。

D. 睡眠效率

1. 床上时间 = 条目 3（起床时间）– 条目 1（上床时间）

2. 睡眠效率 = 条目 4（睡眠时间）/ 床上时间 × 100%

3. 成分 D 计分为，睡眠效率 >85% 计 0 分，75% ～ 84% 计 1 分，65 ～ 74% 计 2 分，< 65% 计 3 分。

E. 睡眠障碍

根据条目 5b 至 5j 的计分，为无，计 0 分；<1 周 / 次，计 1 分；1 ～ 2 周 / 次，计 2 分；≥ 3 周 / 次，计 3 分。累加条目 5b 至 5j 的计分，若累加分为 0，则成分 E 计 0 分；1 ～ 9 计 1 分；10 ～ 18 计 2 分；19 ～ 27 计 3 分。

F. 催眠药物

根据条目 7 的应答计分，无，计 0 分；<1 周 / 次，计 1 分；1 ～ 2 周 / 次，

计 2 分；≥ 3 周 / 次计 3 分。

G. 日间功能障碍

1. 根据条目 7 的应答计分，无，计 0 分；< 1 周 / 次，计 1 分；1 ~ 2 周 / 次，计 2 分；≥ 3 周 / 次，计 3 分。

2. 根据条目 7 的应答计分，没有，计 0 分；偶尔有，计 1 分；有时，有计 2 分；经常有，计 3 分。

3. 累加条目 8 和 9 的得分，若累加分为 0，则成分 G 计 0 分；1 ~ 2，计 1 分；3 ~ 4，计 2 分；5 ~ 6，计 3 分

PSQI 总分 = 成分 A + 成分 B + 成分 C + 成分 D + 成分 E + 成分 F + 成分 G

睡 眠 障 碍

有研究认为，睡眠障碍成为 21 世纪威胁人类健康的潜在杀手。那么，什么是睡眠障碍呢？失眠是最常见的睡眠障碍。但睡眠障碍绝不仅仅是失眠，可以分为以下几类：

失眠 主要表现是入睡困难、不能熟睡、早醒、醒后无法再入睡、频频从噩梦中惊醒，自感整夜都在做噩梦等。即使有充足的睡眠时间和良好的睡眠环境，也仍然得不到理想的睡眠生活。

嗜睡 常见的有发作性嗜睡、与月经相关的周期性嗜睡，以及个体长期睡眠时间不足而难以维持正常觉醒和警觉的状态。这些人虽然白天和晚上都在睡，但仍然困惫不堪，影响了正常的生活和工作。

与呼吸相关的睡眠障碍 最常见的为打鼾所致的呼吸睡眠暂停。这些人虽然有充足的睡眠时间，但长期处于低氧、低通气状态，睡眠质量不高。

节律紊乱 由于工作、药物、时差等所致昼夜睡眠节律紊乱，不能保持白天觉醒、晚上睡觉的正常节律。

异态睡眠 即入睡时觉醒过程中或睡眠中以异常动作情感体验为主要表现，包括梦游、睡眠相关性呻吟、睡眠相关性进食障碍等。

睡眠相关运动障碍性疾患 主要表现为某一简单、固定的动作反复出现，以致干扰了睡眠的一类睡眠障碍性疾患，如不安腿综合征、睡眠相关磨牙、

睡眠相关腿痛性痉挛等。

🪴 睡眠障碍的几点建议

出现睡眠障碍，多数情况下需要请专业医师治疗。同时，还必须养成良好的睡眠习惯。对于长期失眠、睡眠节律紊乱的患者，有以下几点建议：

正确把握自己的睡眠时间，养成早睡早起的好习惯　睡眠浅的时候，应尽量晚睡早起，躺在床上的时间过长会降低熟睡感。

创造良好睡眠环境　合理利用光照，不要让卧室太亮；睡前避免服用刺激性食物，如咖啡、浓茶；上床前 1 小时不吸烟，避免剧烈运动。

做好睡前准备　如无困意可以读书、听音乐、沐温水浴、嗅香气，使自己放松。

如果要午休，在下午 3 时前睡 20 ~ 30 分钟　长时间的午睡反而会精神不振，而过迟的午睡则对夜间睡眠有不良影响。

如果您的睡眠状况与情绪密切相关，情绪不稳定、抑郁、焦虑不安、易发烦躁，可请医生评价是否予以改善情绪药物治疗　对于睡眠中有严重打鼾、呼吸暂停、腿部肌肉抽动、蚁走感，或在晚上睡眠充足的情况下，白天仍出现难以抗拒的困倦的患者，应及时就医，在医生的指导下排除睡眠障碍。

🪴 睡前 14 字诀

很多教师觉得年龄越大，睡眠越差。美国国家睡眠障碍协会认为，在 65 岁以上人群中，以失眠为主的睡眠障碍占半数以上。医院老年病科专家建议，睡前记住 14 字诀"**散步、开窗、漱漱嘴、搓脚、梳头、喝点水**"，不仅能改善睡眠，还有益身心，延年益寿。

科学合理地安排睡眠，提高睡眠质量，如此才会拥有高品质的生活。愿每一位教师都能拥有良好睡眠，体会健康人生。

教师
健康与运动

　　中医讲"张弛有度"，是指人们每天要有适量的锻炼，"生命在于运动"，人通过运动，可使气机调畅，气血流通，关节疏利，增强体质，提高抗病力，不仅可以减少疾病的发生，促进健康长寿，而且对某些慢性病也有一定的治疗作用。教师作为一个忙碌的职业，如何利用很短的休息时间来通过运动达到养生的目的，显得尤为重要。

中医运动养生理论

　　中医将精、气、神称为"三宝"，与人体生命息息相关。运动养生则紧紧抓住了这三个环节，调意识以养神；以意领气，调呼吸以练气，以气行推动血运，周流全身；以气导形，通过形体、筋骨关节的运动，使周身经脉畅通，营养整个机体。如是，则形神兼备，百脉流畅，内外相和，脏腑谐调，机体达到"阴平阳秘"的状态。《寿世保元》说："养生之道，不欲食后便卧及终日稳坐，皆能凝结气血，久则损寿。"运动可促进经气流通，气血畅达，增强抗御病邪能力，提高生命力，故张子和强调"惟以血气流通为贵"（《儒门事亲》）。适当运动不仅能锻炼肌肉、四肢等形体组织，还可增强脾胃的健运功能，促进食物消化输布。华佗指出"动摇则谷气得消，血脉流通，病不得生"。动形的方法，多种多样，如劳动、舞蹈、散步、导引等，以动形调和气血、疏通经络、通利九窍、防病健身。

运动养生方法

传统项目

　　中国有许多传统的保健锻炼项目，简单易学，并且能起到很好的强身健体作用。

五禽戏图

　　五禽戏　是东汉末年的神医华佗所编创的一套养生健身术，是模仿虎之威猛，鹿之安详，熊之沉稳，猿之灵巧，鸟之轻巧以锻炼身体，可增强体力，行气活血，舒筋活络，也可用于慢性病的康复治疗。

　　易筋经　易筋经是一种以强身壮体为主的锻炼方法，"易"有变易的意思，"筋"指筋脉，共有12式，它的主要特点是动静结合，内静以收心调息，外动以强筋壮骨。适用于体力较好的青壮年或慢性病患者。可显著地改善体质，祛病强身。易筋经外功因其主要运动指掌及上肢，可普遍地适用于各年龄层的健康人及慢性病患者，通过上肢运动而运气壮力、活血舒筋，影响全身。

　　八段锦　八段锦是中国古代流传下来的一种气功功法。八段锦由八节组成，体势动作古朴高雅，故得名。八段锦形成于12世纪，后在历代流传中形成许多练法和风格各具特色的流派。八段锦的体势有坐势和站势两种。坐势练法恬静，运动量小，适于起床前或睡觉前穿内衣锻炼。站势运动量大，适于各种年龄、各种身体状况的人锻炼。

　　太极拳　太极拳是中国的传统拳术，也是民间习练最为广泛的保健项目之一，其动作刚柔相济，既可技击防身，又能增强体质、防治疾病。太极拳历史悠久，流派众多，有陈式、杨式、孙式、吴式、武式以及武当、赵堡等多种流派。虽然在套路、推手架式、气动功力等方面各派有异，但都具有疏经活络、调和气血、营养腑脏、强筋壮骨的功效。

以上介绍的传统保健项目都非常适合教师习练的，它们具有动静结合、形神俱到的特点，都强调在习练时意念的作用，因此既可以强身健体，又可调心养性。

现代项目

当然现代也有很多体育项目，其形式多样、种类繁多，娱乐与健身于一体，既能达到锻炼身体的效果，也能放松心情，并且很多项目是多人参与的，因此还可增进沟通、建立友谊。

球类项目　球类运动能提高大脑信息传导，增强大脑反应的敏捷性。尤其是乒乓球，打乒乓球可以改善睫状肌的紧张状态，眼外肌也可以不断活动，促进眼球组织的血液循环，消除眼睛疲劳，从而起到改善视力的作用。由于高校教师经常长时间伏案工作，造成眼睛干涩疲劳，所以打乒乓球非常适合高校教师，不但能够锻炼身体，而且可以治疗眼睛疲劳，一举两得。

有氧运动　有氧运动是一种恒常运动，其特点是强度低、有节奏、不中断，持续时间长，且方便易行，容易坚持。是否为有氧运动，可以通过心率来衡量判断，心率保持在150次/分的运动量为有氧运动，此时血液可以供给心肌足够的氧气。常见的有氧运动有以下几种：

（1）步行（倒步走或快走或登山）：走路是人类最基本的运动形式，也是任何人，在任何时间地点都可以从事的锻炼。它的优点是动作柔和，不易受伤。特别适于中老年人、体胖者，关节炎、心脏病患者和病后（术后）恢复的人。

（2）跑步：跑步被称为是有氧代谢运动之王。它是周身的全面运动，而且可以在较短的时间内取得最大的效果，它对呼吸与循环系统的影响特别明显，对人体生理和各部位的活动刺激相当充分。跑步适合于不同年龄、不同职业的人。运动负荷的增加一定要求严格按照循序渐进的原则，切不可操之过急。

（3）游泳：游泳是水浴、空气浴、日光浴三者相结合的全身运动，能全面锻炼心血管系统功能及肌肉，有人把它称为21世纪锻炼身体的最佳运动。在天然水域游泳锻炼时一定要有充分的安全意识和安全措施，充分考虑水质、水深、流速和水底情况。

（4）公路骑车：骑车是腿部大肌肉群的运动，在达到一定强度的情况下（每小时至少 30 千米）能够增强有氧代谢功能。但骑车的姿势对腰背不是很有利，上肢肌肉也得不到足够的运动，所以必需辅以其他活动才能全面地锻炼身体。

（5）有氧健身操：是指人体在有氧供能条件下，进行的节奏性强的集舞蹈、体操、音乐与技巧动作为一体的锻炼方法。一套 45 分钟的健身操，可以给人以全面的运动效果能消除体内多余的脂肪，提高心肺功能，预防心血管疾病，具有很好的振奋精神、增添乐趣、丰富生活的健身和健心作用。

前面所介绍的传统运动项目大多数也属于有氧运动的范畴。除了以上这些运动全身的项目外，在教师课余的短暂休息时间，还可以进行以下局部放松的锻炼。

头颈运动 两掌相叠，抱颈部作前屈、后仰练习 10 次。

胸运动 做两臂扩胸练习，10 次一组，做 3 组。

腹臀运动 原地深蹲起立，练习 10 次。

腿肌运动 坐式，两腿侧分，脚趾交替尽力上翘，20 次一组，做 2 组。

有些教师可能不知道自己适合哪种锻炼方法。针对教师的不同年龄，选择适宜的运动是有必要的，以下根据教师年龄提出一些建议，可供参考。

20 ~ 30 岁的教师 可以选择具有冲击性的有氧运动，如跑步、拳击、溜冰等运动方式。这些运动既可以解除工作和学习上的压力，又能激发人的创造力，增强人的自信心和克制力，对教师日常教学也有好处。

30 ~ 40 岁的教师 适宜攀岩、游泳、球类、跑步、骑自行车和武术等运动项目。这类运动可增强肌肉的弹性，保持健康的体魄，同时也有助于提高思维能力，改善人的灵活性和协调能力，培养人的专注力。

40 ~ 50 岁的教师 由于工作繁忙辛苦，家庭负担较重，同时生理上也出现一定变化，适宜低冲击的有氧运动，如慢跑、登山、游泳、网球、乒乓球等。

60 岁以上的教师 由于整个身体功能开始衰退，锻炼的目的就是减缓衰老，增加心脏功能。适合散步、慢跑、太极拳等运动项目，而且一定要遵循循序渐进、逐步适应、养成习惯的原则。

教师
用药须知

　　教师作为人类文明的工程师，总是坚持"轻伤不下火线"，在出现一些健康方面的小问题时（眼干、鼻塞、耳鸣、咳嗽等）总是能忍就忍，得过且过。对于这种情况，绝对是不应该提倡的，但是又考虑到教师工作的重要性及特殊性，对于简单症状，教师可以通过自己选择和使用药物做到有效的治疗，这就需要教师自己有一定选择药物和使用药物的能力。

药 物 选 择

对症选药

　　对于较复杂、严重的疾病仍是应该尽早去医院接受正规治疗，但是对于一些比较简单的症状，我们给出以下用药，供教师朋友们平时参考。

　　咳嗽　咳嗽的常用药有很多，具体分为中枢性镇咳药，如可待因、右美沙芬、氯哌斯汀、福米诺苯等；外周性镇咳药，如苯丙哌林、那可丁、阿斯美、惠菲宁、愈美片、利多卡因等；含中药的咳嗽药，如蜜炼川贝枇杷膏、复方鲜竹沥液、复方甘草合剂等；含平喘药的咳嗽药，如麻杏甘石合剂、麻杏止咳糖浆等；含抗过敏药的咳嗽药，如氯苯那敏、氯雷他定等。

头痛 头痛时可以使用阿司匹林、对乙酰氨基酚、布洛芬、萘普生、麦角胺、二氢麦角胺、舒马曲坦、佐米曲坦、阿米替林、多塞平等药物。

发热 对于发热的治疗药物分为中成药和西药两类。中成药包括：板蓝根冲剂、感冒通片、六神丸、银翘解毒片、通宣理肺片、紫雪散、感冒退热冲剂、清热消炎片等。西药包括：阿司匹林、对乙酰氨基酚、吗啉胍、布洛芬、吲哚美辛等。

教师在使用以上药物时一定要仔细阅读使用说明书，遵照上面的用法用量来使用，切忌盲目服用，造成不必要的麻烦。

区别保健品和药品

中国卫生部发布的《健康 66 条》中有这么一点：保健食品不能替代药品。

我国《保健食品注册管理办法（试行）》对保健食品作了明确的定义：声称具有特定保健功能或者以补充维生素、矿物质为目的的食品，适宜于特定人群食用。具有调节机体功能，不以治疗疾病为目的，并且对人体不产生任何急性、亚急性或者慢性危害的食品。

对于准予注册的"国产保健食品"/"进口保健食品"，由国家食品药品监督管理局向申请人颁发《国产保健食品批准证书》/《进口保健食品批准证书》。保健食品批准证书有效期为 5 年。国产保健食品批准文号格式为：国食健字 G+4 位年代号 +4 位顺序号；进口保健食品批准文号格式为：国食健字 J+4 位年代号 +4 位顺序号。

在选择保健食品时，应当注意：①确认该产品具有保健食品批准文号和保健食品标志；②仔细阅读产品说明书，查看其保健功能和适宜的人群；③了解其食用方法和适宜的食用量。

《中华人民共和国药品管理法》明确规定，药品是指用于预防、治疗、诊断人的疾病，有目的地调节人的生理功能并规定有适应证或者功能主治、用法和用量的物质，包括中药饮片、中成药、化学原料药及其制剂、抗生物化学药品、放射性药品、血清、疫苗、血液制品和诊断药品等。

从保健食品和药品的定义，我们可以看出保健食品不能治疗疾病，所以，保健食品不能代替药品。如果有了疾病，首先应该就医，由医生进行诊断并提出治疗方案。切不可有病不就医，有病乱投医，有病不吃药，有病乱吃药。

更不要听信不实的、甚至是虚假的广告宣传，否则会贻误治疗的最佳时机，导致严重的后果。

区别处方药和非处方药

非处方药简称 OTC 药。这些药物大都用于多发病、常见病的自行诊治，如感冒、咳嗽、消化不良、头痛、发热等。我国非处方药目录中明确规定药物的使用时间、疗程，并强调指出"如症状未缓解或消失应向医师咨询"。处方药和非处方药不是药品本质的属性，而是依管理上的需要而界定。无论是处方药，还是非处方药都是经过国家药品监督管理部门批准的，其安全性和有效性是有保障的。

对于非处方药，教师朋友可以通过自己的医学知识辨别使用，而对于处方药，您可千万要小心，一定要找到正规医生来协助使用。

药 物 使 用

正确阅读药物使用说明书

法律规定，药品包装必须按规定印有或者贴有标签并附有说明书。药品的使用说明书一般包括对这个药品各方面的简单介绍，患者服用前应该认真阅读，特别要认真阅读其中有关本品适应证、禁忌证、用法用量、不良反应、药物相互作用、注意事项等方面的介绍，服用药品一定要遵守说明书的规定。

说明书上列出了用药方法，如肌内注射、静脉注射、一天几次等，一定不要弄错；一次用药的剂量是指大多数人的安全有效剂量，有些人因为个体差异，对药品的作用特别敏感，很低的剂量就可能出现不良反应。这种情况在药品上市前不一定能发现。所以用药前不仅要认真地阅读说明书，按说明书的规定服用，还要经常留心药品的不良反应。

不滥用镇静催眠药和镇痛药等成瘾性药物

许多镇静催眠药和镇痛药长期使用可以成瘾，即引起药物依赖（药瘾），例如索米痛片（去痛片）成瘾、安眠药成瘾等。许多镇静催眠药和镇痛药通过作用于大脑等中枢神经起到治疗作用，这些药物的长期使用不但会使人产生药物依赖，还会逐渐产生对药物的耐受性，使人不得不增加服用的剂量，以达到需要的药效，结果不仅使患者对药物的依赖越来越严重，还会改变人的心境、情绪、意识和行为，引起人格改变和各种精神障碍，甚至导致急性中毒乃至死亡。俗话说"是药三分毒"。药物除了能治病以外，还有副作用。随意用药、滥用药物对健康危害很大。因此，教师们要做到科学用药，不能随意用药。

不滥用抗生素

抗生素主要用以治疗各种致病微生物感染，有的抗生素有抗肿瘤作用或免疫抑制作用。市场销售和医院中常用的抗生素，可分为 10 大类。包括 β-内酰胺类（例如青霉素、头孢菌素），氨基糖苷类（例如链霉素、庆大霉素、卡那霉素等），四环素类（例如四环素、土霉素等），大环内酯类（例如红霉素、麦迪霉素、乙酰螺旋霉素等），氯霉素类（例如氯霉素），林可霉素类（例如林可霉素、克林霉素），其他主要抗细菌的抗生素（例如去甲万古霉素、磷霉素、利福平等），抗真菌抗生素（例如灰黄霉素、制霉菌素等），抗肿瘤抗生素（例如丝裂霉素、阿霉素等）和有免疫抑制作用的抗生素（例如环孢素）等。

滥用抗生素指不对症使用或不规范地使用抗生素、使用不必要使用的抗生素、超时或超量使用抗生素、使用抗生素不足量或不足疗程等。

滥用抗生素的危险最主要是促进细菌耐药性的发生，甚至使耐药菌发展成为超级耐药菌；还能引起药物不良反应、药源性疾病等。

为了合理使用抗生素，应该做到：①治疗病毒性疾病时不使用抗生素，因为抗生素对病毒没有抑制或者杀灭效果。例如治疗感冒的主要方法是休息、多饮水、补充维生素；必要时使用对症治疗的药物。②使用抗生素时，最好根据细菌培养和药物敏感试验的结果选用，并且做到能用窄谱的就不要使用广谱抗生素；能用口服治疗的就不要打针；能用肌肉注射治疗的就不要用静脉滴注；能用一种就不要用两种；能用普通抗生素治疗的就不要用高级抗生素。③使用抗生素治疗时，要严格按照规范使用，不能为了让病好得快些擅自加大剂量；也不能在症状减轻后擅自减小剂量或者停止使用。④新生儿、老年人和肝肾功能不全的人应避免或慎用主要经肝脏代谢和肾脏排泄的毒性较大的抗生素。⑤尽量避免在皮肤、黏膜等局部使用抗生素，以免导致过敏反应或者引起耐药菌株的产生。

一些常用外用药物的使用方法

眼药水　核对：瓶标有效期内，保质期：开启后1个月。药液无混浊、变质、沉淀或絮状物。拧开眼药水盖子，正确放置盖子，避免污染；打开盖后先挤出一滴废弃。取仰卧或坐位，头稍后仰，睁开双眼以一手示指轻轻固定下眼睑于眼眶下缘（请勿压迫眼球）。另一手持眼药水瓶距离眼约3厘米高处，垂直向下滴1～2滴眼药水进入下穹隆即可，松开下眼睑，闭目休息5分钟。不可以眨眼，并用手指轻轻按压眼内角鼻泪管处，至少2分钟，以减慢药液的排出。两种眼药水不能同时滴，应相隔5～10分钟。

滴耳剂　将滴耳剂用手捂热以使其接近体温；头部微向一侧，患耳朝上，抓住耳垂轻轻拉向后上方使耳道变直，一般一次滴入5～10滴，一日2次，或参阅药品说明书的剂量。滴入后稍事休息5分钟，更换另耳。滴耳后用少许药棉塞住耳道，注意观察滴耳后是否有刺痛或烧灼感。连续用药3日患耳仍然疼痛，应停止用药，及时去医院就诊。

滴鼻剂　患者平躺，肩背部垫高，头往后仰起，鼻孔朝天，双侧鼻孔同时滴3～4滴药液，轻轻按压双鼻翼左右摇头数次，使药液充分到达病灶，3～5分钟后再坐起。如果患者是前组鼻窦炎，应取侧卧位，垫高肩部，头偏向患侧并向肩部垂下，先滴下侧鼻孔，3～5分钟后轮换滴另一侧。一般滴药后半小时内不要擤鼻涕。滴鼻时滴管头应悬空，不能触及鼻部，以免污染药液；使用滴鼻剂效果差时，应及时找原因或请专科医生诊治，不可长期擅自使用。

以上为教师自主用药的一些需要了解的事项，按照《健康66条》第40条的内容：生病后要及时就诊，配合医生治疗，按照医嘱用药。因为疾病有多种多样。用药过程是人—病—药之间相互作用的过程，关系十分复杂。因此，我们在此还是建议广大的老师们，身体出现了问题不要硬抗，应该立即利用所了解的医学知识快速用药治疗，并尽快寻求权威医生的帮助，磨刀不误砍柴工，只有药到病除之后，才能更有效率地完成教学任务。

PART 3
工作保健篇

▼

　　辛劳的教师们，在繁忙的工作中您也许忽略了自己的身体健康。您有没有想过：每天工作的环境可能存在空气污染，办公常用的办公设备正威胁着您的健康。如何在工作中拥有健康，如何在工作中做到自我保健，我们即将向您提出建议。

办公室环境与健康

办公室可能存在的空气污染

甲醛和氨

甲醛具有强烈的刺激性，可导致皮肤、眼睛、神经系统、呼吸系统、消化系统等多处器官、系统发生异常，且具有一定的致癌作用。氨不仅可导致细胞变异为癌细胞并引发肺癌，还对人体的血液循环系统具有相当的破坏性，甚至可导致白血病的发生。

挥发性有机物

是室内主要污染物之一，氯乙烯、苯、多环芳烃等致癌物都属于挥发性有机物。人体在短时间内吸入高浓度的挥发性有机物即可影响中枢神经系统稳定性；若长时间接触，则会导致头痛、失眠、精神萎靡、记忆力减退等慢性中毒症状。

二氧化碳和一氧化碳

高浓度的二氧化碳会导致人体呼吸加深，出现头痛、耳鸣、胸闷、气短等症状。一氧化碳的毒副作用则主要表现在与人体血红蛋白的亲和力较强，能够把血红蛋白中的氧气排挤出来，导致人体一氧化碳中毒。

微生物

办公室极易滋生有害微生物。如细菌、真菌、螨虫等。

计算机可能带来的电磁辐射

静电 计算机产生的静电会使人感到头痛、倦怠等不适，严重的还会引发神经末梢受损，导致手臂、手掌、手指疼痛。另外，静电还会吸附空气中的有害化学物，若附着于人体皮肤和眼睛，则会造成皮肤干燥、皮肤病、眼不适、结膜炎等。

X射线 一般说来，计算机产生的X射线主要集中在显示器后方，但是，许多计算机由于维修不力，机器陈旧，很容易放射出大量辐射而伤害人体。

极低频、超低频 长期处于极低频和超低频的电磁场中，会对大脑和心脏造成一定影响，甚至可能导致癌症发生。

紫外线、红外线辐射 紫外线辐射会在计算机显示器周围产生，从而刺激人体黏膜，导致头痛、反胃、肺感染等。红外线对人体眼角膜有屈光作用，且会在视网膜上形成焦点，并伤害视网膜和水晶体，导致视网膜灼伤，并引发白内障。

无线电频、微波 无线电频和微波均会导致视力模糊、前庭功能异常、眼部疲劳、眼痛、双眼色彩感觉度差异。

其他办公设备的危害及防护

在电气化高度发展的今天，在办公室中危害教师身体健康的电器除了计算机外，其他如日光灯、手机、电话、空调、复印机、打印机等设备对教师的身体健康同样有极大的影响。例如，日常办公最常使用的手机，就是会产生大量电磁辐射的办公设备，同时对人体的伤害也是非常之大。尤其是通话时将手机紧贴于耳部，这样手机产生的辐射会直接通过耳道传入大脑，引发耳根发热、耳鸣、耳聋、眩晕、头晕、神经衰弱等，严重的会导致脑炎或脑癌。

面对这些时刻威胁人体健康的办公设备，教师要学会自我保护。具体来说，最为重要的有以下几点。

增强自我保护意识　充分了解电磁辐射的常识，切实加强工作中的安全防范，时刻注意操作中的细节，这是对教师的基本要求。

避免电器集中摆放　办公室内，各种办公设备应尽量注意不要摆放地过于集中，且更要避免同时使用，以免电磁辐射过强。

与各种电器保持一定距离　使用有辐射的电器时，应尽量与电器保持距离，离得越远，辐射的影响就越小。

避免长时间使用　无论是操作电脑，还是使用手机、复印机、打印机，都应避免连续性的长时间使用。

保持室内通风良好　室内良好的通风状态，能够预防各种电器的辐射，且有助于室内臭氧的释放。

小心夏季空调病

空调是办公室常用电器在夏季使用最为频繁，教师长期在空调环境中办公，如使用不当，则会对身体健康造成诸多危害，常见的危害主要有如下 3 个方面。

降低人体适应力　人体长期处在空调环境下，相反对外界环境的适应性就会较低，由此会导致人体免疫力下降，机体容易受到细菌侵袭。

滋生微生物　使用空调的房间往往门窗紧闭，这会使室内空气流通不畅，微生物滋生。这些微生物中包含致病菌，如芽孢杆菌、棒状杆菌、金黄色葡萄球菌、螨虫等。它们在室内扩散，人体在这种环境下必然会遭到侵袭而引发多种疾病。

室内外温差过大引发不适　空调环境下，室内温度较低，而一旦人走出房间，则会因室内外的较大温差而引发人体各种不适，如感冒、流涕、鼻塞等，严重的可能导致面瘫发生。

因此，夏季使用空调应做到：使用空调时，温度不宜调的太低。一般说来，保持在28℃左右最为适宜。但室内外温差不宜超过6℃～10℃；适当开窗通风，能够避免微生物和室内有害空气的滞留；保持室内透光，不要将窗户完全遮挡，空调的过滤膜和冷却盘应经常清洗、消毒、以免各种微生物滋生；不要长时间在空调房间内，一般每2个小时应到室外活动一下，以呼吸新鲜空气；若室内温度过低，应注意随时增加衣物。女性教师应特别避免腰部及小腹受凉，且忌空调冷风直吹身体某部。

女教师的特殊保健

月经期的自我保健要点

注意卫生

勤洗外阴、注意方法　在月经期间，子宫内膜脱落会使得宫腔留有创口、宫口微微张开，此时如果不注意清洁外阴，则很容易会导致细菌的生长和繁殖。而正确的清洗外阴的方法也是非常重要的。女性在月经期间应采用淋浴或局部擦洗的方法进行外阴的清洁。月经期如果采用盆浴，则很容易使得细菌随浴水进入阴道，并由宫颈上行至宫腔，由此则可能导致月经病和妇科炎症的发生。

勤换经期卫生用品　月经期间女性需要使用卫生巾、护垫，两者的使用必须依照勤换原则。对于一次性的卫生用品，还应该注意消毒日期，以免用品消毒失效导致细菌的生长和繁殖。

节制房事

如果在月经期间同房，会使细菌进入阴道而导致炎症发生，还会造成阴道黏膜受损，使局部抗病能力降低。另外，由于阴道壁和子宫的节律性收缩，还会促使细菌等进入宫腔引发感染。

合理膳食

月经来潮时，女人体内铁的流失最为显著，而铁是保证人体的免疫力、智力、新陈代谢所必不可少的物质。因此，女性在月经期应注意补充铁含量丰富的食物，如菠菜、大豆、动物肝脏等。

月经期间，女性应尽量饮食清淡，以免除经期易出现的消化不良、食欲不振等现象。

月经期间应避免食用寒凉性质和辛辣刺激类的食品，如鸭肉、海鲜、冬瓜、生菜、豆腐、梨、柿子及咖喱、辣椒、韭菜、大蒜、大葱、胡椒等。

经期膳食中可适当增加温热类、行气类和通瘀类食物，如牛肉、羊肉、生姜、萝卜、茴香、山楂、荔枝、肉桂、八角等。

合理安排工作时间

月经期间，女性体内代谢活动非常活跃，故极易感到疲惫不堪，且容易出现情绪波动。因此，女教师在经期应适当减少工作量，充分休息，以保证身体健康。

妊娠期自我保健要点

保证睡眠、注意睡眠方式

孕妇每天必须保证足够的睡眠，才能保证身体的健康。科学的讲，孕妇每晚应保证 8～9 小时的睡眠，中午则最好午休 1 个小时。同时，睡眠的姿势也很重要。孕妇早期，最好保持仰卧位姿势；而妊娠中、晚期则以侧卧位较好，且以左侧位最好。

合理膳食，保证营养摄入

怀孕后，胎儿的生长发育需要大量的营养物质，而所有营养物质都必须从母体中摄取。孕妇的饮食应该遵循多元化、不偏食的原则，每天保证 1 ~ 2 个鸡蛋、500 克蔬果、600 克肉食、300 克主食即能保证营养的供给。

定期检查身体

在明确妊娠后的 10 周内，孕妇应该进行必要的孕期体检，以确保身体是否健康，能否进行正常妊娠。在妊娠 6 个月后，则需要每月进行一次体检，以确保胎儿正常发育。妊娠 8 个月后，则需要孕妇每半个月进行一次体检；而妊娠 9 个月后，则应该每 7 ~ 10 天体检一次，以观察胎儿的生长发育情况。

适时节制性生活

妊娠早期的 1 ~ 3 个月内，胚胎在母体中的附着很不牢固，性生活刺激容易导致流产发生。此时，孕妇应该禁止性生活。在妊娠 4 ~ 6 个月的阶段，孕妇的生理状况相对稳定，此时性生活可以适当恢复。在妊娠的最后 3 个月中，性生活容易导致胎膜早破、早产、感染等情况，故此时孕妇也应禁止性生活。另外，对于曾进行自然流产、早产或有心脏病的孕妇，在整个妊娠期间都应该禁止性生活，以保证孕妇妊娠的安全和分娩的顺利。

谨慎用药

在妊娠期间，孕妇不宜乱服药。如果孕妇患病，且必须用药，则应在医生的指导下，有针对性地少量使用药物，以保证孕妇和胎儿的健康和安全。

服饰要求

妊娠期间，女性体内的代谢活动非常活跃，皮肤腺体分泌旺盛，汗液较多、白带增多。因此，经常洗澡和勤换内衣裤对孕妇的身体健康非常重要，而且内衣裤最好选择有利吸汗的棉织品。另外，妊娠期孕妇的体型发生很大的变化，因此不宜选择紧身衣或高跟鞋。

哺乳期自我保健要点

饮食调养要求

摄取充足的热量、蛋白质和脂肪　哺乳期女性的饮食首先要保证热量充足，每日至少摄入 2500 ~ 3000 千卡的热量。同时，应保证每日 100 ~ 120 克的蛋白质和 60 ~ 80 克的脂肪。热量能保证母体能量的供给，而蛋白质和脂肪的摄取又能保证乳汁的足量分泌。

保证维生素和微量元素的摄入　维生素 B 能够促进乳汁分泌，维生素 C 能增强母体和婴儿的免疫功能，而维生素 D 不但能够促进婴儿骨髓的发育，更有助于钙元素的吸收和转化。另外，哺乳期女性在分娩后，大量的血液流失会导致机体铁元素缺乏，而存在于动物肝脏、蔬菜、黄花菜等食物中的铁元素对于母体和婴儿都是非常有益的。同时，哺乳期女性每日的钙元素摄取量不宜低于 3 克，这对于母婴的骨髓、牙齿的健康也很重要。

乳房保健要点

养成良好的哺乳习惯　每次哺乳的时间应在 10 ~ 15 分钟为宜，且应两侧轮流哺乳。每次哺乳时，乳房内的乳汁应吸尽，以防滞留而导致乳腺炎、乳房肿块的发生。

佩戴适宜的乳罩　其作用不仅能够预防乳房下垂，还能够更好地保护乳头。但是，乳罩的清洁非常重要。不洁的乳罩不但会使细菌、灰尘等随乳汁吸入婴儿口中，更可能导致乳头瘙痒、乳房湿疹的发生。

哺乳期对乳腺炎的预防非常重要　此时如果对乳房护理不当，则易导致乳汁淤积、乳管阻塞，以及急性乳腺炎发生。如果乳汁排出不畅，应该通过按摩乳房的方法排尽淤积的乳汁。

更年期自我保健

起居有常

我国古代养身名言中有这样一句话"起居有常、不妄作劳"，这句话提示人们生活起居要有规律，要注重劳逸结合，顺应大自然的四时环境，这同样是更年期的保健方式之一。春季和夏季应做到晚睡早起，要经常到户外散步或运动。冬季则要早睡早起，且要注意避寒就温，减少汗液的排泄，更要多晒太阳。

保证睡眠

更年期女性常伴情绪烦躁、焦虑、记忆力减退、紧张、全身乏力等表现，此时若能保证良好的睡眠则能最大限度地避免这些现象的发生。为了保证睡眠，应避免神经过度兴奋，晚餐应以清淡食物为主，且不宜吃得过饱；入睡前不宜饮用茶水、咖啡、碳酸饮料等。

平衡膳食

平衡膳食的要点在于每日严格按照人体所需的膳食总热量分配每日三餐的食品份数和种类，以保证每日摄取足够量的营养物质为基础。同时，更年期女性则应适量减少高糖、高脂肪、高胆固醇和高热量食物的摄取，增加粗粮、蔬菜等膳食纤维较高食物的摄取。

保持心情舒畅

更年期女性可以通过培养业余爱好，参加中老年团体活动等方式，陶冶自己的情操、减少精神负担，这对于紧张、消极、焦虑等不良情绪的排除和神经系统的稳定都是非常有效的。另外，更年期女性还应该增加一定的书籍阅读时间，通过知识的补充帮助自己调整心态、保持身心愉快。

🌱 坚持运动、掌握正确方法

　　更年期女性可通过太极拳、气功、集体舞、散步、慢跑等方式进行锻炼和健身，这对于机体血液循环的改善和生命活力的保持都是非常有益的。但是，更年期女性进行锻炼的前提在于掌握正确的运动方法，这个时期女性的体力不比年轻人，过度的锻炼反而会加重身体的损耗，并引发疾病。

教师的定期体检与健康

健康体检的必要性

现代医疗观念认为，与其患病后倾家荡产地花费重金治病，不如坚持体检、提前预防、尽早发现疾病的做法来得实际。事实上，这种保健理念早在古人就有过认识。我国最早的中医学典籍《黄帝内经》中的《四气调神大论》说："是故圣人不治已病治未病，不治已乱治未乱，此之谓也。"这句话的意义即在于提示人们不要等到患病了再去治疗，而应注重防患于未然，应在疾病刚刚出现萌芽的时候就去治疗，对此教师更是如此，教师肩负的重任较常人更多，因而身体的健康也显得尤为重要，只有良好地预防疾病、监护身体，才能保证工作的顺利进行和生活质量的提高。

健康体检对于一个人身体情况的掌握是非常重要的，它能够为医生和检查对象提供真实、可靠的身体状况依据。不仅如此，医疗单位建立的健康档案对于教师今后的患病具有参考价值，可以针对性地早期防治。我们的教育部门每年都要组织教师进行健康体检，其目的就在于帮助教师更好地保护身体，从而以健康的身体、充沛的精力迎接工作的挑战。

常规体检的科室、内容及注意事项

科室和内容

内科 主要检查心、肺、肝、脾、肾、胃等项目，包括询问以往患病情况、家族病史、过敏史及测量血压、心率、检查心脏有无病理性杂音、肺部有无干湿啰音、肝脾大小、肝脾有无压痛或肿块等。

外科 主要检查头颅、颈部、表浅淋巴结、甲状腺、胸部、腹部、脊柱四肢、肛门和外生殖器。

眼科 主要检查视力、睑结膜、球结膜、巩膜、角膜和眼底。

口腔科 主要检查牙、牙周、口腔黏膜、舌部、腭部腺体和颌部。

耳鼻喉科 主要检查耳郭、外耳道、鼓膜、乳突、鼻前庭、鼻中隔、鼻窦、咽峡、扁桃体、咽后壁、会厌、喉部，以及上、中、下鼻甲和上、中、下鼻道。

妇科 主要检查女性乳房、子宫、外阴和附件。

放射科 主要通过拍摄胸片来检查胸和肺。

检验科 包括血型、血常规、尿常规、大便常规、胆固醇、甘油三酯、高密度脂蛋白、低密度脂蛋白、血糖、肝功能、肾功能、乙肝五项、甲胎蛋白、胃幽门螺杆菌、癌胚抗原和前列腺特异抗原。其中，血常规又包括白细胞、嗜酸性粒细胞、红细胞、血红蛋白、血小板等。尿常规包括尿比重、白细胞计数、亚硝酸盐、蛋白定性、尿酸、尿酮体、尿胆红素、血红蛋白和尿胆原。

病理科 主要通过宫颈刮片，做防癌检查。

彩超室 主要做超声心动、腹部 B 超等，以查肝、胆、胰、脾、肾以及男性膀胱、输尿管、前列腺和女性子宫、附件和膀胱等盆腔部位。

体检前后注意事项

为了保证体检结果准确性，在体检前后应注意以下几点：

体检前 3 天，要注意饮食清淡，忌油腻、辛辣，晚间睡眠必须保证，不要熬夜，且要避免身体过度疲劳。

体检前 1 天，晚餐尽量提前，晚 8 点后不宜进食，以免影响血液检查和彩超检查结果。

体检当日的清晨至体检结束，应保持空腹状态，以确保抽血化验和 B 超检查的准确性。

测血压和进行心电图检查时，须避免情绪紧张，应做全身放松，不需要变换体位，亦不要屏住呼吸。

如果体检前一段时间内正在服用某些药物，那么在体检时应及时告知检查医生，以免影响检查结果。

体检化验前，须谨慎服用利尿药、抗癌药、抗菌药、镇痛消炎药、抗凝药及激素类药物等。这些药物对于化验结果的影响较大，停药后至 48 小时内药效才能基本消失。

佩戴眼镜的教师，体检时应摘取眼镜。

妇科 B 超检查及前列腺检查在检查前要禁止排尿，保持膀胱充盈。

妊娠期女性不得接受 X 线检查、磁共振、CT 等检查项目。

月经期间，女性不宜接受体检。

有异常病史、手术室及以往体检异常的受检者，须将相关资料一同交送体检中心。

体检结果公布后，应根据医生建议，及时就医。

须保管好体检结果，以便下次体检对照参考。

中老年教师的常规检查项目

在教师队伍中，由于长期、高强度工作压力的持续，许多教师都处于亚健康状态，尤其是中老年教师，他们在教育岗位上奋斗了多年，许多教师在长期的工作压力下积劳成疾，身心健康令人担忧，再加上中老年教师的年龄阶段，正处于极易发生心脑血管病的时期，因此中老年教师的健康体检时非常必要的。一般来说，中老年教师的常规检查主要包括以下几方面。

测体重 体重是一个人消瘦与肥胖的直接根据，且往往提示一个人的易患疾病。体重过轻，其免疫力、应激能力较差，而体重超重的人，则往往是脂肪肝、结石症、痛风、高血压、糖尿病和冠心病等疾病的高危人群。

测血压 尤其是高血压家族病史及肥胖者，应特别关注血压情况。

检查眼底 青光眼、白内障虽多发于老年人，但往往中年开始就已经有所征兆，因而早发现对治疗大有好处。另外，脑动脉是否正常也是从眼底检查入手的，有高血压、糖尿病或过度肥胖者均需要检查眼底。

生化检查 包括肝功能、肾功能、电解质、血脂和血糖等，这是中年人需要检查的项目。

心电图 心电图能早发现心律失常、心肌缺血等改变，可对心脏病提出预警。

B超检查 包括心脏彩超和腹部B超，能够观测心脏大小、瓣膜病等情况。还能从形态学上反映人体脏器的情况，对于肝、胆、胰、脾、肾、膀胱、前列腺、子宫附件等脏器的病变能够较早发现。

经颅多普勒 能发现早期动脉硬化、脑缺血等症状，对于脑供血不足的早期治疗、中风的预防有很大作用。

X线、CT检查 包括胸片、颈椎片和腰椎片，能早期发现肺结核、肺癌、纵隔肿瘤及腰和颈椎病变。CT能发现早期脑梗死。

肿瘤全项 包括甲胎蛋白、癌胚抗原等等，对肿瘤的早期发现和诊断有重要意义。

以上项目，对于消化道疾病、肾病、糖尿病、高血压、冠心病、胃癌、结肠癌、直肠癌及前列腺病、前列腺肥大或女性乳腺癌、子宫癌、宫颈糜烂等的早期发现和诊断有重大意义。

PART 4
亚健康防治篇

▼

　　随着现代社会生活节奏的加快，高强度的工作给教师的生理和心理都造成了不小的压力，教师们的亚健康问题日益凸显。有关调查数据表明，七成教师处于亚健康状态。什么是亚健康？如何进行亚健康的自我测评？如何进行亚健康的自我防治？本篇将详细向您说明。

亚健康

亚健康的含义

亚健康是医学界近年提出的新概念,是人们表现在身体、心理及社会适应等方面介于健康与疾病之间的一种低质量生存状态。主要是指机体虽然没有明确指征以确定疾病诊断,却呈现出生命活力降低,各系统生理功能和代谢过程紊乱,机体处于健康与疾病之间的一种状态,又称为机体"第三状态"。如果这种状态不能得到及时的纠正,非常容易引起心身疾病。

亚健康主要表现以自我感知的种种不适为主,如精神不振、精力不够集中、疲乏无力、肌肉关节酸痛、头晕头痛、学习困难、记忆力下降、睡眠障碍、心悸胸闷、情绪不稳定、烦躁不安等,但运用西医学的监测方法和仪器未能发现阳性指标,或虽有部分指标改变,但未达到疾病的诊断标准。亚健康状态在临床物理、生化实验室的检查中无明显的异常。西医学以实验检查为主要依据,因而对以"不定陈述、缺少科学依据"为主的亚健康状态难以下手,在调控防治上缺乏有效的治疗方法和相应药物。

造成亚健康的原因

随着社会的飞速发展，社会、工作、生活节奏加快、压力增大，处于亚健康状态的人也越来越多，造成身体出现"亚健康"状态的原因，主要有以下几个方面：

过度疲劳

生活、工作节奏加快，竞争日趋激烈，使人们身心长期处于超负荷紧张状态，造成身体和心理疲劳。长此以往，必然引起内脏功能过度消耗、功能下降而出现亚健康状态。

压力过大导致心理失衡

古人云：万事劳其行，百忧撼其心。由于工作任务重或工作得不到赏识和肯定，人际关系紧张，事业发展不顺，家庭婚姻冲突等，造成人的精神紧张，压力过大，出现焦虑、郁闷、妒忌或生气、精疲力尽，对自己的能力产生动摇、失去自信，引起自主神经紊乱、肠胃失调、睡眠质量低、头痛等。

人的自然衰老

人体成熟以后，大约到 30 岁开始衰老，到了一定程度，人体各机体器官开始老化，出现体力不支、精力不足、社会适应能力降低等现象。这时，人体各器官系统没有病变，但已不完全健康，也属于亚健康状态。

工作、生活环境

工作环境不佳，比如工作场所嘈杂、工作时间过长、同事之间关系淡漠等等，都会引起莫名的烦躁、情绪低落、注意力不集中、工作能力下降等症状。生活环境不佳，比如住房面积窄小、家庭生活设施不全，就医购物不便等等，也会造成亚健康状态。

导致亚健康的四大诱因

心理因素

● 人的心态能影响神经、免疫、胃肠、心血管及内分泌等系统的生理功能

生活方式和行为习惯

● 比如长期缺乏运动以及吸烟、酗酒、暴饮暴食，生活不规律
● 摄入食品中的防腐剂、添加剂，杀虫剂、杀菌剂、除草剂等

药物的毒副作用

● 滥用抗生素药物和各种保健品，恶性肿瘤的放、化疗等对人体微生态平衡的破坏，往往促使人体步入亚健康

大气污染

● 包括化学性、生物性及放射性污染三大类

熊德 编制 新华社发

现代化带来的负面影响

现代社会环境的污染、工作节奏的加快、体育锻炼次数下降、不均衡的饮食习惯都是导致现代人"亚健康状态"的重要原因。

五"不"原因

（1）饿了不吃饭。

（2）疲劳不休息。

（3）口渴不喝水。

（4）如厕不通畅。

（5）起居不定时。

亚健康的症状表现

据国家卫生部门调查数据显示，我国都市人群健康状况不甚理想，疲劳、失眠、焦虑等亚健康状态人群已占七成，北上广等一线城市则超过80%，白领阶层中比例更高，甚至超过了90%，而且越来越年轻化。

亚健康的十种典型表现

（1）心慌气短，胸闷憋气，心烦意乱，夜寐不安。

（2）易出虚汗，怕冷，抵抗力低下，容易感冒。

（3）舌尖红，苔厚腻，口苦，咽干，大便干燥，小便短赤。

（4）面色憔悴或萎黄，双目晦暗无神，眼圈发黑或青。

（5）晨起或劳累后足踝或小腿肿胀。

（6）指甲无光泽，月痕形状十指差异明显，甲面有白点等。

（7）女性月经异常，经期无规律，经量色质异常，有严重痛经。

（8）胸腹常感胀满不适，食欲不佳，食后消化不好，经常腹泻。

（9）经常下午体温低幅度升高，手心热，全身倦怠乏力。

（10）视力短期内下降迅速且伴目胀、头痛、恶心等。

亚健康状态的主要形式

躯体性亚健康状态

表现为身体各系统广泛的慢性疲劳。总感到身体不舒服，困倦疲乏、四肢无力、肌肉酸痛、失眠焦虑、郁闷烦躁、头晕眼花、视力下降、注意力不集中、记忆衰退、反应迟钝等，身体功能下降，长期、持续处于极度疲劳状态。如果长期过度疲劳的状态不能及时缓解，则极易积劳成疾而致"过劳死"。

心理性亚健康状态

表现为情绪波动频繁，烦躁、恐惧、嫉妒、焦虑，对生活、学习、工作丧失兴趣，怀疑自我价值，经常心里不平衡，有时会严重到出现胃痛、心悸、失眠等症状。

人际交往性亚健康状态

表现为不能与人良好沟通，人际关系紧张，不能较好地承担相应的社会角色，工作、学习状态不佳，态度不积极，家庭关系不和谐，难以进行正常的社会交往等。

亚健康的危害

亚健康状态人群的"六高一低"和"一增三减"

"六高一低"是指心理压力升高、体力高消耗、血压高、血糖高、血脂高、血黏度高、体重高增长和免疫力低下。

"一增三减"是指疲劳增加，生命活力、社会适应性和反应灵敏度减退。

亚健康是大部分慢性疾病的前期状态，亚健康人群是心脑血管疾病、糖尿病和部分恶性肿瘤的高危人群，是由于免疫力低下、身体功能受多种不利因素长期困扰所致。亚健康状态与生物功能紊乱构成因果恶性循环，直接影响睡眠等基本生命质量，并加速慢性疾病的发生、发展。长期处于亚健康状态的人群寿命可明显缩短，导致多病或英年早逝。

长期亚健康状态会导致不孕不育

青年男女长期处于亚健康状态，会让怀孕变得困难。专家认为，育龄男士精液质量不断下降与亚健康有直接的关系。20 世纪二三十年代，医院临床精子数量正常参考值为每毫升 1 亿个，20 世纪 80 年代为 6000 万，而目前的参考值则为 2000 万。可每毫升 2000 万在过去却属于少精症范畴。即使是这样，仍然有许多育龄男士达不到标准。

亚健康
与教师

造成教师亚健康的原因很多，凡是过去认为的"致病因素"也都是导致亚健康的因素。"不完满状态"的亚健康，与健康相对应，也有躯体的、心理的、社会适应方面、性方面以及其他的综合因素所导致的原因。

亚健康"青睐"教师

体力和脑力透支

由于教师要讲课、备课、学习、学术交流、批改作业、出题、了解学生生活和学习情况、走访学生家长以及教师本人家务和日常生活等，过度疲劳造成体力、脑力和精力过度的损耗。疲劳的积累以及不易消除，是亚健康的主要标志和典型表现。

不良的生活习惯

不合理的饮食结构、不良的饮食习惯、吸烟、酗酒、活动不足、缺乏运动、过度疲劳以及乱用保健品和药物等也会导致亚健康。

社会压力

由于社会环境、人际关系、心理压力、精神负担等因素造成疲倦感、压力感、焦虑感、无聊感等，典型的特征是"我烦透了"、"活得很累"。主要表现为：精神疲倦，无精打采，意志消沉，情绪低落，颓丧、空虚、焦虑、忧郁、烦躁、易怒、厌倦、无聊等。精神因素也是导致教师亚健康的原因之一。

中年教师是"最爱"

人的生长发育到25岁已进入高峰期，从30～35岁逐渐开始出现生理上的退行性变化，人体器官的功能逐渐下降，机体的功能开始缓慢地衰退，免疫功能也逐渐减退，社会适应能力逐渐下降。中青年教师正处于奋斗创业、成立家庭、养育孩子的重要阶段，事业与家庭的双重重担使他们付出的脑力和体力往往超出正常的生理负载力，久而久之形成身心疲惫的亚健康状态。而且在这个阶段也是很多教师的父母年迈体虚的阶段，容易发作各种疾病，尤其像临床常见的脑梗死、心梗、肿瘤等一些发病突然、病情严重的疾病，一旦发病住院，常常需要照顾，而教师日常工作繁忙，还要接送孩子上学等。诸多压力往往容易导致身体免疫力急剧下降，出现亚健康的症状。

知识链接

高校教师的亚健康现状

相关调查结果显示，我国高校教师的亚健康发生率为69.18%。女性重度亚健康的发生率明显高于男性。其中，中度亚健康的教工比例占调查总人数的44.21%，有36.84%的人自认为处于亚健康状态。结果显示30～40岁教师的亚健康发生率最高，为79.17%。调查结果表明，导致亚健康发生的主要危险因素包括工作压力、心理因素和不良行为习惯等。

教师中的亚健康比例明显高于行政和其他人员，并有向职业性疾病发展的趋向。例如，70.29%的教师有不同程度的咽喉痛，80.15%的教师感到颈部酸痛，79.23%的教师感到腰背酸痛和下肢麻木、胀痛等。疲劳是教师普遍感受到的一种症状，这也是亚健康状态的典型症状。

教师亚健康的主要症状

躯体方面 表现为失眠、入睡困难，早醒，多梦、常做噩梦、经常头痛、头闷胀、头昏，记忆力减退，全身无力、困乏、特别容易疲劳、稍一活动则气短汗出、肌肉酸困、关节疼痛等症状。

心理方面 表现为精神萎靡不振，情绪低落、反应迟钝、记忆力减退、焦虑烦躁、恐惧不安、莫名其妙地出现心烦意乱，遇事爱生气，易紧张和恐惧等感觉。

情感方面 表现为冷漠、无望、无助、孤独、空虚、机械、轻率等表现。

其他方面 心血管方面：经常感到心慌、气短、胸闷、憋气。消化方面：不思饮食、纳呆，视力下降。骨关节方面：经常感到腰酸背痛、关节不适或者浑身不舒服。泌尿生殖方面：性功能低下或者性要求突然减少、尿急、尿频等。

中医对"治未病"的认识

何谓未病，何谓治未病，历代医家是仁者见仁，智者见智。治未病的理念发轫于先秦之际，渊源为先秦诸子的防患于未然的哲学思想。《黄帝内经·素问·四气调神大论》中"圣人不治已病治未病，不治已乱治未乱……夫病已成而后药之，乱已成而后治之，譬犹渴而穿井，斗而铸锥，不亦晚乎"的论述，《灵枢·逆顺》中"上工治未病"的观点，开创了中医对这一领域的独特认识和精辟见解。《难经·七十七难》的"所谓治未病者，见肝之病，知肝当传之于脾，故先实其脾气，无令得受肝之邪，故曰治未病焉"，在《黄帝内经》的基础上提出了治未病之脏腑，将《黄帝内经》的未病先防之"预防说"发挥为既病防变之"防变说"，为切断疾病传变、早期治疗开了先河。中医治未病的思想，在历史上各时期的典籍中都有体现，且经过各代医家的不断充实和完善。

亚健康状态的自我测评

最好的医生就是自己！要积极发现自己的亚健康状态，靠自己解决问题。

想知道自己的身体现在处于什么状态吗？做完下面的小测试你就清楚了。将以下15个题目的得分相加，得分越多表明健康状态越差。如果总分超过20分，表明你已有轻度亚健康，要注意休息了；总分超过40分，必须重新调节自己状态，认真安排好生活、工作、休息补充营养充分休整；倘若总分达到70分，则要考虑请医生帮忙，或彻底休息一段时间，让身恢复健康。

（1）早上起床时总是发现有掉落的发丝　5分

（2）晚上经常睡不着觉，即使睡着了，又经常做梦睡眠质量很差　10分

（3）三餐食量减少，即使非常喜欢的菜，吃起来也觉得没味道　5分

（4）对工作越来越没有兴趣，甚至害怕去上班　5分

（5）不想见与工作有关的人，总想自己一个人呆着　5分

（6）工作效率下降，事情越做越不顺利　5分

（7）刚工作1小时就感到身体疲乏，胸闷气短，以前从未发生这种情况　10分

（8）容易动怒发脾气，但又似乎没有力气发作　5分

（9）记忆力明显衰退，刚发生的事情转眼就忘，这种情况近期时有发生　10分

（10）盼望早点下班，为的是能够早回家，躺在床上休息　5分

（11）免疫力下降，春秋季节流感一来自己首当其冲，常常感冒　5分

（12）不再像以前那样热衷于朋友的聚会，对社交有勉强应酬的感觉　2分

（13）心情总感到有些抑郁，总觉得有事，经常莫名其妙的发呆　3分

（14）体重有明显的下降趋势，早上起来，似乎发现眼眶有点凹陷　10分

（15）对污染和噪声比以前敏感，渴望到清幽、宁静的山水环境中休息身心的愿望更强烈　5分

亚健康的防治

亚健康防治四大法则

健康的心理素养　自觉完善人格，确立正确的自我认知，保持心态平衡，陶冶情操，调节情绪，增强面对应激的能力。良好的心理状态有助于分泌激素和乙酰胆碱等神经递质，可调节机体至最佳状态，提高机免疫力。

良好的生活方式　疾病、亚健康多由许多不良生活方式引发，因此保持合理的生活方式、营养平衡的饮食、科学的运动和愉快的情绪是预防亚健康发生的主要方法。

完善的医疗服务　①心理治疗：如认知疗法、森田疗法、生物反馈疗法等。②中西医结合治疗：西药可选择性应用 5-HT 再摄取抑制类药物等。中医治疗亚健康，采用个体化治疗，辨证论治，并强调中西医结合治疗，更有益于亚健康的治疗。③生物物理治疗：可解除疼痛，缓解疲乏，促进炎症吸收，改善亚健康状态。④音乐疗法：音乐之所以能治病，在于人体是由许多有规律的振动系统构成。当人生病时，体内节奏处于异常状态，和谐音频的乐曲可使人体的各种振频更加协调，从而有益于患者恢复健康。

适宜的体育活动　心理健康是构成人健康的重要部分，而我们所进行强度适宜的体育活动，能唤起人们良好的心理调节活动，使人振奋精神，消除疲劳，缓解焦虑和抑郁。通过体育锻炼能锤炼意志，提高耐挫折能力等。从而实现对人生物功能与社会功能间的调控。

十招让你远离亚健康

制定饮食计划　每个月应称称体重，再根据季节的食物供应制定下月食物种类、搭配等。

每天 6~8 杯水　水是生命之源，多数营养物质需要溶解在水中才能被吸收利用。

每天 1 ~ 2 个水果　水果有"三宝"：维生素、无机盐和膳食纤维，对维持人体健康起着特殊的作用。

每天 1 杯奶 营养学界一直呼吁"为全民健康加杯奶"。奶类除含丰富的优质蛋白质和维生素外，含钙量较高，且利用率也很高，是天然钙质的极好来源。

戒烟 吸烟绝对要禁止。众多医学研究已证实，吸烟可导致肺癌、心脑血管疾病、肺气肿等多种疾病，是危害人类生命的第一杀手。

节酒 总的来看，酒精对人体的影响是弊多利少。饮酒可导致食欲下降，影响正常进食，以致发生各种营养素缺乏。

称体重 体重是生命指征，其重要性与呼吸、心跳、血压和脉搏一样重要。

试试橄榄油 橄榄油有很强的抗氧化、预防心血管疾病的能力。

开始运动 生命在于运动，早一日开始运动，早一日拥有健康。

全面查体 一年一次的全面查体对每个人来说都很重要，它可以早期发现疾病，为治疗赢得宝贵的时间；或发现引发疾病的危险因素，使我们能防患未然，降低很多种疾病的发生率。

PART 5

疾病防治篇

▼

　　教书育人是一项艰苦细致的工作，使您的身体难免出现一些小问题。如何避免教师们的职业病？面对一些常见的疾病您如何做到自我防治？女性教师应该怎样呵护自己的健康？在您心理出现问题时又应该怎样健康面对？读了本篇之后，相信您会有所收获。

视 疲 劳

什么是视疲劳

教师长时间备课、批改作业、读书，加之工作或学习中不注意用眼卫生，很容易导致视疲劳，表现为近距离阅读或工作不能持久，久则视物模糊不清，眼睛酸胀疼痛，甚至出现头痛头晕、恶心呕吐等症状。

自我诊断

教师怎样自己判断是否患有视疲劳

头痛、流泪、眼刺痛、视物模糊、复视、眼痛、畏光、眨眼、恶心、眼沉重，10个症状中有其中2个或2个以上者，即可初步自我诊断，应引起教师自我重视，并及时到当地医院就诊，进行相关检查，以便确诊。

常见病因

眼睛本身的原因　如近视、远视、散光等屈光不正，调节因素、眼肌因素，结膜炎、角膜炎等。

全身因素 如身体过劳、神经衰弱、癔病或更年期的妇女；教师由于平时工作劳累，经常容易导致身体疲劳、神经衰弱，尤其是女性教师，更应该引起注意。

环境因素 如光照不足或过强，光源分布不均匀或闪烁不定，注视的目标过小、过细或不稳定等。

用眼过度 如长时间近距离阅读太小的文字、刻字、电脑操作时间过长。因长期近距离过度用眼，导致眼部肌肉处于紧张状态，而出现眼疲劳。教师由于其职业特点，经常需要长时间用电脑、阅读等，这些因素极易成为诱发眼疲劳的诱因。

检查

眼科检查涉及医生专业知识，建议教师在进行自我评估之后去眼科专科咨询医生，进行系统检查。其中包括：眼部健康检查、视力检查、屈光检查等。

防治

茶 疗

一杯菊花茶 菊花具有养肝清火明目之功效，当感到眼球疲劳时，可以沏上一杯热气腾腾的菊花茶，伏在杯口上用菊花茶的蒸汽熏眼，菊花的清香还可以在一定程度上缓解头昏、头痛，使你保持清醒的头脑、清亮的双目。

健体防劳饮 枸杞子 10 克，桑椹子 10 克，山药 10 克，红枣 10 个。制法：将上述 4 种药物水煎 2 次（分头、二汁）。吃法：头、二汁相隔 3～4 小时服。说明：枸杞子、桑椹子能补肝肾，山药、红枣能健脾胃。视力疲劳者如能较长时间服用，既能消除眼疲劳症状，又可增强体质。

眼保健操——明亮你的眼睛

第一节：按揉攒竹穴。用双手大拇指螺纹面分别按住两侧攒竹穴，其余手指自然放松，指尖抵住前额。随口令有节奏地按揉穴位，每拍一圈，做四个八拍（见图 5-1-1）。

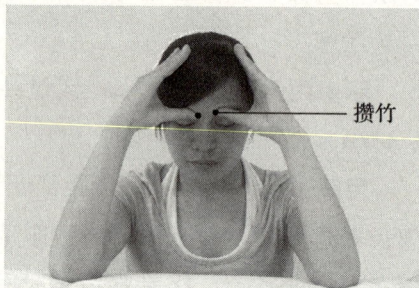

图 5-1-1　按揉攒竹穴

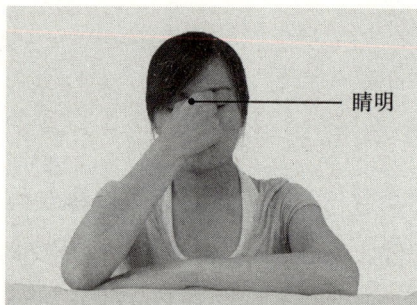

图 5-1-2　按压睛明穴

第二节：点压睛明穴。用右手拇食两指按住鼻根两侧的睛明穴，其余手指自然放松，呈空心拳状。随口令有节奏地上下点压穴位，每拍一次，做四个八拍（见图 5-1-2）。

第三节：按揉四白穴。用双手示指螺纹面分别按住两侧四白穴，余手指自然握起呈空心拳状。随口令有节奏地按揉穴位，每拍一圈，做四个八拍（见图 5-1-3）。

图 5-1-3　按揉四白穴

图 5-1-4　按揉太阳穴刮上眼眶

第四节：按太阳穴刮上眼眶。用双手大拇指的螺纹面分别按住两侧太阳穴，其余手指自然放松，弯曲。伴随音乐口令，先用大拇指按揉太阳穴，每拍一圈，揉四圈。然后，大拇指不动，用双手示指的第二指关节内侧，稍加用力从眉头刮至眉梢，两个节拍刮一次，连刮两次。如此交替，做四个八拍（见图 5-1-4）。

美容明目贴

将土豆捣碎，用纱布包上贴眼，每日1次。土豆具有高渗作用，能缓解眼部局部肿胀；其内还含丰富的B族维生素，可保护皮肤免受炎症侵害，其内的胆甾烷衍生物茄碱，可渗于皮下组织及血管内，加快血液流通起到较强的活血化瘀作用。

耳穴贴压疗法

耳穴压贴：取眼、心、肝、肾、神门、皮质下等耳穴，消毒后将粘有王不留行籽的胶布贴于所选穴位上，轻揉之以使耳穴有热、胀、痛感。每日按揉3~5次，每次5分钟左右，5日为1个疗程，疗程间不休息（见见图5-1-5）。

中药治疗

杞菊地黄丸：用于肝肾阴亏的眩晕、耳鸣、目涩畏光、视物昏花。由熟地黄、山茱萸(制)、山药、牡丹皮、茯苓、泽泻、枸杞子、菊花组成。口服，一次9克，一日2次。

注意： 中医讲究辨证论治，此处药物仅限于一般保健，如与其他药物同时使用可能会发生药物相互作用，详情请咨询医师或药师。

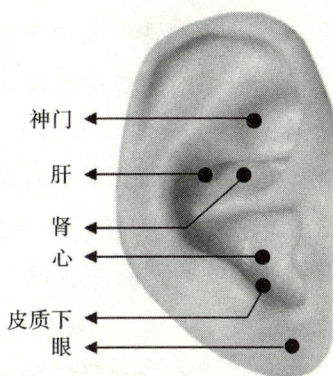

图5-1-5 耳穴

西药治疗

滴具有保护作用的滴眼液、营养液，这类液体一般含有维生素B族、透明质酸钠等成分，可有效地改善眼部微循环，缓解视疲劳。

缓解眼疲劳的眼药水一定要在医生指导下使用。因为90%的眼药水中都含有防腐剂，这些物质会对眼睛表面的细胞产生损害。干眼症患者最好选择无防腐剂的人工泪液。

改善生活习惯

（1）生活要有规律，休息及睡眠要充分，缓解眼部过劳状态。

（2）改善工作环境。照明光线应明暗适中，直接照明与间接照明相结合，使工作物周围的亮度不过分低于工作物亮度。

（3）注意用眼，劳逸有度。坐姿要端正，视物保持适当距离。避免长时间、近距离、过于精细的工作；长期使用电脑时，荧屏的亮度要适中，清晰度要好，眼睛与屏幕的距离应在60厘米左右，双眼平视或轻度向下注视荧光屏，每工作1小时应休息10分钟，远眺、看看绿色植物、多眨眼睛。

（4）干燥季节或使用空调时，室内要保持一定的湿度，保持眼部湿润。

（5）多吃富含维生素A、B的食物，如胡萝卜、菠菜、韭菜、番茄、豆腐、牛奶、鸡蛋、动物肝脏等。

（6）适量用保护眼睛的眼药水。

（7）定期体检，尽早发现相关疾病并及时治疗。眼睛不适要及时去医院找眼科医生诊治，尽可能早期发现、根除原发病变，比如通过配镜矫正屈光不正，通过眼外肌训练弥补外隐斜视的缺陷等。

（8）全身器质性疾病、心理疾病患者应及时寻求专科医生的帮助。

过敏性鼻炎

什么是过敏性鼻炎

过敏性鼻炎即变应性鼻炎，是在抗原作用下经免疫学机制产生的鼻腔黏膜变态反应性疾病，可引起多种并发症，其发生的必要条件有3个：①引起机体免疫反应的物质。②个体差异、过敏体质。③引起机体免疫反应物质和过敏个体相遇。临床上一般为常年性过敏性鼻炎和季节性过敏性鼻炎，后者又称"花粉症"。

上课写字、擦黑板带来的"粉笔综合征"，给老师的健康带来隐患；有些老师自身是过敏体质，极易导致眼、鼻、喉部的发炎，而产生诸如流鼻涕、打喷嚏、眼睛痒、流泪、鼻塞和鼻、喉、上颚发痒等症状。因此，过敏性鼻炎也成为教师的常见多发病之一。

自我诊断

过敏性鼻炎的典型症状主要是阵发性喷嚏、清水样鼻涕、鼻塞和鼻痒。部分伴有嗅觉减退。常有因固定过敏源或者天气等原因而造成的反复鼻炎发作史。如果教师出现此症状，需引起注意。

1. 喷嚏 每天数次阵发性发作，每次多于 3 个，多在晨起或者夜晚或接触过变应原后立刻发作。

2. 清涕 大量清水样鼻涕，有时可不自觉从鼻孔滴下。

3. 鼻塞 间歇或持续，单侧或双侧，轻重程度不一。

4. 鼻痒 大多数患者鼻内发痒，花粉症患者可伴眼痒、耳痒和咽痒。

常见病因

1. 遗传造成的过敏体质 并不是所有人都会患过敏性鼻炎，一般特定发生在具有过敏性体质的人身上。过敏性体质与基因有关，通常为遗传所致。

2. 接触变应源 家中最主要的变应原是霉菌、尘螨、昆虫和宠物等。室内霉菌易在潮湿、温暖、通气不良的环境中生长；而与人体密切接触的床上用品、内衣上，尘螨及其排泄物较多；许多昆虫，包括蟋蟀、苍蝇、飞蛾，特别是蟑螂的排泄物都是一定的变应原。易过敏的教师朋友，最好不要养宠物，因为其身上带有很多致敏物质，易诱发过敏性疾病。

另外，户外变应原在春、夏、秋、冬都可能存在。包括：香樟、核桃树、榛子树、杜松子树、杨树、桦树和橡树等。近年来随着车辆的增加，柴油废气中的芳香烃颗粒还有家庭装修造成的甲醛等，它们虽然不是变应原，却是季节性过敏性鼻炎发作的强刺激物。

检查

检查可见鼻黏膜苍白、双下甲水肿，总鼻道及鼻底可见清涕或黏涕。

1. 皮肤点刺试验

使用标准化变应原试剂，在前臂掌侧皮肤点刺，20 分钟后观察结果。每次试验均应进行阳性和阴性对照,阳性对照采用组胺,阴性对照采用变应原溶媒。按相应的标准化变应原试剂说明书判定结果。皮肤点刺试验应在停用抗组胺药物至少 7 天后进行。

2. 血清特异性 IgE 检测

抽患者静脉血,做免疫学检测,不受药物及皮肤状态的影响。

确诊变应性鼻炎的变应原,需要临床表现病史、皮肤点刺试验,血清特异性 IgE 检测结果综合考虑。

上述是过敏性鼻炎常见的典型检查,由于过敏性鼻炎涉及免疫方面的专业知识,所以如果您感觉您患有此病,在自己加强防范措施的同时,及时去医院进行检查。

防治

食 疗

过敏性鼻炎的诱发原因与食物有很大关系。一个鸡蛋、一杯奶、一些海鲜类食品,都可能导致过敏性鼻炎。食品添加剂中的亚硫酸盐,易引起过敏反应,它广泛存在于各种食物和饮料之中。如果一个人的免疫功能较低,遇到冷空气极易诱发过敏性鼻炎,这就需要注重营养的补充了。

宜吃一些暖性食物,如蒜、姜、韭菜、香菜、香椿等。

进食温补肺阴的食物,如糯米、山药、大枣、桂圆、红糖等。

忌食腥冷肥腻食物,如鱼、虾、海味、肥肉,少食瓜果、冷饮。

研究发现,每天食用酸奶可大大降低过敏性鼻炎的发病率,尤其对花草过敏者。

辛夷花鱼头汤

用料:鱼头 2 只 (150 克),辛夷花 12 克,白芷 12 克,生姜 15 克

制作:将鱼头去鳃、洗净。辛夷花用纱布另包;白芷、生姜洗净。把全部用料一齐放入锅内。加清水适量,武火煮沸后,文火煮 2 小时,调味即可。随量饮用。

功效：祛风散寒，宣通鼻窍。

姜草汤

用料：炮干姜 10 克，炙甘草 20 克。

制作：将两味药用水煎煮，饮服，每日 1 剂，早晚各半。

功效：温性助阳，有抗过敏、增强免疫力的作用。

野菊白芷葱须汤

用料：野菊花 15 克，白芷 10 克，连须葱白 3~4 根。

制作：连须葱白洗净，和野菊花、白芷一起放入沙锅中，加水 3 碗煎至 1 碗取汁后留渣。再加 1 碗水煎至半碗。将头煎二煎混合，分 2 次温服，连服用 3 日。

功效：润脏腑和营卫，止痛解毒。

迎香穴通鼻

鼻塞是过敏性鼻炎的常见症状之一，也是晨起最影响人体状态的并发症。可用手指指尖按压鼻旁的迎香穴（见图 5-2-1）1 分钟，有时能起到奇效。

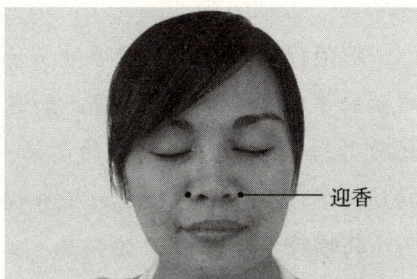

图 5-2-1　迎香穴

盐水洗鼻

这个方法几乎没有副作用，对单纯性鼻炎效果不错。首先，选择正确的洗鼻工具（比较好一点的是定值压力喷雾洗鼻器：操作简单安全，不损伤鼻纤毛和鼻黏膜），其次选择适宜的盐水的浓度和温度，注意操作时掌握好，勿用力过猛。初次可能会有不适应感，但坚持下去便会习惯。

热毛巾捂鼻

此法操作简单，贵在坚持，而且在冬天使用较好。必要时，可用新鲜花瓣（根据个人喜好选用，勿香味太重）煎水后用毛巾打湿敷鼻。

耳穴贴压疗法

选取耳穴：外鼻、肺、肾上腺、风溪、内分泌、神门（见图 5-2-2）。用 75% 酒精棉球消毒耳郭以去除耳部的皮脂和油脂，然后用贴有王不留行籽的胶布，依次对准穴位反应点贴于耳郭内，再用拇指和示指对压的方法按压籽粒，刺激强度以患者感酸胀、灼痛能耐受为度，若耳郭发红、发热则效果更佳。耳穴贴压后嘱患者每天按压3～5次，每次1～3分钟，出现过敏性鼻炎症状时应及时追加按压5分钟。耳穴每3天更换一次，两耳交替进行，10天为一疗程。

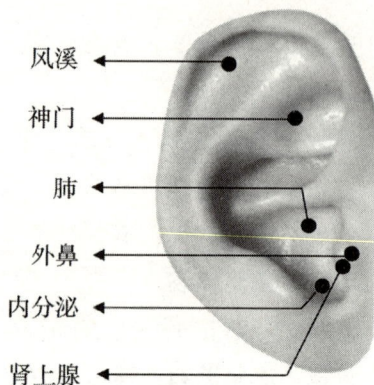

风溪
神门
肺
外鼻
内分泌
肾上腺

图 5-2-2　耳穴

常规治疗方法

防范疗法　这是最重要也是最基本的方法，从平常生活作息上寻找容易发病的事物，尽量予以避免。如避免不必要的应酬，不沾烟酒、禁食辛辣等。还可并培养一种持之以恒的运动，以增加抵抗力、改善症状，加强交感神经功能，不过要切记：持之以恒并循序渐进方为上策。

药物疗法　以抗组胺药为主。由于抗组胺药有多种，且每个人对抗其副作用的体质不同，所以建议教师朋友在治疗时，选择同一位医师来调药，不要一无效马上换医师，如此徒然浪费时间和金钱且又不见得较好。另外，拟交感神经剂可以增强交感神经功能，不过有心悸的副作用，使用上也需小心。低剂量的类固醇也是常用的，只要不长期使用且能配合医师指示，安全上应无需多虑。

鼻内喷雾剂　一般有三种，第一种是含有色甘酸钠的喷剂，对预防较有效，但对已发作的过敏性鼻炎效果较差。第二种是拟交感神经制剂，对鼻塞较有效。第三种是含类固醇制剂，因对鼻内局部治疗且效果佳、副作用少，所以成为许多人喜爱用的喷剂。不过要提醒教师朋友们需要在医嘱下使用，切莫自行长期使用，因为不当使用有可能会造成药物性鼻炎。

减敏疗法　这是在测出变应原的情况下，以微量稀释的变应原溶液逐量长期注射，以达到人体对此抗原产生耐受性的方法。过此法因需要患者长期配合，且效果不稳定，所以许多患者不愿采用。

除了上述方法外，有的过敏性鼻炎比较严重的患者，还会选择电烧或冷冻疗法、激光、手术、鼻内注射法等，不过，据报道这些疗法虽然有一定的治疗效果，但痛苦较大，并且有一定的风险。

中医辨证治疗

寒邪袭肺证 常见阵发性的鼻痒，痒后狂嚏连绵，嚏后则鼻涕奇多，色白质稀，清似冷水，暂时性鼻塞失嗅，每日必数次阵发，晨起或经风受凉或接触到有刺激的物质之后，表现尤为严重。全身症状可有恶寒怕冷，舌苔薄白，脉象或浮或细小。

常用加味桂枝汤，方用桂枝、白芍、甘草、生姜、大枣、细辛、白芷、川芎、薄荷、辛夷（方药的使用需在专业医生的指导之下处方用药，为避免药物滥用，本书只标明主要成分，不列出参考剂量。）。

热郁肺经上犯清窍证 常见鼻痒狂嚏，对寒冷并无反应，涕出不太清稀。全身症状可有口渴，便秘，舌偏红、苔薄黄，脉洪数或弦数。

可用清肺泄热利窍汤，方用紫草、茜草、墨旱莲、桑白皮、黄芩、枇杷叶、乌梅、诃子肉、藿香、佩兰、败酱草、连翘、菊花、薄荷、甘草。

卫气不固 此病病程漫长，反复发作不休，表现有全身症状，如面色无华，少气懒言，食欲不振，容易疲劳，衰弱乏力，有时便稀，舌质淡、苔薄白，脉细弱。

可用补气固卫汤，方用黄芪、防风、白术、党参、当归、白芍、生姜、薄荷、白僵蚕、肉桂、茯苓、生牡蛎、甘草。

中药有十八反和十九畏，为了您的健康，请不要擅自用药，去医院咨询医生之后再安心使用。

改善生活习惯助你远离过敏性鼻炎

◎ 控制室内霉菌和霉变的发生。

◎ 尽量不要使用地毯、羽毛被褥，保持室内清洁、卫生，减少室内尘土，并且保持室内通风，经常晾晒衣物。

◎ 尽量杀灭蟑螂等害虫。

◎ 尽量远离宠物。

◎ 生活起居要有规律，注意保暖，特别是季节交替时，衣着应适宜，避免受凉等冷空气刺激。

♡ 避免食用一切能引起过敏性鼻炎发作的食物，慎食鱼、虾、蟹类食物。

♡ 戒除烟酒。

♡ 增强体质对过敏性鼻炎患者很重要，平时要注意锻炼身体。

♡ 吃维生素B族、维生素C及胡萝卜素含量丰富的蔬菜水果、谷类，富含维生素E的食物如坚果、小麦胚芽等，可有效减缓过敏现象，并可以预防免疫功能衰退。

♡ 除了多吃有益的食物外，一些性凉的食物则应尽量少吃或不吃，如西瓜、梨、椰子、白萝卜、冷饮等，另外太过油腻、太咸、太酸或辛辣的食物也应该尽量避免食用。

咽　炎

什么是咽炎

咽炎是咽部黏膜、黏膜下组织的炎症，常为上呼吸道感染的一部分，依据病程的长短和病理改变性质的不同分为急性咽炎、慢性咽炎两大类。

教师因其工作的特殊性，是咽炎的高发人群，在某医院提供的教师体检报告中，平均85.90%的教师都患有慢性咽炎，远远高于同期1162名普通人群慢性咽炎的发病率39.06%。

自我诊断

（1）急性咽炎：一般起病急，初起时咽部干燥、灼热、发胀、发痒，继而出现疼痛，有时疼痛可向耳部放射，进食或吞咽唾液时疼痛加重，严重者不敢吞咽，并伴有发热，头痛，乏力，食欲不振，四肢酸痛等全身不适。如炎症侵及咽部，可伴有声嘶和咳嗽。

（2）慢性咽炎：咽部有刺激感、

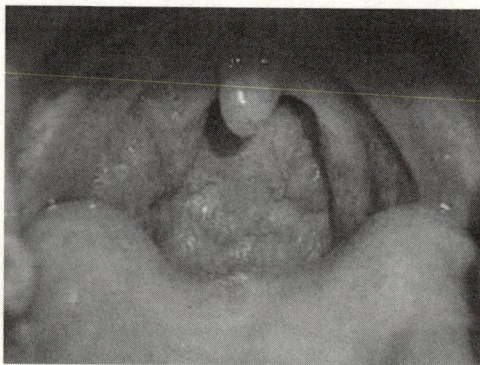

异物感，咳之不出、咽之不下；持续性的干咳或干呕；咽部有痛感痒感，常伴有口臭；清晨有恶心反胃的感觉；声带容易疲劳、嘶哑；睡觉时打鼾，呼吸不畅；胸口发闷、发慌；咽部附着黏性痰液。常因受凉、感冒、疲劳、多言等原因加重。

如果出现上述症状，您可能已经患有急性或慢性咽炎，建议及时去医院进行诊治，防止病情进一步发展。

常见病因

急性咽炎：常为上呼吸道感染的一部分，因受凉、疲劳、长期化学气体和粉尘刺激，使抵抗力减弱，细菌或病毒乘虚而入，或因鼻窦炎向下蔓延所致。

慢性咽炎：常见病因很多，如：急性咽炎反复发作；鼻腔慢性疾病而致鼻塞，长期用嘴呼吸；或鼻分泌物长期刺激咽部；慢性扁桃体炎向咽部蔓延；酒、烟、尘埃、有害气体长期刺激咽部；冬季天气干燥也易诱发慢性咽炎。

检查

从口腔看去，**急性咽炎**可见口咽及鼻咽黏膜比平时变红；口腔后部的腭弓、悬雍垂水肿等，或者咽后壁可见黄白色点状渗出物；用手触摸下颌下淋巴结可触及肿大。**慢性咽炎**可见咽部充血日渐加重，呈暗红色、树枝状；咽后壁淋巴滤泡增生，或咽侧索肿大；咽黏膜增生肥厚，或干燥、萎缩、变薄，有分泌物附着。

以上这些都只是平时自我观察，如您的症状和上述相近，请及时去医院咨询医生，进行咽拭子培养及细菌药敏试验以便确诊。

知识链接

刷牙时恶心查查是否慢性咽炎

刷牙时恶心是慢性咽炎的典型症状之一，恶心的原因主要是牙刷或牙膏对咽部的刺激，慢性咽炎患者咽反射较为敏感。除此之外，患者还可有咽部不适感，或疼，或痒，或干燥感、灼热感、烟熏感、异物感等，并常出现刺激性咳嗽。

预防方法：少抽烟、少吃辛辣食物和炒货，多吃些利咽清热、润喉的蔬菜水果，如萝卜、青菜、荸荠等。平时多喝水，保持呼吸道湿润和口腔清洁，预防并及时治疗口鼻疾病，消除炎性病灶。

慢性咽炎并非细菌感染，除非咽部黏膜有急性充血、血常规检查白细胞增高等指标，对慢性咽炎患者一般不推荐用抗生素。因此，慢性咽炎患者切莫擅自服用抗生素治疗，这样不仅对病情没有益处，反而可能导致咽喉部正常菌群失调，引起二重感染。

防治

茶 疗

胖大海茶 胖大海 5 枚，冰糖适量。先将胖大海用温水洗净，再与冰糖一起用沸水冲泡 10 分钟，每日 1 剂，代茶饮。本方具有解毒清热、利咽润肺之功。适用于急慢性咽炎、喉炎、扁桃体炎，症见咽喉肿痛或咽痒作咳。

白菊茶 杭白菊鲜品 30 克（干品 15 克）。捣碎取汁，用凉开水 40 毫升冲服。干品则煎汤代茶。每日 1 剂，不拘时饮用。本方具有清热利咽、消肿止痛的作用。主治急慢性咽喉炎引起的咽喉肿痛、刺痒不适等。

萝卜青果饮 白萝卜 250 克，青果 5 个。将白萝卜洗净，切片，青果捣碎，加水煮熟即可。每天 1 剂，连服 15 剂。本方适用于慢性咽炎肺热伤阴者。

罗汉果饮 罗汉果 9 克，天冬 15 克，先将两者洗净，放入杯中，用开水泡服。每日 1 剂，代茶饮。本方具有养阴润咽的作用，适用于慢性咽炎偏于肾阴虚者。

蜂蜜茶 取绿茶、蜂蜜各适量。将茶叶用小纱布袋装好，置于杯中，用沸水泡茶，凉后加蜂蜜搅匀，每隔半小时，用此溶液漱口并咽下，见效后连用 3 日。（注：不要用浓茶，浓茶也算是刺激的，咽炎首要就是避免刺激食物，一般浓度就好。茶叶可以选用绿茶，菊花茶等都可以，水温以舒适为度，不宜过烫或过凉。）

橄榄茶 取橄榄 2 枚，绿茶 1 克。将橄榄连核切成两瓣，与绿茶同放入杯中，冲入开水加盖闷 5 分钟后饮用。

蜂蜜藕汁 取鲜藕、蜂蜜各适量。将鲜藕绞汁，加蜂蜜调匀饮用。

石斛茶 石斛 15 克，麦冬 10 克，绿茶 5 克。将石斛、麦冬和绿茶一并放入茶杯内，开水泡服。每日 1 剂，代茶频饮。

清咽茶 银花、玄参、青果各 9 克，水煎，取汁，每日 1 剂，代茶频饮。

知识链接

薜菜雪梨冰糖汁治愈咽炎

　　王先生在教师这个工作岗位上已经耕耘了二十个春秋，这二十年的教学生涯，不仅让他桃李满天下，而且也让他患上了职业病：慢性咽炎。咽部经常有不适感觉，如有异物，发痒、灼热、干燥、微痛、干咳、痰多不易咳净，讲话易疲劳；严重的时候，咽喉肿痛，喝水、吃饭都有疼痛感，更不用说整天上课了，这严重地影响了他的教学工作。虽说平时也喝什么金银花、胖大海等润喉的东西，也服用了不少西药，但终究不能治本。

　　一个偶然的机会，他从朋友那里打听来了一个偏方，试用后效果非常好。具体做法就是：备好两三个 500 克左右容量的空玻璃罐头瓶，梨五六个洗净切成片，与 10～20 克的薜菜同放不锈钢锅内，加水没过梨及薜菜 2～3 厘米即可，用旺火煮开，再用小火煮 5～10 分钟，然后加入冰糖适量搅匀，凉一凉，待温后盛出一小碗薜菜雪梨冰糖汁食用，剩下的倒入玻璃罐头瓶内密封好，待凉后放入冰箱储存，备以后食用。不过要注意：刚开锅的雪梨汁不要倒入玻璃罐头瓶内，以免炸裂。在食用薜菜雪梨冰糖汁的同时，经常在早晚食用蒜泥醋蛋羹，具体做法就是：鸡蛋 2 枚，打碗内搅匀，水蒸 20 分钟，蒸好后放入 3～5 瓣切碎的蒜末，倒入醋及香油即可食用。

　　就这样，半年的时间过去了，王先生的慢性咽炎就痊愈了，至今没有复发过。

自我按摩

（1）用拇指、示指捏揪咽喉部皮肤20～30次或用拇指跟食、中指揉咽喉部两侧30～40次，使局部发红发热，热透咽喉最佳（见图5-3-1）。

图5-3-1　捏揪咽喉部皮肤

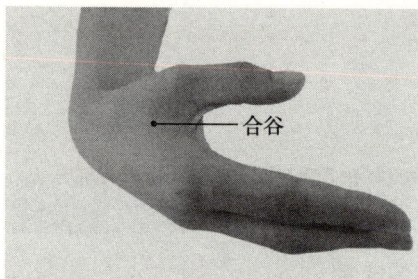

（2）按压合谷穴（见图5-3-2）、翳风、天突（见图5-3-3），每穴1分钟。每日早晚各1次。

天突：颈部，前正中线上，胸骨上窝中央。

图5-3-2　合谷穴

翳风：耳垂后方，当乳突与下颌角之间的凹陷处，即耳垂后两骨之间凹陷处。

合谷：在手背，第二掌骨桡侧中点处，即我们俗称"虎口"的地方。

气功疗法

静坐，两手轻放于大腿膝部，两眼微闭，舌抵上腭，平静呼吸，意守咽部，口中蓄津，待津液满口，缓缓下咽，如此15～20分钟，然后慢慢睁开两眼，以一手拇指与其余四指轻轻捏揉咽部5～7分钟。每日早晚各1次。

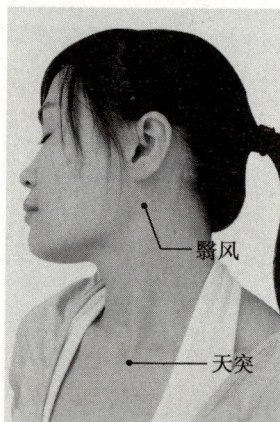

图5-3-3　翳风、天突

蒸气吸入疗法

找一个大开口杯子，装满开水，再用一块毛巾将口、鼻与杯子围起来，目的是防止蒸气外流。张口呼吸，将蒸气吸入咽喉部，长久坚持能起到湿润与热敷咽部的作用。（注：开水温度适度为好，防止烫伤。）也可用美容喷雾器，可加治疗咽炎的药液，待喷出热气后，对准口部进行吸入。每天2次，每次10分钟左右。

此法可湿润咽部，稀释痰液，减轻咳嗽症状。

耳穴贴压疗法

取穴：咽喉、肺、皮质下、神门、内分泌（见图5-3-4）。用75%酒精棉球消毒耳郭以去除耳部的皮脂和油脂，将王不留行籽贴于患者一侧耳郭的穴位上，以手按压该穴，使局部有胀、痛、麻、热感，每日按压6~8次。3天换贴1次，双耳交替使用，7次为一个疗程。

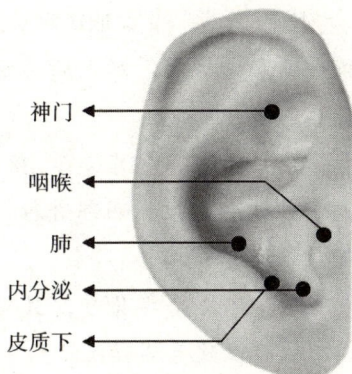

神门
咽喉
肺
内分泌
皮质下

图 5-3-4　耳穴

刺络放血法

取耳背上部静脉，先用手轻揉患侧耳部，使其局部充血，再于耳后寻找其静脉，局部常规消毒后，用毫针于耳后静脉点刺，挤出血液3~5滴，即用棉球按压针孔，隔日1次。

生命在于运动，让你的咽部动起来

口型运动是一种很好的治疗咽炎的方法，若能持之以恒，可以起到很好的治疗作用。

张口运动　张开大口，上牙床向上，下颌骨使劲向下，口型大张，心里默念"啊"字。口腔内上腭使劲上挺，使上腭口腔悬雍垂尽量向上提起，口舌在口腔内做自然伸缩运动，反复张口闭口，使咽部得到拉伸。

收口运动　与张口运动相衔接，像学虎吼，口里默念"嗷"字。两腮里塌，口腔变窄，腔内上腭悬缀儿部分向上提起，下颌骨微向下拉开。舌在口腔内做自然伸缩活动。通过收口运动使咽部上下左右都随之运动。

咧口运动 咧嘴做"一"字口型，牵动整个脖大筋，口腔随口型变化而动，舌贴下牙床一上一下地使劲挤压下牙床。此项运动，可使舌根得以充分活动，进而促进咽部血液循环。

错口运动 在微微张开小口以后，下颌骨由右向左移动错开，形似老牛反刍。由左向右移动数次后，再由右向左移动数次。此种运动可使两侧咽壁受到牵动。

喝口运动 喝口似小孩吸奶状，运动时两肋往里收，舌在口内卷起，贴上腭一伸一缩运动，对上腭及咽形成运动按摩，并将生成口水徐徐咽下，以润其喉。

鼓气运动 紧闭双唇，在口内鼓气。由于双唇紧闭，故可使气流冲击咽部，以气对整个口腔和咽部进行按摩，使口内产生大量津液，同上将津液徐徐咽下，以润其喉。

这些方法简单易学，且对实施条件基本无要求，运动灵活，如能长期坚持不仅可以改善咽部症状而且可以长久保健咽喉、口腔甚至牙齿。

中医辨证治疗

肺肾阴虚证

此证常表现为咽干痒燥，灼热疼痛，夜间尤甚，咽腔微红肿胀，乏津少液，干咳少痰，腰膝酸软，手足心热；舌红少苔，脉细数。治宜滋养肺肾，降火利咽。

可用百合固金汤加减。方用百合，生地黄，熟地黄，玄参，麦冬，当归，川贝母，桔梗，牛膝，甘草。咽干甚者，加北沙参，天花粉；阴虚夹痰者，加丹皮，丹参。

肝经郁热证

此证常表现为咽部闷胀不舒，异物感明显，尤以情志不畅时为甚，急躁易怒，胸胁闷胀；舌红苔黄，脉弦数。治宜疏肝清热，理气利咽。

可用丹栀逍遥散加减。方用丹皮，栀子，柴胡，郁金，茯苓，薄荷，当归，生白芍，苏梗，甘草。咽底赤瘰多者，加僵蚕，生牡蛎。

气血瘀阻证

此证常表现为咽干刺痛，夜间痛甚，活动后减轻，咽腔暗红肥厚；舌暗或有瘀斑，苔薄，脉涩。治宜行气活血，化瘀利咽。

可用活血利咽汤。方用当归，红花，桃仁，生地黄，枳壳，桔梗，山豆根，甘草。

痰湿上结证

此证常表现为咽异物感明显，咽腔色淡或淡红，肿胀肥厚，咽底附白黏痰液，胸胁闷胀，泛恶欲呕，脘闷纳呆，咯痰白黏量多；舌淡苔白腻，脉滑或弦。治宜燥湿化痰，散结利咽。

可用二陈汤加减。方用制半夏，陈皮，茯苓，苏梗，浙贝母，甘草。

肾阳虚弱证

此证常表现为咽部不适，遇寒尤甚，咽腔淡白微肿，如猪油样，咽底小瘰色白，口淡不渴或咽干欲热饮，面白肢冷，腰脊冷痛，精神不振；舌淡苔白，脉沉迟。治宜温肾壮阳，散寒利咽。

可用金匮肾气丸加减。方用制附子，肉苁蓉，肉桂，熟地黄，山药，山萸肉，丹皮，泽泻，茯苓，细辛。纳差者，加扁豆，砂仁；肢冷畏寒者，加桂枝，狗脊。

改善生活习惯，慢性咽炎防重于治

教师讲课时要适当注意音量，多利用课间时间休息咽喉。

平时要多吃水果，常喝温开水，尽量避免受凉感冒，防止呼吸道感染。居室要冷暖适宜，生活和工作应在空气新鲜的环境中。

在饮食上要多吃清、润的食物，严禁辛辣、过冷过热之刺激性食物；不嗜食各种熏制肉类和油煎食物，进食避免过快，减少对黏膜刺激，以防加重炎症。

注意锻炼身体，增强抵抗力，劳逸结合，保持情绪稳定，心情舒畅，避免熬夜。严禁烟酒，不饮浓茶，少去烟尘多的场合。

知识链接

丝瓜善治慢性咽炎

丝瓜皮能退火毒、消热肿；丝瓜络能清热化痰、通经活络；丝瓜子能退热降火，而且丝瓜经霜之后，其清凉的药性会更强一些。将经霜老丝瓜一条洗净，切取一节约20g，然后把皮、瓤和子一起切碎，装入碗内，加水适量，上锅蒸20分钟，加冰糖调匀，取其汁，趁热慢慢咽下，能达到清热、消肿、降火、止痛的目的。

声 带 小 结

什么是声带小结

声带小结，又称歌唱者小结或教师小结，是一种特殊类型的慢性喉炎，由炎性病变形成，最主要的临床症状为声嘶。

自我诊断

声带小结的最主要症状为声嘶。早期程度较轻，声音稍粗糙或基本正常。主要表现为发声易疲劳，用声多时易发生，并时好时坏，呈间歇性声嘶；尤易于发高音时出现声嘶，并伴有发音延迟、音色改变等；表现在可能日常交谈中未见明显声音改变，但在唱歌时则可出现音域变窄、发声受限等。若病情继续发展，声嘶加重，可由间歇性发展为持续性，且在发较低声音时也会出现。常因为声嘶而导致教师无法讲课。声嘶程度与声带小结的大小及部位有关。很多患者发病前有上呼吸道感染史，继而发生声带小结，使得声嘶在感染痊愈后仍不能完全缓解。整个过程有可能使教师误以为声嘶是感染所造成的，而忽视了日常用声过度、用声不当等行为对声带造成的不良影响。当教师朋友平时一定注意保护用嗓，出现以上症状时，提早检查，以免延误病情。

声带小结 ————

常见病因

1. 用声过度或用声不当　常见于教师、演员、歌唱家等职业用声者，长期持续高声讲话，音调过高或者过长时间的演唱等均可导致声带小结。

2. 上呼吸道感染　感冒，急、慢性喉炎，鼻炎、鼻窦炎、咽炎，肺、气管、支气管炎等均可成为该病发生的诱因。如果在有上呼吸道炎症存在的基础上过度用声，则更容易发生声带小结。

3. 接触刺激性致病因子　如高温作业、粉尘作业、化学工业等均可产生大量的刺激性物质，引起声带小结。

检查

通过各种喉镜检查（间接喉镜、直接喉镜、纤维喉镜、电子喉镜、频闪喉镜等）结合临床症状可以进行诊断。

知识链接

正确的发声练习

很多人认为：发声，特别是言语发声，是属于生理本能，无所谓方法。其实，人们发声并不是单纯的喉部器官活动，因为声带振动所产生的"喉原音"，只有音高特性而没有音色个性，并且音量很小，必须经过共鸣腔体的共振，加工改造成为我们实际发出的声音。这个加工改造过程对教师尤为重要，教师必须充分发挥共鸣腔体的扩大音量、赋予嗓音色彩的效能，正确动用嗓音。下面我们就来学习一下正确的发声方法。

掌握正确的发声方法，首先要学会正确的讲话姿势。无论是站姿和还是坐姿，都要抬头舒肩展背，胸要稍向前倾，小腹自然内收，双脚打开与肩同宽或并立平放。这样发音的关键部位胸、腹、喉、舌等才能处于良好的呼吸准备和行进状态之中。呼吸顺畅，方可语流顺畅。

掌握正确的发声方法，也要学会正确的呼吸，这里我们介绍胸腹式联合呼吸。这是介于胸式呼吸和腹式呼吸两者之间的呼吸方法，这种方法可以使腹部和丹田充满气息，为发音提供充足的"气"，同时，由于小腹向内收缩，胸前向外扩张，以小腹、后腰和后胸为支柱点，为发音提供了充足的"力"。"气"与"力"的融合，为优美的声音奠定了坚实的基础。 具体方法如下：①吸气：小腹向内即向丹田收缩，相反，胸、腰部同时向外扩展，可以感觉到腰带渐紧，前腹和后腰分别向前、后、左、右撑开的力量。用鼻吸气，做到快、静、深。②呼气：小腹差不多始终要收住，不可放开，使胸、腹部在努力控制下，将肺部储气慢慢放出，均匀地外吐。呼气要用嘴，做到匀、缓、稳。在呼气过程中，语音一个接一个的发出后，组成有节奏的有声语言。

学会正确的发声方法，是十分必要的，用这种方式讲话，一连几个小时都不会感到累。教师可按这种方法进行训练，减少在讲课过程中的疲劳。

防治

茶疗和食疗

声带小结的茶疗可以采用前面章节介绍的咽炎的茶疗方法适当选用。下面我们来介绍几种除了上述茶疗和食疗之外的方法。

麦莲冰糖饮 麦冬15克、白莲子15克、冰糖适量，加水适量同煲后代茶饮用。可滋阴润燥，调理体质，缓解喉咙干痒。

梨子粳米粥 治咽喉炎。梨3个，粳米100克，冰糖60克。将梨洗净后去皮、核，切成块，粳米淘洗净，同冰糖一起下锅，加适量清水煮成粥，食梨肉粥。每日1~2次，连服3日可见效。梨有滋阴润肺的作用，可以通润喉咙，滋养咽喉，缓解发音不出的症状。

桔梗汤 桔梗15克、甘草30克，开水泡服。以甘草泻火，以桔梗宣肺，热气得泄，肺窍得通，咽喉干痒、疼痛症状自然就会减轻，清亮嗓音，发音清晰。

凉拌苏叶菜 紫苏叶适量，葱，盐、香油少许。上三味洗净，并为碎末，加适量食盐、香油等调料，可为正餐之凉菜。此种做法可疏散风寒（发汗解表），通阳利咽喉，缓解因声带小结带来的喉咙部满闷感。

自我按摩

患者取坐位，用右手拇指、示指、中指拿法在咽喉部由上到下进行拿揉3~5分钟。用右手拇、示指同时按揉局部敏感压痛点，人迎、水突、天突穴3~5分钟，用拇指、中指端同时按揉缺盆穴1分钟（见图5-4-1）。

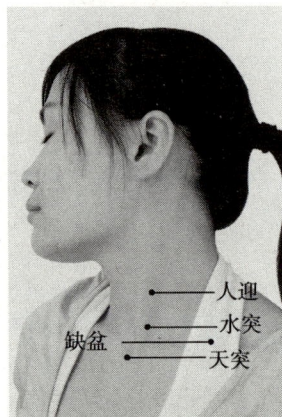

图5-4-1 按摩穴位

耳穴贴压疗法

取一侧耳穴之咽喉、肺、肾（见图5-4-2），将耳部消毒后，以王不留行籽贴压在所选耳穴上，每日揉按3次。每次只贴压一侧耳穴，隔3日后再同法贴压另侧耳穴，并将上次贴压的胶布去除，如此交替贴压。以每换贴4次为一疗程，共治疗4个疗程。治疗期间，同时要求患者声休。

图5-4-2 耳穴

两种简单中医小验方治疗声带小结

验方一：化痰祛瘀方治疗声带小节

处方组成：沙参，川贝，玄参，赤芍，桔梗，僵蚕，射干等。

用法用量：每日1剂，30日为一疗程。

运用此方可化痰祛瘀消肿。请于医院咨询医生后根据病情适当加减使用。

验方二：活血化瘀方治疗声带小节

处方组成：桃仁，红花，丹皮，枳壳，诃子，牛蒡子，乌梅，蝉衣，桔梗等。

用法用量：水煎服，每日2次，10日为一个疗程，共治疗5个疗程。

此方可活血化瘀，益气养阴，化痰散结，主治声带小结。请于医院咨询医生后根据病情适当加减使用。

西医治疗方法

1. **声带休息**　早期经过适当声带休息，声带小结常可变小或消失。儿童的声带小结也可能在青春发育期自行消失。若声带休息已2～3周，小结仍未明显变小者，应采取其他治疗措施。

2. **发声训练**　声带小结患者经过一段时间的发声训练，常可自行消失。发声训练可以通过调节呼吸气流，改变原来用声不当的错误习惯，缓解喉部的紧张状态，最终达到科学发音。

3. **药物治疗**　局部可给予理疗和雾化吸入治疗。

4. **手术治疗**　声带小结切除术：对于较大的声带小结，单纯休息、用药或者嗓音训练不奏效者，可考虑手术切除。

此外还应限制吸烟、饮酒和食用辛辣及刺激性食物，避免咖啡、浓茶等，还要避免接触刺激性气体、粉尘等。

改善生活习惯，让声带小结和你无关!

1. **养成良好的生活习惯**　合理饮食，尽量不要吸烟喝酒，口味清淡，避免咸、辣等刺激性食物，远离被动吸烟的环境，经常到户外呼吸新鲜空气，多饮水，保持口腔清洁。

2. **练习发声**　教师职业经常用嗓，应学会科学地用嗓和练嗓，控制每天用嗓的时间和一次连续用嗓的时间，避免声带和有关肌肉的过度疲劳。教师需养成良好的发声习惯，学会用假声讲话；如系发声不当引起者，炎症控制后需进行发声方法训练。对早期的声带小结病人，注意发声休息，长期声休不易做到者，应在专业声乐老师的指导下边治疗边声休，适当用嗓。

3.女性教师月经期注意　月经期及患有上呼吸道感染时，应尽量减少高音调讲话，注意多饮水。

4.良好的生活居住环境，保持心情舒畅　保持轻松、愉快的心情，劳逸结合，生活规律，避免紧张、劳累；保持工作和居住环境清洁、空气流通，温湿度适宜，避免粉尘刺激。

支 气 管 炎

什么是支气管炎

支气管炎是指气管、支气管黏膜及其周围组织的慢性非特异性炎症。支气管炎主要原因为病毒和细菌的反复感染形成了支气管的慢性非特异性炎症。支气管炎根据病史、病程及症状、并发症可分为急性支气管炎和慢性支气管炎。

自我诊断

急性支气管炎　发病初期常常表现为上呼吸道感染症状。通常有鼻塞、流清涕、咽痛和声音嘶哑等临床表现。而全身症状较为轻微，但可出现低热、畏寒、周身乏力，自觉咽喉部发痒，并有刺激性咳嗽及胸骨后疼痛。早期痰量不多，但痰液不易咳出，2～3日后痰液可由黏液性转为黏液脓性。

在受凉、吸入冷空气或刺激性气体可使咳嗽加剧或诱发咳嗽。一般而言，急性支气管炎的病程有一定的自限性，全身症状可在4～5天内消退，但咳嗽有时可延长数周。如果您出现上述病症，可能是急性支气管炎，但应注意和感冒相区别。

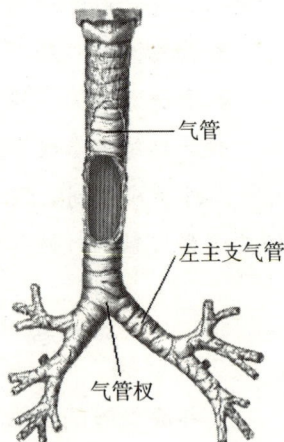

气管

左主支气管

气管杈

慢性支气管炎 慢性支气管炎是指除外慢性咳嗽等其他各种原因后，患者每年慢性咳嗽、咳痰3个月以上，并连续2年。并不一定伴有持续存在的气流受限。主要症状为：咳嗽、咳痰、气喘和反复感染。

常见病因

当气温下降、呼吸道小血管痉挛缺血、防御功能下降等因素存在时，易于致病；烟雾粉尘、污染大气等慢性刺激也可发病；吸烟使支气管痉挛、黏膜变异、纤毛运动降低、黏液分泌增多有利感染；与过敏也有一定关系，花粉、有机粉尘、真菌孢子等的吸入，引起气管－支气管的过敏炎症的反应，亦可导致本病。教师由于经常写粉笔字，容易受烟雾粉尘的影响，再加上平时工作忙碌，变天时经常疏于防范，所以易患支气管炎。

检查

急性支气管炎查体有时可发现干性啰音，咳嗽后消失；肺底部偶可听到湿性啰音，伴有支气管痉挛时，可听到哮鸣音。通常白细胞计数正常，胸部X线片检查也无异常发现。

慢性支气管炎是由急性支气管炎发展而来，早期多无特殊体征，在多数患者的肺底部可以听到少许湿性或干性啰音。有时在咳嗽或咳痰后可暂时消失。长期发作的病例可发现有肺气肿的征象。

对于支气管炎的诊断需要涉及医学专业知识，如果您感觉您的症状和支气管炎类似，请及时去医院咨询医生，进行相关检查，以便可以确诊，尽早开始治疗。

防治

茶疗和食疗

款冬花茶 茶叶6克，款冬花3克，紫菀3克。制法：用开水冲泡上三物，加盖片刻即可。功效：祛痰止咳。用法：每日1剂，代茶饮，不拘时。

双荷海带茶 取海带、荷叶和荷梗各300克，洗净后浸泡至软，切成细丝，用开水烫4分钟，捞出控干水分，再用小火烘干。在烘干过程中，要不停地翻动，以使水分均匀减少。烘干后，即成海带双荷茶，保存备用，饮用时取20克放入杯中，用开水冲泡，可加适量白糖饮用。此茶对于止咳化痰、消除疲劳、恢复体力都大有益处。

金荞麦瘦肉汤　取猪瘦肉250克，金荞麦100克，冬瓜子30克，桔梗15克，生姜3片，红枣5枚。将猪肉洗净切块，沸水过水；金荞麦、冬瓜子、桔梗、生姜、红枣(去核)洗净，放入炖盅内，加入温开水盖好，小火隔水炖3小时即可。可佐餐食用，每天1～3次，每次150～250毫升。适用于内有热毒(发热、咳嗽、痰多)者。

自我按摩

首先，用擦热的小鱼际从印堂穴开始，沿眼角内侧、鼻两侧下擦至鼻翼外，点按迎香穴20次，注意用力适度，之后按揉天突穴、膻中穴、中府穴（见图5-5-1）20次，以有酸胀感为度。最后以搓热的双手放在缺盆下侧5秒钟，如此反复5次。

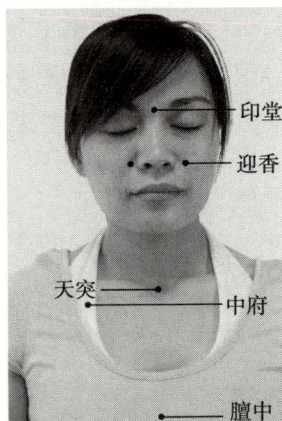

图 5-5-1　自我按摩取穴

耳穴贴压疗法

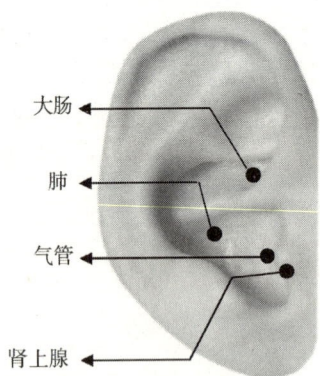

取穴：气管、肺、肾上腺、大肠（见图5-5-2）。将耳朵进行消毒后，将王不留行籽放置在胶布中心，贴于阳性反应点。轻轻用手指按压，使耳郭有发热胀痛等反应。首先贴于左耳，3天后换帖右耳。每天轻轻按压4～6次，每次2～5分钟。6天为一个疗程。

图 5-5-2　耳穴

中医辨证治疗

外寒内饮

证候：咳嗽气急甚则喘逆，咯吐白色清稀泡沫黏痰，无汗恶寒，身体疼痛而沉重，甚则肢体浮肿，舌苔白滑，脉弦紧。

治法：解表散寒，宣肺化饮。

方药：小青龙汤加减。方中麻黄、桂枝宣肺平喘；干姜、细辛、半夏温中化饮，散寒降逆；配五味子防肺气耗散，白芍协同桂枝调和营卫；甘草调和诸药。

痰湿内聚

证候：咳嗽声浊，痰白而黏，胸脘满闷，纳差腹胀，大便溏薄，舌胖淡，边有齿痕，苔白腻或白滑，脉濡滑。

治法：温阳健脾，化痰平喘。

方药：苓桂术甘汤合二陈汤加味。方中茯苓健脾渗湿、祛痰化饮。以桂枝温阳化饮，与茯苓相伍，实有温化渗利之妙用。白术健脾燥湿，炙甘草以益气和中，半夏、陈皮以理气燥湿化痰。加杏仁宣肺止咳。

脾肺两虚

证候：咳嗽声浊，痰白而黏，胸脘满闷，纳差腹胀，大便溏薄，舌胖淡，边有齿痕，苔白腻或白滑，脉濡滑。

治法：温阳健脾，化痰平喘。

方药：苓桂术甘汤合二陈汤加味。方中茯苓健脾渗湿、祛痰化饮。以桂枝温阳化饮，与茯苓相伍，实有温化渗利之妙用。白术健脾燥湿，炙甘草以益气和中，半夏、陈皮以理气燥湿化痰。加杏仁宣肺止咳。

肺肾两虚

证候：咳嗽声浊，痰白而黏，胸脘满闷，纳差腹胀，大便溏薄，舌胖淡，边有齿痕，苔白腻或白滑，脉濡滑。

治法：温阳健脾，化痰平喘。

方药：附子理中丸加味。方中附子温补脾胃，党参健脾益气，干姜温中化痰，白术健脾祛湿，甘草和中化痰，调和诸药。可加半夏、陈皮健脾化痰祛湿，杏仁宣肺止咳。

辨证治疗是中医的特色，但是辨证治疗需要专业的医生进行指导，所以如果您怀疑自己有支气管炎症状，请您及时到医院咨询医生。

西药治疗

1. 患者有全身症状时，应注意整体治疗　以减轻症状和改善机体的功能为治疗目的。可根据患者情况补充液体和应用退热药物，适当应用镇咳药物。

痰量较多或较黏时，可应用祛痰剂。

2.急性支气管炎的患者 如抗菌药物并无明显的治疗效果，在治疗急性支气管炎患者时应避免滥用抗菌药物。但如果患者出现发热、脓性痰和重症咳嗽，则为应用抗菌药物的指征，对急性支气管炎的患者应用抗菌药物治疗。可选用针对肺炎衣原体和肺炎支原体的抗菌药物，如红霉素、克拉霉素或阿奇霉素。

3.慢性支气管炎急性加重期治疗

（1）控制感染：视感染的主要致病菌和严重程度或根据病原菌药敏结果选用抗菌药物。如果患者有脓性痰，为应用抗菌药物的指征。轻症可口服，较重患者用肌注或静脉滴注抗菌药物。

（2）祛痰、镇咳：对急性发作期患者在抗感染治疗的同时，需用祛痰、镇咳药物，以改善症状。常用药物有氯化铵合剂、溴己新、氨溴索等。中成药止咳也有一定效果。对老年体弱无力咳痰者或痰量较多者，应协助排痰，畅通呼吸道，避免应用镇咳剂，以免抑制中枢及加重呼吸道阻塞和产生并发症。

（3）解痉、平喘药物：常选用氨茶碱、特布他林等口服，或用沙丁胺醇等短效支气管舒张剂吸入。若持续存在气流受限，需要进行肺功能检查。

（4）雾化疗法：雾化吸入可稀释气管内的分泌物，有利排痰。如痰液黏稠不易咳出，雾化吸入有一定帮助。

4.慢性支气管炎稳定期治疗 这一期着重在于重视感冒的防治：因为感冒可使缓解期的患者旧病复发。在一个较长的时期内（至少1年），定期进行感冒的预防治疗是很重要的，可用流感疫苗，或服用预防感冒的中草药。

改善生活习惯，保护好你的气管

1.戒烟 吸烟会对呼吸道有一定的刺激，支气管炎患者一定要戒烟。其他刺激性的气体，如厨房的油烟，也要避免接触。

2.保持良好的家庭环境卫生 良好的家庭环境卫生有不仅使患者心情舒畅，更能有效的预防支气管炎。要注意做到保持室内空气流通新鲜，有一定湿度，控制和消除各种有害气体和烟尘；改善环境卫生，做好防尘、防大气污染工作，加强个人保护，避免烟雾、粉尘、刺激性气体对呼吸道的影响。

3. 促使排痰　对年老体弱无力咳痰的患者或痰量较多的患者，应以祛痰为主，不宜选用镇咳药，以免抑制中枢神经加重呼吸道炎症，导致病情恶化。帮助危重患者定时变换体位，轻轻按摩患者胸背，可以促使痰液排出。

4. 适当体育锻炼　适当的体育锻炼可以增强体质，提高呼吸道的抵抗力，有效防止上呼吸道感染，避免吸入有害物质及变应原。锻炼应循序渐进，逐渐增加活动量。

5. 注意气候变化和寒冷季节　严冬季节或气候突然变冷的时候，要注意衣着冷暖，及时增加衣服，不要由于受凉而引起感冒。冬季寒冷季节室内的温度应在18℃～20℃为宜。

颈 椎 病

什么是颈椎病

颈椎病是由于颈椎间盘及其附属结构的退行性变、颈椎骨质增生所引起的一系列临床症状的综合征，可分为颈型、神经根型、脊髓型、椎动脉型、交感神经型和混合型。颈型颈椎病只有一定的颈部症状而且比较轻微，为最早期的颈椎病，其他几型均是由于颈部组织退行性变影响了神经根、椎动脉、脊髓等组织的正常形态而发病，症状较重，缠绵难愈。

自我诊断

颈椎病的一般症状可表现为头、颈、肩、背、手臂酸痛麻木，脖子僵硬，甚至活动受限，较严重的可见肢体麻木无力、头晕恶心、胸闷气短等症状。以下两种方法可以帮助我们初步判断自己的颈椎是否有问题：

（1）使头从正位开始缓慢向各个方向旋转，正常的旋转角度应大于等于90°，而颈椎病患者达不到这个角度或在旋转过程中颈部出现异常感觉。

（2）微微低头，从最突出的第七颈椎开始往上，手轻轻地按压颈椎及左右两侧。如果出现压痛，或者摸到条锁状、砂粒状的硬块，提示您的颈椎可能有问题。

常见病因

工作姿势不正确　教师由于要频繁备课、批改学生作业，所以会经常性的长时间伏案工作或长时间的使用电脑，这就使得颈部伸颈肌长时间处于痉挛状态，久而久之，颈部屈肌和伸肌的平衡失调，从而引发颈椎病。

睡眠体位不合理　很多教师由于工作量大，得不到足够的睡眠时间，常常伏案休息或蜷缩在不舒适的沙发上睡觉，不良的睡眠体位因其持续时间长及在大脑处于休息状态下不能及时调整，则必然造成椎旁肌肉、韧带及关节的平衡失调。

体育锻炼不恰当　在繁杂的工作之余，抽出时间进行正常的体育锻炼有助于颈部健康，但超过颈部耐量的活动或运动，如以头颈部为负重支撑点的人体倒立或翻筋斗等，均可加重颈椎的负荷，尤其在缺乏正确指导的情况下。

先天颈椎畸形及外伤　部分颈椎病患者颈椎先天畸形，从而使颈部肌群相较于正常人承受了更大的负荷，也更加容易劳损变形。此外，车祸、事故等造成的外伤也是颈椎病常见原因。

知识链接

颈椎病可不单单是脖子疼哦！可有以下症状。

（1）吞咽障碍：吞咽时有梗阻感、食管内有异物感、少数人有恶心、呕吐、声音嘶哑、干咳、胸闷等症状。这是由于颈椎前缘直接压迫食管后壁而引起食管狭窄，也可能是因骨刺形成过速使食道周围软组织发生刺激反应所引起。

（2）视力障碍：表现为视力下降、眼胀痛、怕光、流泪、瞳孔大小不等，甚至出现视野缩小和视力锐减，个别患者还可发生失明。这与颈椎病造成自主神经紊乱及椎—基底动脉供血不足而引发的大脑枕叶视觉中枢缺血性病损有关。

（3）颈心综合征：表现为心前区疼痛、胸闷、心律失常及心电图 ST 段改变，易被误诊为冠心病。这是颈背神经根受颈椎骨刺的刺激和压迫所致。

（4）高血压颈椎病：可引起血压升高或降低，其中以血压升高为多，称为"颈性高血压"。由于颈椎病和高血压病皆为中老年人的常见病，故两者常常并存。此外还可见到胸部疼痛、下肢瘫痪甚至猝倒等严重并发症。

检查

1. 颈椎病的试验检查

（1）前屈旋颈试验：令患者颈部前屈、嘱其向左右旋转活动。如颈椎处出现疼痛，表明颈椎小关节有退行性变。

（2）椎间孔挤压试验（压顶试验）：令患者头偏向患侧，检查者左手掌放于患者头顶部、右手握拳轻叩左手背，则出现肢体放射性痛或麻木、表示力量向下传递到椎间孔变小，有根性损害；对根性疼痛厉害者，检查者用双手重叠放于头顶、间下加压，即可诱发或加剧症状。

（3）臂丛牵拉试验：患者低头、检查者一手扶患者头颈部、另一手握患肢腕部，作相反方向推拉，看患者是否感到放射痛或麻木，这称为 Eaten 试验。如牵拉同时再迫使患肢作内旋动作，则称为 Eaten 加强试验。

（4）上肢后伸试验：检查者一手置于健侧肩部起固定作用、另一手握于患者腕部，并使其逐渐向后、外呈伸展状，以增加对颈神经根牵拉，若患肢出现放射痛，表明颈神经根或臂丛有受压或损伤。

2. X 线检查

（1）正位：观察有无枢环关节脱位、齿状突骨折或缺失。第七颈椎横突有无过长，钩椎关节及椎间隙有无增宽或变窄。

（2）侧位：用以观察：①曲度的改变；②异常活动度；③骨赘；④椎间隙变窄；⑤半脱位及椎间孔变小；⑥项韧带钙化。

（3）斜位：主要用来观察椎间孔的大小以及钩椎关节骨质增生的情况。

3. CT 检查 CT 用于诊断椎管扩大或骨质破坏，测量骨质密度；横断层图像可以见到硬膜鞘内外的软组织和蛛网膜下腔。对于颈椎病的诊断及鉴别诊断具有一定的价值。

防治

推拿疗法

中医学认为颈椎病系因颈项长期劳累，气血失和，加上外感风寒、阻滞经络所致，推拿治疗可以调和气血、驱风散寒、疏筋通络，从而达到解痉止痛的作用。适用于各种轻中度颈椎病。

擦颈 先擦颈根，患者坐位，术者站于其体后。双手分别置于患者双肩井穴处，以小鱼际或掌指关节着力，沿斜方肌、冈上肌作擦法。由轻到重，持续2～3分钟。再擦颈棘突，一手扶患者头顶，另手以掌指关节着力，自第二颈椎棘突开始，由上向下擦至第七颈椎棘突止，中等力度，操作1～2分钟。再擦颈侧，一手置患侧颞部，使头偏向对侧，另手掌指关节着力，沿斜方肌、胸锁乳突肌等由上而下做擦法，力度中重，操作2～3分钟（见图5-6-1）。

图5-6-1 擦颈

揉颈 先揉颈侧，术者双手分别置于患者颈部两侧，以食中环指指腹着力，自乳突部开始，沿胸锁乳突肌、斜方肌向下揉至颈根部止，力度深透，操作3～4分钟。再揉颈根，术者双手分别置于患者双肩井穴处，以食中环指指腹或小鱼际掌根着力，作顺或逆时针方向的揉动，操作1～2分钟。

拿颈 先拿颈侧，一手扶患者头顶，另手拇指与食中环指分别置于颈两侧，以各指腹着力，由上至下作拿法，操作2～3分钟。再拿肩井，双手拇指分别置于两肩井穴处，其余四指置于斜方肌前缘，相对用力，将斜方肌拿起并自指间弹起。操作1～2分钟（见图5-6-2）。

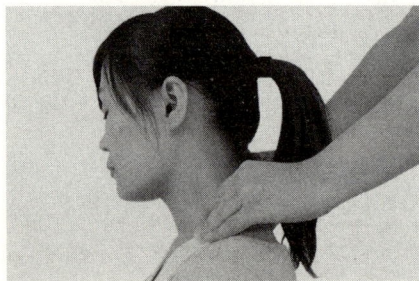

图5-6-2 拿颈

分筋 先分项韧带，术者一手扶患者头顶，另手拇指指腹着力，深压项韧带上，沿棘突或棘突间隙作左右方向的拨动分筋，由上向下进行，操作1～2分钟。再分肩井，术者双拇指分别置于患者双肩井穴，以拇指指腹着力，深压斜方肌，

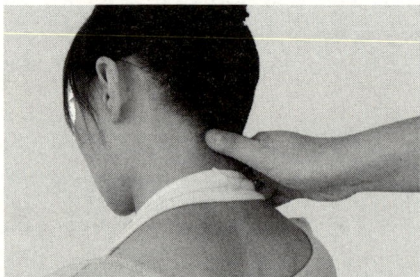

图5-6-3 分筋

作前后或左右方向的分筋 1 ~ 2 分钟。再分颈肌，一手扶患者头顶，另一

手拇指置颈侧，其余四指置项部，以
拇指指腹深压斜角肌、胸锁乳突肌并
作左右方向的拨动，由上至下进行，
操作 3 ~ 4 遍（见图 5-6-3）。

理颈根　双侧小鱼际掌根分别置于患
者双肩井穴，保持深度按压力，缓慢滑动
至肩峰，舒理斜方肌、冈上肌，操作 3 ~ 4
遍（见图 5-6-4）。

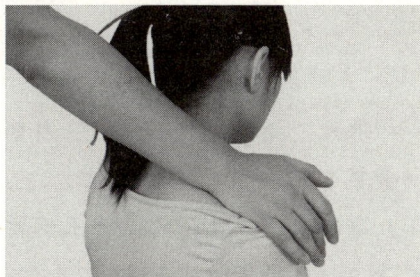

图 5-6-4　理颈根

自我按摩

（1）以一手示、中、环指末
节指腹揉颈侧及项侧各 2 分钟（见
图 5-6-5）。

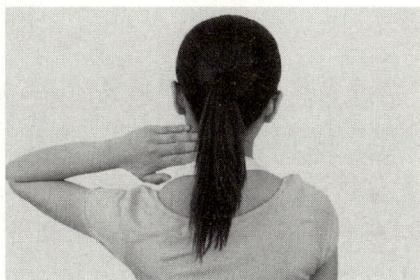

图 5-6-5　揉颈

（2）拿捏颈肩处肌肉 5 ~ 10 次
（见图 5-6-6）。

图 5-6-6　拿颈

（3）自枕骨下沿颈棘突拨项韧带
5 ~ 7 遍（见图 5-6-7）。

最后按揉双上肢曲池、手五里、合谷穴
依次 2 分钟，再擦命门、八髎穴 1 ~ 2 分钟。
伴有头痛、头晕者，可加按揉攒竹、鱼腰、

图 5-6-7　拨项韧带

风池、太阳等穴，每穴各1～2分钟。

耳穴贴压疗法

取穴：颈椎、肩、神门、内分泌、肾（见图5-6-8）。

每次选3～4个穴，将王不留行籽贴于患者一侧耳郭的穴位上，以手按压该穴，使局部有胀、痛、麻、热感，每日按压6～8次。3天换贴1次，双耳交替使用，10次为一个疗程。

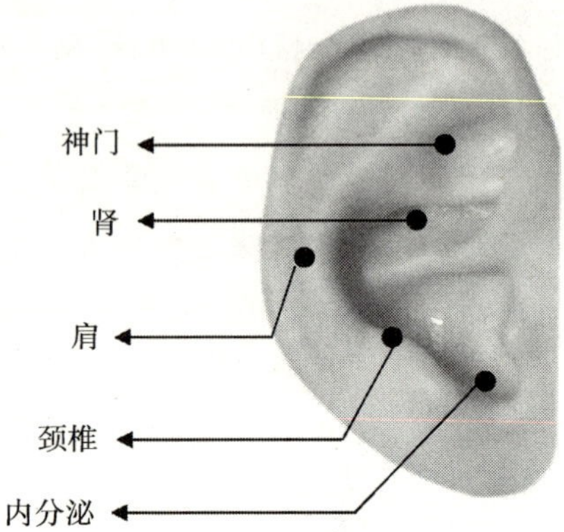

图 5-6-8　耳穴

中药外敷治疗

中药热敷法，药用威灵仙、五加皮、苍术、乳香、没药、白芷、三棱、莪术、木瓜、细辛、黄柏、大黄、赤芍、红花、冰片各等量，研细末，调匀，加食盐和黄酒适量，炒成糊状，装入两个棉布袋中，置锅蒸热，直敷患处，以患者能够承受为度。两袋交替使用，每次30分钟左右，早晚各1次，药袋可使用数次。此法有活血化瘀、疏通经络的功效，可用于治疗各型颈椎病。

药枕疗法

取当归、川芎、辛夷花、羌活、藁本、制川乌、乳香、没药、葛根、红花、赤芍、菖蒲、灯心草、桂枝、细辛、白芷、丹参、防风、威灵仙、冰片、合欢花、吴茱萸各30克，研为粗末，装枕芯。每日用枕不少于6小时，连用3～6个月。此法对颈椎病有很好疗效，并对高血压、动脉硬化、腰椎病、风湿性关节炎等也有不同程度的防治作用。

中医辨证治疗

若患者颈部疼痛，并见咽干口燥，心烦失眠，手足心热，舌红少苔，脉沉细数，宜选用白芍木瓜汤，方中白芍、木瓜、鸡血藤、葛根等药物联用，以达到舒筋活血，滋阴止痛的作用。

若患者颈椎病眩晕严重的，宜用地芬尼多（眩晕停），以龙骨、牡蛎、山药、玉竹等药物滋水涵木，再用天麻、钩藤、菊花、防风等药物平肝熄风，丹参、熟地活血养血。

若患者颈椎病日久，颈部疼痛，固定不移而拒按，舌质多紫或有瘀斑，脉沉涩。应当用除痹逐瘀汤，以当归、川芎、红花活血化瘀，路路通、羌活、桑枝行气通络，威灵仙、胆星、白芥子除湿涤痰。

若患者颈部酸软而痛，绵绵不绝，腿膝无力，手足不温，过劳加重，可兼见头晕耳鸣，舌质淡，面色少华，脉沉细无力。应当用加味葛根汤，方中葛根、桂枝、麻黄、生姜祛风散寒，酒芍、大枣、当归养血和血，狗脊、杜仲、牛膝、鹿角胶补肝益肾、强筋壮骨。

牵　引

被牵引者可仰卧于床上，用两只足的足背钩住床头横梁或用双手将身体固定于床上，以免身体会在操作者进行牵引时发生滑动。操作者可用一只手托住被牵引者的下颌，再用另一只手托住被牵引者的枕后，然后沿着被牵引者头部的延长方向牵拉20分钟。牵拉时，操作者的力量不必过大，能拉动被牵引者的头部向自身方向移动即可。操作者可根据被牵引者的身体情况，逐渐延长牵引的时间和增加牵引力，每日可牵引1～3次。

知识链接

颈椎牵引不可盲目

目前，很多人一发现颈椎不舒服，就盲目的进行按摩、牵引，这是不对的，这里面存在着很多问题：①颈椎病发病机理复杂，在做按摩复位治疗前必须要排除椎管狭窄、严重的椎间盘突出、颈椎不稳定等等，脊髓型颈椎病绝对禁止重力按摩和复位，否则极易加重症状，甚至可导致截瘫。②不恰当的反复牵引可导致颈椎附着的韧带松弛，加快退行性病变，降低了颈椎的稳定性。③在治疗过程中不注意颈椎生理弯曲的恢复盲目牵引，使颈部的肌肉韧带等长期处于非生理状态，会造成慢性损害，所以在治疗过程中应注意颈椎生理弯曲的恢复和保持。

运动和体操

颈椎病患者在颈椎病症状明显时，应限制颈部活动，在经过治疗，症状已缓解时，建议多进行颈部活动。同时对于健康人，每天规律的做个颈部运动操，也可以预防颈椎病。

正反"7"运动　先做立正姿势，两脚稍分开，两手撑腰，两眼向前看。练习时，头、颈向右转，双目向右后方看；还原至预备姿势；低头看地，以下颌能触及胸骨柄为佳；还原。以上两个姿势连起来就像用额头在前面画一个阿拉伯数字"7"。左右交替运动。

"摇头"运动　预备姿势同上。练习时，头颈向右转，双目向右后方看；还原；头颈向左转，双目向左后方看；还原。

回头望月　预备姿势同上。练习时，头颈向右后上方尽力转，上身也随同略向右转，双目转视右后上方，仰望天空；还原；头颈向左后上方尽力转，上身也随同略向左转，双目转视左后上方，仰望天空；还原。

以上三组动作以呼吸一次做一个动作为宜，不宜过快过猛。主要目的是练习颈部的屈伸与旋转功能，通过颈部各方向的放松性运动，活跃颈椎区域血液循环，消除瘀血水肿，同时牵伸颈部韧带，放松痉挛肌肉，增强颈部软组织对疲劳的耐受能力，改善颈椎的稳定性。

三招瑜伽，颈椎无忧

【三角式】

做法　直立，双脚分开与两肩同宽。吸气，两臂打开，与地面平行。呼气，腰部向左侧弯曲，左手放在椅子坐面上（左手也可放在左脚上），双臂成一条直线（见图5-6-9）。

头扭转看右手，正常呼吸5～10次后，慢慢还原。

换另一侧重复，双侧各做2次。

功效　伸展头、颈、肩，可治疗颈椎病、肩周炎。

图 5-6-9　三角式

【三角扭转式】

做法 ①在三角式基础上，慢慢转身，右手放在左侧椅子坐面上（或左脚上）。②扭转头部，双眼看左手，此时，尽力使双手、双肩和背部在一个平面上（见图5-6-10）。③正常呼吸5～10次后，慢慢还原。④换另一侧重复，双侧各做2次。

功效 同三角式。另外，它还可增加腰部旋转的灵活性。

图5-6-10 三角扭转式

图5-6-11 椅子骆驼式

【椅子骆驼式】

做法 ①双脚分开与肩同宽，双手从背后扶住椅背。②呼气，慢慢将头、颈、胸向后伸展，髋部向前顶出，双肩打开（见图5-6-11）。③保持均匀呼吸30秒钟，慢慢还原。④闭上双眼，均匀呼吸，全身放松30秒钟。⑤重复整个功法3次。

功效 伸展和强壮脊柱，促进颈背部血液循环，滋养脊神经。同时，这个功法可有效减轻各种背痛和腰痛，纠正驼背，改善不良体态。

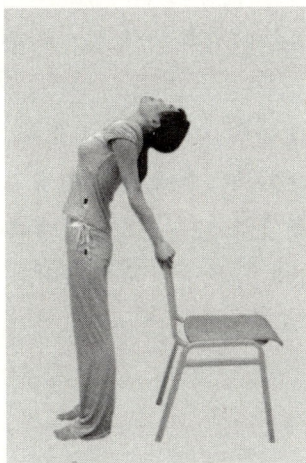

刺络放血法

三棱针刺络放血法是中医的一种古老的物理治疗方法，对于一些缠绵难愈的疾病常可起到出其不意的效果。远端取穴：腘窝处的委中，肘窝处尺泽；局部取穴：大椎、哑门、风池、颈百劳。此法可以调节全身的血液循环，从宏观上改善颈部的血供。另外，通过颈部局部放血可以在微观上改善局部的微循环，改善局部缺氧状态，促进代谢产物的排泄，从而起到治疗作用。隔2周治疗一次，每次放血10～20毫升。

养成良好习惯，助您不得颈椎病

教师由于长期低头伏案工作，首先坐姿应当尽可能保持自然，头部略微前倾，保持头、颈、胸的正常生理曲线；还可以升高或降低桌面与椅子的高度比例，避免头颈部过度后仰或过度前屈。

伏案工作 1～2 小时后应有目的地做做轻柔、缓慢的颈部活动，试试我们为您介绍的颈部保健操：简单让头颈部向左右转动数次，缓解一下肌肉痉挛；做几次挺胸、后仰头的动作；做做夹肩运动，即两肩慢慢紧缩 3～5 秒钟，然后双肩向上坚持 3～5 秒钟，重复 6～8 次；也可利用两张桌子，两手撑于桌面，双足腾空，头往后仰，坚持 5 秒钟，重复 3～5 次。在工作之余，可以试试放风筝或游泳，这些运动可以让颈椎得到很好的放松和休息，能消除局部肌肉疲劳，预防和缓解颈椎病。

"高枕"并非无忧：人一生有 1/3 的时间是在床上度过的，睡眠姿势不正确、枕头使用不合理会造成颈部肌肉、韧带及小关节平衡失调，加速颈椎及附近软组织的退化，引发颈椎病。枕头中央应略凹进，高度为 12～16cm，颈部应枕在枕头上，不能悬空，使头部保持略后仰，习惯侧卧位者，应将使枕头与肩同高。睡觉时，不要躺着看书，也不要长时间将双手放在头上方。

注意颈肩部的防寒保暖，避免颈肩部负重物。

知识链接

防治咽喉炎以防颈椎病

咽喉部的急、慢性炎症也可成为颈椎病的原因。因为急慢性咽喉炎可刺激邻近的肌肉，韧带或通过丰富的淋巴系统使炎症局部扩散，使肌张力降低，韧带松弛，进而使得颈椎内外平衡失调，破坏颈椎部完整性和稳定性而诱发颈椎病。所以，在日常生活中，要注意保护咽喉，多喝水，不吸烟，少吃刺激性强的食物如辣椒、胡椒，以及积极预防上呼吸道感染，避免咽喉受到损伤或感染而发生炎症。若一旦出现急慢性咽喉炎症状，应及时诊断和治疗，以减轻炎症，减少并发症，防止诱发颈椎病。

颈肩部肌筋膜炎

什么是颈肩部肌筋膜炎

颈肩肌筋膜炎又称颈肩肌纤维组织炎或肌肉风湿症，一般是指筋膜、肌肉、肌腱和韧带等软组织的无菌性炎症，引起肩背部疼痛、僵硬、运动受限及软弱无力等症状，治疗主要理疗、药物和针刀疗法，并做颈肩活动，注意保暖。

自我诊断

颈肩部酸痛不适，肌肉僵硬板滞，或有重压感，向一侧或两侧肩部与肩胛之间放射。晨起或天气变化及受凉后症状加重，活动后则疼痛减轻，常反复发作。急性发作时，局部肌肉紧张、痉挛，项背部活动受限。

常见病因

颈肩肌筋膜炎的发病主要与轻微外伤、劳累及受寒等有关。很多教师由于长期疲劳、感受风寒或外伤后失治，使颈肩部肌肉筋膜发生疲劳性损伤和缺血问题，而一些不合理的生活习惯或动作是使其发作的直接诱因。颈肩部急性损伤后，使肌筋膜组织产生炎症、水肿、粘连、变性，以后逐渐纤维化，形成瘢痕，使经络气血运行不畅而发为该病。

检查

颈肩背部广泛疼痛酸胀沉重感、麻木感，僵硬、活动受限，可向后头部及上臂放射。疼痛呈持续性，可因感染、疲劳、受凉、受潮等因素而加重。查体见颈部肌紧张，压痛点常在棘突及棘突旁斜方肌、菱形肌等，压痛局限，不沿神经走行放散。

（1）颈肩部及肩胛内缘有广泛压痛，皮下可触及变性的肌筋膜及纤维小结，并可触及筋膜摩擦音。

（2）肩背部活动受限。

（3）一般无神经根性放射痛，故各种神经挤压试验均正常。

（4）X 线检查：一般无阳性体征。偶可见项韧带钙化或肩背肌筋膜增厚，颈椎生理弧度轻度变直等。

防治

食　疗

（1）月季花 3 克，红糖 15 克，加水煮沸 5 分钟，取汁，冲泡红茶 1 克，分 2 次饮。适用于颈肩肌筋膜炎早期肿胀疼痛。

（2）槐角 18 克，冬瓜子 15 克，山楂 15 克，加水煮沸 5 分钟，取汁，冲泡乌龙茶 3 克，当茶饮。适用于颈肩肌筋膜炎早期瘀斑肿痛。

（3）猪蹄半只，猪蹄筋 50 克，猪瘦肉 50 克。牛膝 3 克，当归 3 克，桂枝 1 克，生地 6 克，五加皮 1.5 克，纱布包，加黄酒、水适量煮沸，用文火炖至蹄筋酥烂，去药包，加盐、味精，佐餐。适用于颈肩肌筋膜炎中后期肢节酸痛、软弱无力。

（4）黄芪 50 克，党参 50 克，红花 15 克，桂枝 15 克，鸡血藤 50 克，用低度白酒 500 克浸泡 14 日，每日 30～50 毫升，分 2 次饮用。适用于颈肩肌筋膜炎后期筋骨酸痛遇冷加重。

推拿疗法

头部按摩　患者取坐位，术者站在其前方，取百会、印堂、上星等穴位，采用一指禅推法依次操作（见图 5-7-1，图 5-7-2），由轻到重，每穴操作 2～3 分钟。

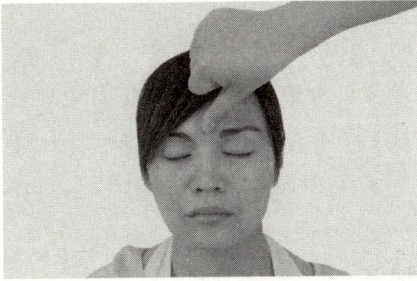
图 5-7-1　一指禅推印堂穴

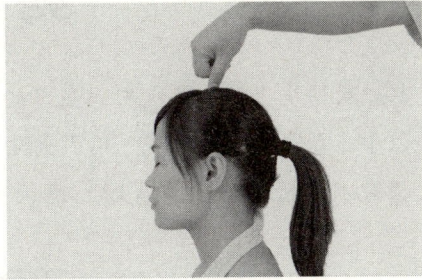
图 5-7-2　一指禅推百会穴

颈肩部按摩　患者取坐位，术者站在其后方，针对颈部肩部肌肉以松解手法为主，对斜方肌、胸锁乳突肌、菱形肌进行弹拨、点揉操作（见图 5-7-3），操作 15 分钟。再针对风池、翳风、曲池、肩井、天宗诸穴依次点法操作，每穴 1 ~ 2 分钟，再用一指禅推法操作 1 ~ 2 分钟。

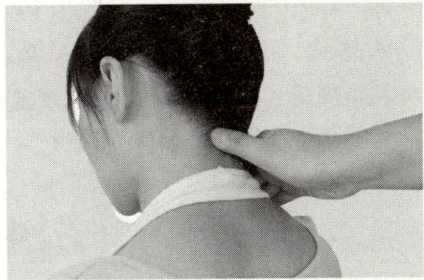
图 5-7-3　弹拨斜方肌

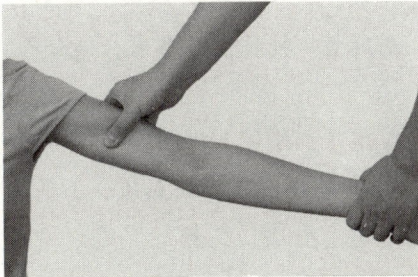
图 5-7-4　揉按上肢肌群

上肢按摩　患者取坐位，术者站在其前方，放松上肢肌肉，沿上肢肌群依次揉按 5 分钟（见图 5-7-4），再取外关、合谷、中渚、后溪等穴，依次用点法点按，每穴 2 ~ 3 分钟。

耳穴贴压疗法

取穴：颈椎、胸椎、肩、神门、肝、脾（见图 5-7-5）。

每次选 2 ~ 3 个穴，将王不留行籽贴于患者一侧耳郭的穴位上，以手按压该穴，使局部有胀、痛、麻、热感，每日按压 6 ~ 8 次。3 天换贴 1 次，双耳交替使用，10 次为一个疗程。

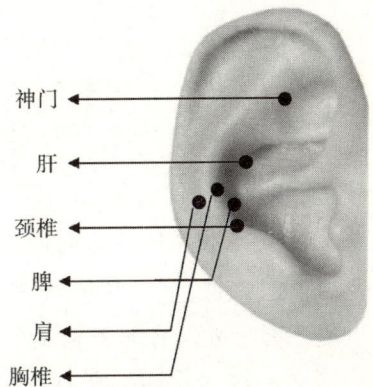
神门　肝　颈椎　脾　肩　胸椎
图 5-7-5　耳穴

刺络放血法

患者取俯伏坐位，寻找局部明显的压痛点，常规消毒，用梅花针重叩出血，范围以小于所拔火罐口为宜，用闪火法吸拔，时间 10 分钟，出血量 5～10 毫升，每次拔罐不宜超过 4 个，隔天 1 次。

中药热敷法

取川乌 15 克，草乌 15 克，细辛 15 克，花椒 15 克，伸筋草 15 克，透骨草 15 克，路路通 15 克，海桐皮 15 克，威灵仙 15 克，丹参 15 克，鸡血藤 15 克，防风 20 克，独活 20 克，川芎 20 克，红花 10 克，牛膝 10 克，全蝎 7 克。煎汤后，用毛巾浸透，拧干后趁热敷在颈肩部疼痛部位，待毛巾凉后，再次浸入药液，反复多次，每天 30 分钟，10 次一个疗程。

中药验方

若患者颈肩肌筋膜炎初犯，颈肩部感受风寒，肌肉酸痛，恶寒，身重，舌淡暗苔薄白，脉沉紧，宜选用麻黄汤加减，用麻黄、桂枝散寒解表，鸡血藤、秦艽、川芎等活血通络。

若患者颈肩部疼痛日久，反复不愈，颈肩部可扪及明显压痛点和条索状结节，颈肩部活动受限，舌瘀紫脉弦紧，宜选用四物汤加减，用熟地、山药、当归、川芎等滋阴养血，淫羊藿、锁阳补益阳气，全蝎、乌梢蛇、延胡索通络蠲痹止痛。

锻炼方法

预备姿势：立正，两脚分开同肩宽。

第 1 节，仰望星空：双手叉腰，头部从右尽力向后绕至双眼仰望天空，还原。同法头部从左侧尽力向后绕至双眼仰望天空。主要活动肩胛提肌，斜方肌，竖脊肌，前、中、后斜角肌和夹肌。

第 2 节，肩部大回旋：右臂伸直从体侧缓缓向前向上与耳平行后缓缓向后向下至体侧。同法左臂伸直从体侧缓缓向前向上与耳平行后向后向下至体侧（见图5-7-6）。主要活动肩胛提肌、菱形肌与背阔肌。

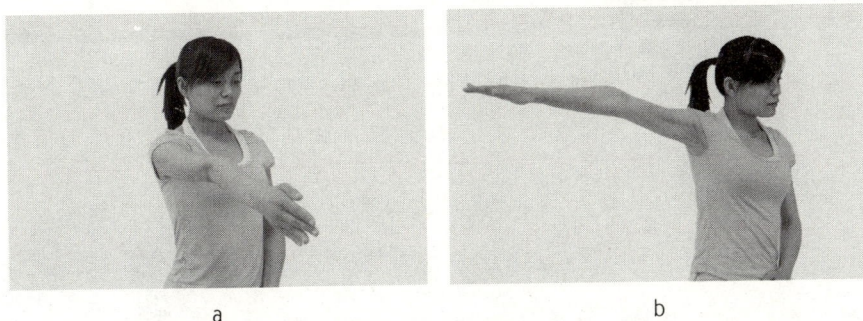

图5-7-6　肩部大回旋

第3节，胸部扩展：双臂内屈与肩平扩胸，再打开双臂掌心向上与肩平扩胸（见图5-7-7）。主要活动肩胛提肌与菱形肌。

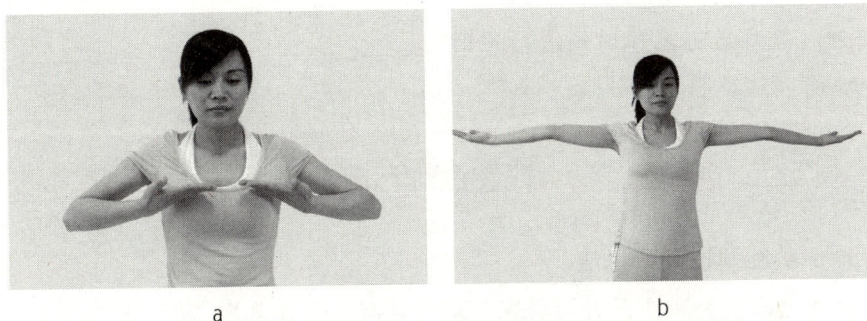

图5-7-7　胸部扩展

第4节，上、下后摆：右臂伸直上举，左臂自然下垂，同时用力向后摆，还原。换侧，左臂伸直上举，右臂自然下垂，同时用力后摆，还原。主要活动肩胛提肌、背阔肌、菱形肌。

第5节，拥抱蓝天：双臂侧平举，眼望天空，双臂缓缓向上成V字型时停留5秒，缓缓放下（见图5-7-8）。主要活动菱形肌、斜方肌、竖脊肌与夹肌。

图5-7-8　拥抱蓝天

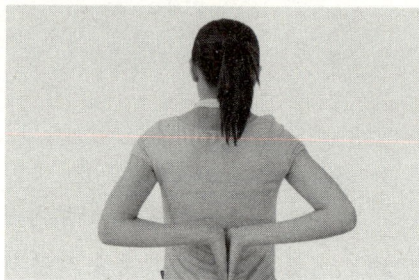

图 5-7-9　与项争力

第6节,与项争力:双手交叉置脑后,头部向后用力、双手向前用力,停留5秒(见图5-7-9)。主要活动肩胛提肌、斜方肌、胸锁乳突肌、竖脊肌与夹肌。

第7节,双手后拍:双手从体侧向背后拍掌4次(见图5-7-10)。主要活动背阔肌、斜方肌。

以上各节每一动作重复4次,可配合舒缓的音乐锻炼,每日1~2次,循序渐进。熟练后可不限时间与场地随时随地坚持,以获长期疗效。

图 5-7-10　双手后拍

简便锻炼方法

1. 仰头缩颈扩胸锻炼法

自然站立,两脚分开与肩同宽,挺胸收腹,项部肌肉收缩,头尽量后仰,同时握拳屈肘做前后扩胸运动(见图5-7-11)。此方法简单易行,不受时间、空间的限制,在任何空闲之余均可操作,一日多次,空闲即做,对颈肩部肌筋膜炎有良好的改善。

a

b

图 5-7-11　仰头缩颈扩胸锻炼法

2.吊单杠锻炼法

第一步：双手抓住单杠，保持脚尖悬空或脚尖轻触地，双肩放松，每次悬吊30～60秒，共悬吊2～3下，每日2次。

第二步：双手用力抓住单杠，上臂用力上提躯体，使肘关节充分屈曲，然后双手用力抓住单杠不变，上臂突然放松，使躯体突然下垂，使重量将肩背部肌筋膜的粘连拉开，每回1～2下。

此方法可有效缓解颈肩背部条索状该变明显的患者。适合在户外运动时候操作。

知识链接

预防颈肩肌筋膜综合征还须纠正错误姿势

【错误姿势1】看材料打字时头侧向一边，时间长了脖子发酸。

建议：使用电脑时要使颈部处于中立位（双眼平视前方），键盘和电脑屏幕应在正前方，两眼平视电脑屏幕中央。如有可能，可以把电脑屏幕的上缘置于眼睛水平，两肩自然下垂，上臂贴近身体，手肘弯曲成90度。操作键盘或鼠标时，尽量使手腕保持水平，键盘和鼠标周围应有地方支持前臂或手腕，避免因前臂悬空导致的肩臂部疲劳。

【错误姿势2】用电脑工作时不自觉身体就向前倾，长时间低头伏案写字后觉得背部和脖子都很僵硬。

建议：选择有靠背和扶手的椅子。每隔1小时休息5～10分钟，适当活动。如不方便出办公室活动，可因地制宜，伸伸懒腰，多变换几个姿势。如果工作、生活中维持某个姿势的时间比较长，宜做反向运动来平衡，以避免长期单一姿势造成的问题。如工作时身体不自觉前倾，休息时可向后靠在椅子上，头颈后仰做抬头的动作。

【错误姿势3】打电话时双手还要做事，就用头和肩膀侧夹着电话。

建议：这个姿势对颈肩的健康非常不利。尽量使用耳机或是免提功能进行长时间的通话。

肩 周 炎

什么是肩周炎

　　肩周炎又称肩关节周围炎，肩周炎是以肩关节疼痛和活动不便为主要症状的常见病症。中医称为冻结肩、凝肩、五十肩。以肩部逐渐产生疼痛，夜间为甚，逐渐加重，肩关节活动功能受限而且日益加重，达到某种程度后逐渐缓解，直至最后完全复原为主要表现的肩关节囊及其周围韧带、肌腱和滑囊的慢性特异性炎症。本病的好发年龄在 50 岁左右，女性发病率略高于男性，多见于体力劳动者。如得不到有效的治疗，有可能严重影响肩关节的功能活动。肩关节可有广泛压痛，并向颈部及肘部放射，还可出现不同程度的三角肌的萎缩。

自我诊断

　　1. 肩部疼痛　起初肩部呈阵发性疼痛，多数为慢性发作，以后疼痛逐渐加剧或钝痛，或刀割样痛，且呈持续性，气候变化或劳累后常使疼痛加重，疼痛可向颈项及上肢（特别是肘部）扩散，当肩部偶然受到碰撞或牵拉时，常可引起撕裂样剧痛，肩痛昼轻夜重为本病一大特点，若因受寒而致痛者，则对气候变化特别敏感。

　　2. 肩关节活动受限　肩关节向各方向活动均可受限，以外展、上举、内旋外旋更为明显，特别是梳头、穿衣、洗脸、叉腰等动作均难以完成，严重时肘关节功能也可受影响，屈肘时手不能摸到同侧肩部，尤其在手臂后伸时不能完成屈肘动作。

　　3. 怕冷　患者肩怕冷，不少患者终年用棉垫包肩，即使在暑天，肩部也不敢吹风。

　　4. 压痛　多数患者在肩关节周围可触到明显的压痛点，压痛点多在肱二头肌长头肌腱沟处、肩峰下滑囊、喙突、冈上肌附着点等处。

　　5. 肌肉痉挛与萎缩　三角肌、冈上肌等肩周围肌肉早期可出现痉挛，晚期可发生废用性肌萎缩，出现肩峰突起、上举不便、后伸不能等典型症状，此时疼痛症状反而减轻。

常见病因

（1）本病大多发生在 40 岁以上中老年人，软组织退行病变，对各种外力的承受能力减弱。

（2）长期过度活动，姿势不良等所产生的慢性致伤力。

（3）上肢外伤后肩部固定过久，肩周组织继发萎缩、粘连。

（4）肩部急性挫伤、牵拉伤后因治疗不当等。

检查

1、肩关节 X 线检查

（1）肩峰下三角肌筋膜上有一层薄层的脂肪组织，在 X 线片上，该脂肪组织呈线状阴影，肩周炎早期，当肩部软组织充血水肿时，肩峰下脂肪线模糊变形乃至消失。

（2）肩周炎中晚期时，肩部软组织钙化，X 线片可见关节囊及相关肌肉肌腱处有密度不均的钙化影。晚期时，还可以出现骨质增生、骨质疏松和骨赘的形成。

2、肩关节 MRI 检查　肩关节 MRI 可以判断肩关节周围结构是否正常，确定炎症发生部位。

防治

食　疗

（1）绿豆 125 克，薏苡仁 125 克，白砂糖适量。绿豆、薏苡仁洗净浸泡，加水煮烂。适用于肩关节肿胀和疼痛。

（2）松枝 250 克，酒 500 克，装瓷罐内浸泡 1 周，每次 30～50 毫升，每日 3 次，饭后饮服。适用于肩关节疼痛隐隐不消、关节活动部分受限。

（3）猪肉 200 克，蘑菇 200 克，黄酒 30 毫升，花椒适量，白酒 30 毫升。花椒熬水，冲黄酒内，将肉片、蘑菇、黄酒拌匀，上笼蒸熟，以白酒为引，分 2 次食完。适用于肩关节疼痛活动不利、肌肉萎缩。

推拿疗法

1.擦肩周　患者坐位，术者站于患侧。一手托住患肘使患肩外展抬起，另手以小鱼际或第五掌指关节着力，分别在肩前、外、后侧沿肺经、大肠经、三焦经、小肠经作滚法（见图5-8-1）。持续操作3～5分钟。

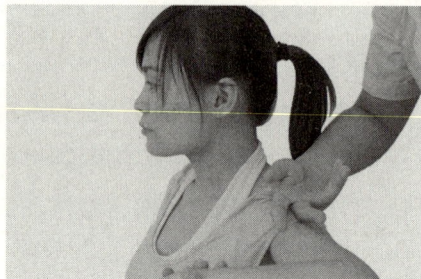

图5-8-1　擦肩周

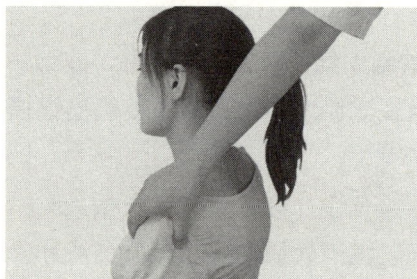

图5-8-2　揉肩

2.揉肩　①指揉中府、肩贞（见图5-8-2）、臂臑、臑俞。术者先用双手中指叠指状分别置于患肩中府、肩贞穴，以中指末节指腹着力，作顺或逆时针方向揉动。双手同时操作，手法力度深透，持续操作1～2分钟后，以同样的方法揉臂臑、臑俞穴。②指揉秉风、天宗、臑俞、肩贞，食中环小指分别置附分、魄门、膏肓、神堂穴处，以末节指腹着力，拇指由秉风揉至天宗止，其余四指按住穴位配合作揉法，反复操作1～2分钟。然后拇指自臑俞向下揉至肩贞穴，其余四指分置附分、魄门、膏肓、神堂穴配合作揉法。③掌揉臂臑、肩井。以小鱼际侧掌着力，分别在患肩臂臑、肩井穴处作揉法。顺或逆时针方向操作，揉至热感出现1～2分钟。

3.拿肩　①拿肩缝：一手拇指指端按压肩中俞，另手拇指与其余四指分别置于患肩的后侧及前侧，沿肩关节缝缓慢的作拿法（见图5-8-3），边拿边沿肩关节缝移动，由后向前移至腋窝部止，反复2～3遍。②拿心包、三焦经，体位及手法同上。③拿大肠、小肠经，术者一手扶患肘，使患肩外展至90°，其余体位及手法同上。

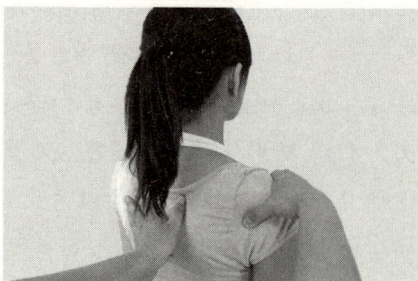

图5-8-3　拿肩缝

4. 分筋 ①分长头腱：患者坐位，术者站在患侧体后。一手拇指按肩外俞，另手食中环指自肱骨大结节起沿肱二头肌长头腱向下作左右方向的滑动分筋，

图 5-8-4　分筋

手法力度深透，反复操作 3 ~ 4 遍。②分三角肌止点：一手中指和拇指分别按压患肩的中府、曲垣穴，另手食中环指自三角肌止点上缘分筋至止点下缘止（见图 5-8-4），反复分筋 3 ~ 4 遍。③分冈上、下肌：一手扶肩，另手以拇指末节指腹着力，分别在冈上肌、冈下肌处作分筋，反复分筋 3 ~ 4 遍。

5. 摇肩　一手置患侧肩井穴部固定患肩，另手托住患侧肘部，做顺或逆时针方向的旋肩（见图 5-8-5），幅度由小到大，力度由轻到重，顺或逆时针方向交替进行，持续操作 1 ~ 2 分钟。

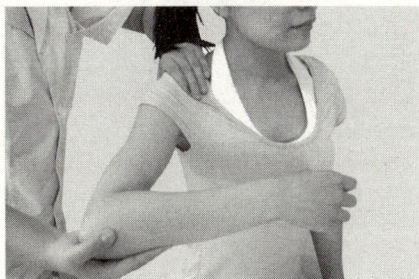

6. 扳肩　分别做外展、前屈、内收、后伸扳肩，达到最大程度时，停留片刻以增强疗效。

图 5-8-5　摇肩

图 5-8-6　搓肩

7. 搓肩　双掌心分别置于患肩前后侧，作轻柔和缓的搓动（见图 5-8-6），至患肩深部出现热感后 1 ~ 2 分钟止。

8. 抖肩　术者双手手握患腕，以双腕小幅度的尺桡偏带动患上肢抖动（见图 5-8-7），至患肩三角肌、胸大肌、背阔肌、冈上肌等出现麻感为度。

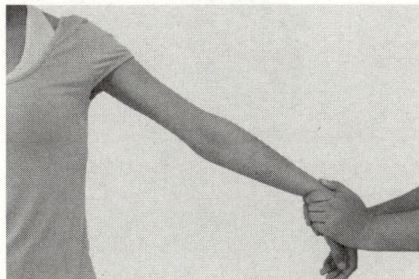

图 5-8-7　抖肩

自我按摩

（1）用健侧的拇指或手掌自上而下按揉患侧肩关节的前部及外侧（见图5-8-8），时间1～2分钟，在局部痛点处可以用拇指点按片刻。

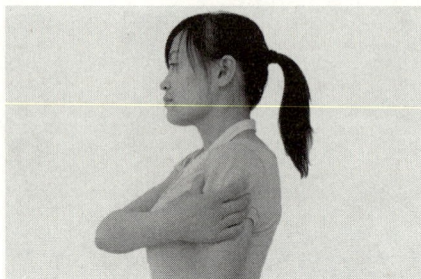

图5-8-8　按揉肩关节前、外侧

图5-8-9　按揉肩关节后侧

（2）用健侧手的第2～4指的指腹按揉肩关节后部的各个部位（见图5-8-9），时间1～2分钟，按揉过程中发现有局部痛点亦可用手指点按片刻。

（3）用健侧拇指及其余手指的联合动作揉捏患侧上肢的上臂肌肉（见图5-8-10），由下至上揉捏至肩部，时间1～2分钟。

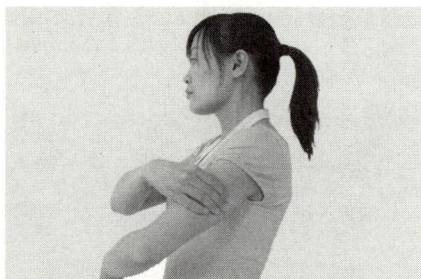

（4）还可在患肩外展等功能位置的情况下，用上述方法进行按摩，一边按摩一边进行肩关节各方向的活动。

图5-8-10　揉捏上臂肌肉

图5-8-11　掌揉上臂

（5）最后用手掌自上而下地掌揉（见图5-8-11）1～2分钟，对于肩后部按摩不到的部位，可用拍打法进行治疗。

自我按摩可每日进行1次，坚持1～2个月，会有较好的效果。

耳穴贴压疗法

在肩、锁骨、肘、肾、皮质下等穴区有敏感点（见图5-8-12）。在敏感点压贴王不留行籽，病程短用强刺激对压手法，病程长、体质差者用中等刺激手法。每次一侧耳穴，3～5天换贴另一侧耳穴。嘱患者每天自行按压耳穴4～5次，且活动肩关节。

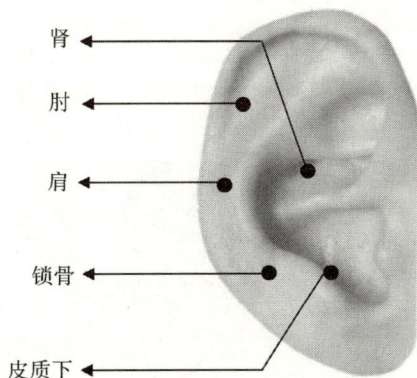

图5-8-12 耳穴

中医外治法

热熨法

川乌、草乌各10克，防风、桂枝、白芷、葛根、木瓜、川芎、红花、伸筋草、透骨草、羌活、川椒、骨碎补、川断、芙蓉叶、金果榄、乳香、没药、片姜黄各15克。共研为粗末，装入筛布袋内，放入蒸笼中，蒸煮20分钟，取出，凉至皮肤能耐受时，热熨患处。治疗约60分钟/次，1～2次/日，9日为1疗程。

熏洗法

川乌、草乌、独活、川断、土虫、乳香、没药各15克，细辛、红花、草乌各10克，伸筋草、威灵仙、桂枝各20克，入大半盆清水中，微火加热至沸，以两条毛巾浸药交替热敷患肩，熏洗40分钟/次，早晚各1次，10日为1疗程。

外敷法

川乌、草乌、黄柏各10克，大黄、白芷、地龙各30克，研为细末后加樟脑30克，适量陈醋调成糊状，取肩关节的痛点为中心，将药糊涂敷患处，外盖纱布，1次/日，5次为1疗程。

功能锻炼

坚持经常持久的主动功能锻炼，是治疗本病的重要措施之一。但不应操之过急，宜循序渐进，逐步加大活动的范围和力度，以锻炼时不引起剧烈疼痛为度。

图5-8-13 爬墙

1.爬墙　面墙而立，双手沿墙壁慢慢向上爬直至最高限度，缓缓放下（见图 5-8-13），反复 10 次。

2.抱头　背墙而立，双手交叉抱颈部，作双上肢外展（见图 5-8-14）、内收（见图 5-8-15）动作，各做 10 次。

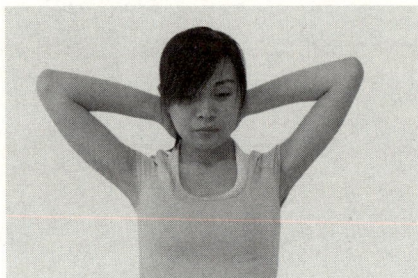

图 5-8-14　双上肢外展　　　　　　　图 5-8-15　双上肢内收

3.摸耳　双手由下向上抬动胳膊摸对侧耳朵，反复 10 次（见图 5-8-16）。

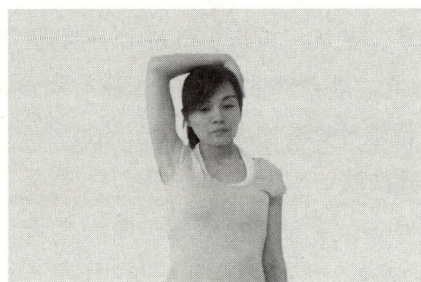

a　　　　　　　　　　　　　　b

图 5-8-16　摸耳

4.背手　患侧手臂后背，以健侧手臂努力向上拉 10 次（见图 5-8-17）。

第 5 ～ 8 动作，经常练习可以预防肩周炎发作以及复发。

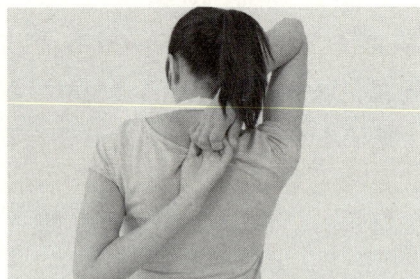

图 5-8-17　背手

5. 拍手　练习者手臂逐渐高举，举过头顶，双手相拍，反复10次（见图5-8-18）。

图5-8-18　拍手

6. 扩胸　练习者手心向下，肘关节屈曲，前臂外展（见图5-8-19），反复10次。

a

b

图5-8-19　扩胸

7. 运手　两只手的手心向内，交替地缓缓由下向上从面前滑过（见图5-8-20），反复10次。

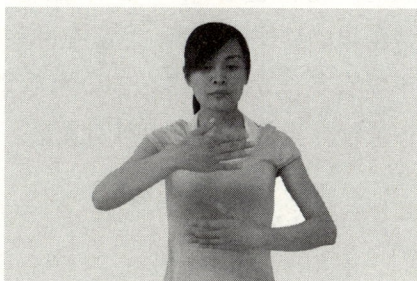

图5-8-20　运手

8. 拍肩搭背　练习者一只手掌拍对侧肩，一只手用手背击打自己背部，双手交替操作（见图5-8-21），反复10次。

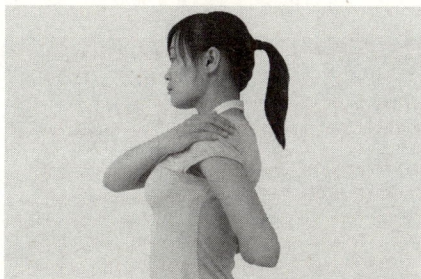

图5-8-21　拍肩搭背

知识链接

肩周炎日常需防护

加强体育锻炼是预防和治疗肩周炎的有效方法，但贵在坚持。如果不坚持锻炼，不坚持做康复治疗，则肩关节的功能难以恢复正常。

营养不良可导致体质虚弱，而体质虚弱又常导致肩周炎。如果营养补充得比较充分，加上适当锻炼，肩周炎常可不药而愈。

受凉常是肩周炎的诱发因素，因此，为了预防肩周炎，中老年人应重视保暖防寒，勿使肩部受凉。一旦着凉也要及时治疗，切忌拖延不治。

书写痉挛症

什么是书写痉挛症

书写痉挛症是由于职业因素长期从事手部精细动作，从两导致手部肌肉痉挛，出现以书写功能障碍为主的一种症状群，属于职业性共济神经功能性疾病。此病是知识分子的职业病。书写痉挛亦称原发性书写震颤，是成年人最常见的动作性震颤，患者在书写或做书写动作时出现5～8Hz的手部震颤，不伴有其他功能障碍。部分患者震颤并不完全限于书写动作，做其他相似工作或使用类似工具时也可有震颤。

自我诊断

临床上常见于长期用手作精细操作的职业人员，例如教师、编辑、秘书、作家、画家、书法家、绘图员、打字员、弹琴者等。主要表现手指不灵活、不协调；手部肌肉出现痉挛性收缩或双手颤动甚至整个手臂

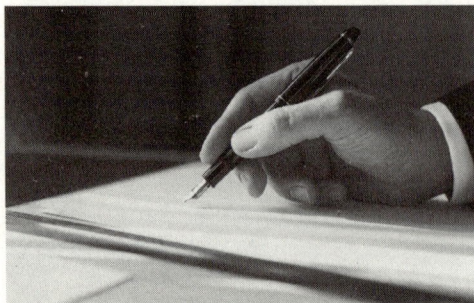

的肌肉均发生颤动，使双手的功能发生障碍，无法用手作精细工作；典型直观的见于持笔难，写字歪斜，重者无法握笔与书写。症状是逐渐发生的，开始时，仅感觉到书写时手指和前臂有些僵硬，易感疲乏，以后，随着症状加重，书写时局部肌肉发生痉挛性收缩。

常见病因

该病确切的病因目前尚不明了，有研究学者已证实书写痉挛多与壳核的功能障碍，基底节区以及丘脑的病变有关，而并非是单纯功能性疾病。通过对书写痉挛病理生理过程研究，研究人员发现肌张力障碍的发生很可能是基底节、脊髓和大脑皮层及丘脑等不同水平神经系统抑制不足所致。传统中医学认为，患者长期用手书写等作精细操作，出现患手或前臂内外界因素刺激，经脉不畅，筋脉肌肉系统失去气血濡润，从而发生书写痉挛。

检查

凡从事与原来相同的职业性工作时，就发生功能障碍，而做其他工作时，则完全正常，即可以诊断为书写痉挛。患者思维敏捷，无肌肉萎缩，感觉存在，反射正常，脑部 CT 检查也无异常。

防治

食 疗

（1）西瓜皮 50 克，冬瓜皮 50 克，水煎饮汤，每日 1 次。适用于书写时手指无力，上肢肌肉萎软。

（2）山药 30 克，大米 60 克，白扁豆 15 克。大米加水煮粥，山药加少量水捣烂成糊状，加粥中拌匀，再放白扁豆，共煮至豆熟，每日 2 次，每次 1 碗。适用于书写障碍伴乏力纳呆、脾胃虚弱的痿证。

（3）羊肉 100 克，当归 15 克，生姜 5 片，粳米 100 克。当归水煎取浓汁，将羊肉切丁倒入药汁，再加适量水，煮至七成熟时放粳米、生姜片煮粥，每日 2 次。适用于书写障碍伴四肢痿软、腰酸怕冷。

（4）牛肉50克，黄芪50克，大米100克。黄芪加水煎取汁，牛肉切小块，用黄芪汁和适量清水煮，将熟时放大米煮粥，每日2次。适用于书写障碍伴四肢软弱、精神不振。

推拿疗法

患者正坐，心平气和，肌肉放松，医者立其患侧进行操作。

1. 按压痛麻点　以拇指腹按压侧风池偏外，患侧缺盆偏内，极泉、臂臑偏下，内关下1厘米（见图5-9-1），小海。要求：缓慢深压，压力刚中蕴柔，逐渐将痛麻得气感送至病所。各点均持续半分钟。若病史长达半年以上或已出现震颤症状者，各点在持续按压的时间内，每隔10秒轻微捻拨3～5遍。

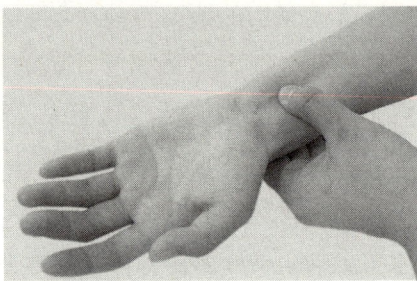

图5-9-1　按压内关下1厘米

2. 搓肘至手　两掌相对钳夹于肘关节内外侧，边搓边移向手指（见图5-9-2）。要求：用力强度均匀柔和，以舒适为度，频率要高，幅度要大，节律均匀，移动要缓慢，反复操作5分钟。

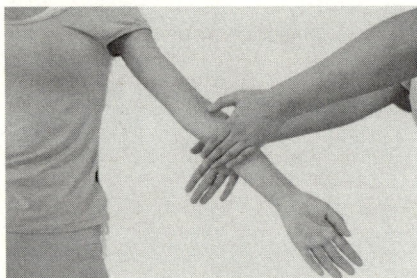

图5-9-2　搓肘至手

3. 捏揉腕至指　一手扶腕，另手以拇和食、中指相对用力捏住腕部内外侧，边捏揉边向指端移动（见图5-9-3）。要求：捏与揉同时进行，用力要刚柔相济，以轻微酸胀感为毒，幅度要大，频率要低，移动要缓慢，反复操作5～7分钟，

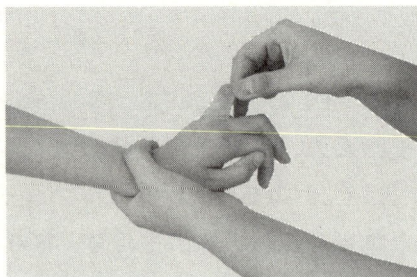

图5-9-3　捏揉腕至指

且应自拇指依次揉捏至小指。病史长或出现震颤者，夹揉鱼际、合谷，掐二扇门等穴。

4. 运动关节 两手分握大、小鱼际，作伸屈、内收、外展、环旋腕关节等运动；一手扶腕，另手拇指示指分别捏住各指端，自拇指至小指依次运动指掌、指关节（见图5-9-4）。要求：要在各关节的生理活动范围内缓慢进行，幅度要先小后大，强度以舒适为度，各反复6遍。

各手法每日1次，10日为1疗程。

图 5-9-4　运动关节

耳穴贴压疗法

取穴：肝、脾、皮质下、神门、颈椎（见图5-9-5）。

取王不留行籽贴压在以上穴位，手指运气按压以上各穴30秒，致耳郭发红，耳廓有发热感。每日按3次，每次10下。5～7日后换耳续贴压。

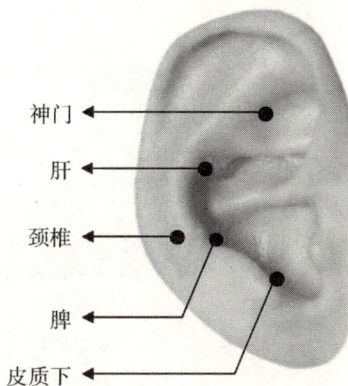

神门　肝　颈椎　脾　皮质下

图 5-9-5　耳穴

针灸疗法

取穴：合谷、阳溪、曲池、外关、内关、列缺、风池、百会、足三里等，每次取3～5穴，交替使用。

具体操作：针刺穴位常规消毒后，1.5寸毫针握针刺入穴位，直刺或斜刺0.5～1寸，行提插捻转得气后留针，每日1次，10次为一疗程。

中药验方

若患者前臂活动受限，不能持续性书写，或书写潦草，兼并身体烦痛，项背拘急，手足冷痹，腰膝沉重，举动艰难，舌暗，脉弦紧。宜用蠲痹汤加减治疗，主要用防风、羌活疏风散痹，当归、黄芪、赤芍活血益气。

若患者进展性手臂酸胀，手腕活动不灵，时颤抖，书写潦草，畏寒肢冷，面色萎黄，睡眠差，舌淡，脉涩。宜用补阳还五汤加减治疗，方中黄芪、当归、赤芍补气和血，川芎、桃仁、红花、地龙活血通络，防风、羌活疏风散邪。

寒邪重的还可加附子、桂枝，颤抖重者加全蝎等。

手部锻炼方法

手腕转动

由手小指开始，依次无名指、中指、示指、大拇指用力握拳。胳膊保持不动，以手腕为轴，使两拳做向下（见图5-9-6）、向上运动（见图5-9-7）。一上一下为1次，共做3次。再以手腕为轴，两拳做向前（见图5-9-8）、向后的运动（见图5-9-9），一前一后为1次，共做3次。之后两拳做向前、下、后、上、前的环绕运动3次，再反方向做3次。

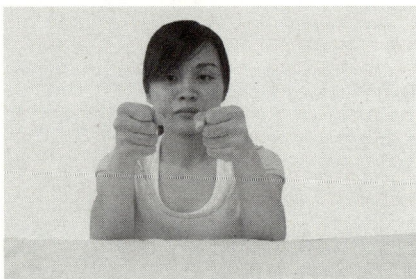

图5-9-6 两拳向下运动

图5-9-7 两拳向上运动

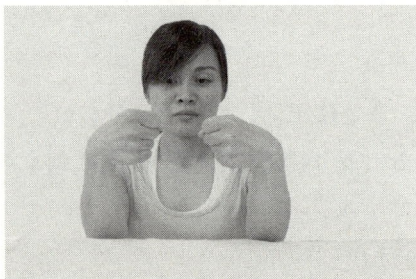

图5-9-8 两拳向前运动

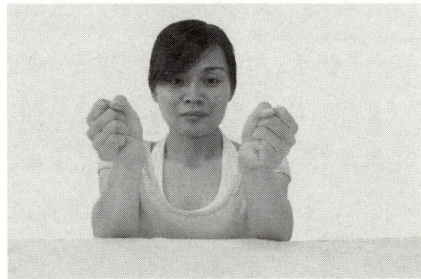

图5-9-9 两拳向后运动

猛虎探爪

由五指的指尖领动，把手掌抬起，使手掌和前臂垂直。五个指头尽量向远处张开（见图5-9-10），略停3～5秒，再合拢。重复3～5次。之后五个指头张开，将五指的

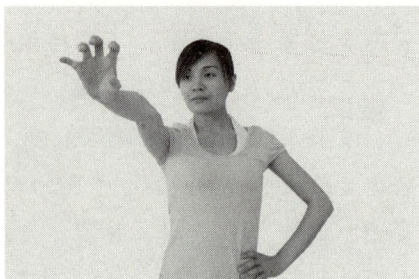

图5-9-10 猛虎探爪

第一个关节和第二个关节弯曲，略停3～5秒，再伸直，重复3～5次。

交叉外撑

两手在胸前十指交叉，转掌心向前，尽力向前方伸展，至极限位置，略停3～5秒。再收回胸前，顺势转掌心向内。重复3～5次。再次向前方伸展。保持两臂伸直，两手尽量向左运动，至极限位置（见图5-9-11），略停3～5秒，再向右运动，至最大幅度，略停3～5秒。一左一右为1次，重复3～5次。

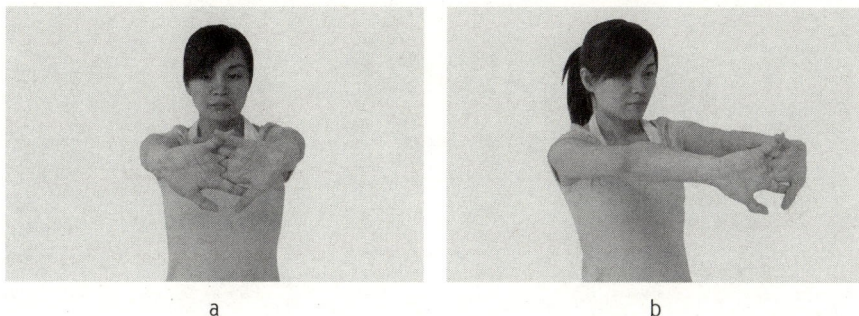

a   b

图5-9-11　交叉外撑

两手在胸前十指交叉，两掌跟相靠，两肘关节抬起，使前臂与地面平行为度，两手带动两臂划弧，方向为左－前－右－内（见图5-9-12），3圈之后，反方向划弧3圈。

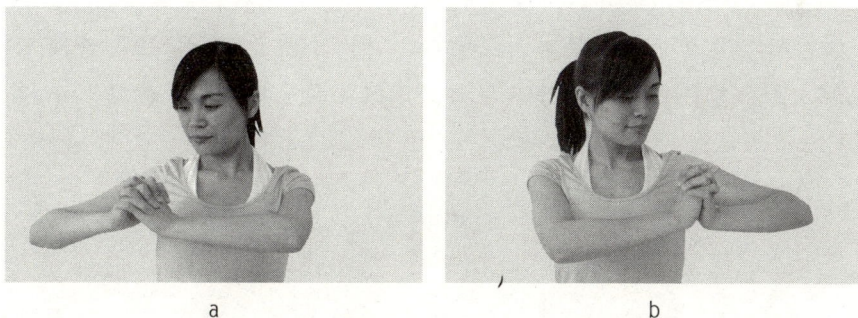

a   b

图5-9-12　胸前运掌

两手敲击

两手十指指尖相互敲击（见图5-9-13），做两个八拍。两手掌跟相互敲击（见图5-9-14），做两个八拍。两手合谷穴相互敲击（见图5-9-15），做两个八拍。两手小指外侧和小鱼际处相互敲击（见图5-9-16），做两个八拍。

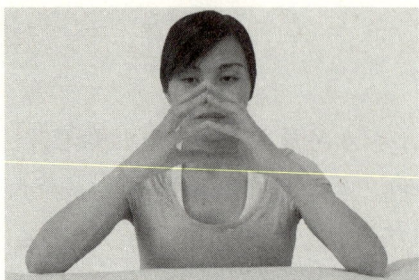

图 5-9-13　两手十指指尖相互敲击

图 5-9-14　两手掌跟相互敲击

图 5-9-15　两手合谷穴相互敲击

图 5-9-16　两手小指外侧和小鱼际处
相互敲击

松紧转换

两手用力握拳，握紧后，略停 3～5 秒，再放松，重复 3～5 次（见图 5-9-17）。五指用力张开，至最大幅度，略停 3～5 秒，再放松，重复 3～5 次。由大拇指开始，依次握拳，握紧后，再由小指开始，依次打开变掌。右手握住左手手掌，用力按揉 3～5 次，再握住左手拇指之外的四个手指，用力按揉 3～5 次，再用左手按揉右手。

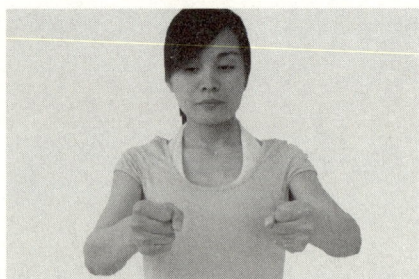

a

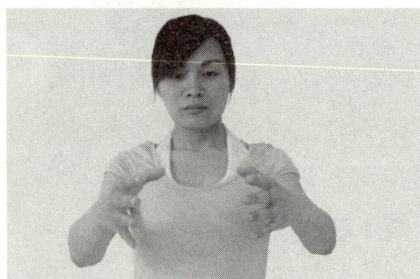

b

图 5-9-17　松紧转换

知识链接

书写痉挛症要预防

　　连续工作一段时间后，让手休息片刻；或暂停用手精细操作的工作，换一类工作干，以让双手得到休息。加强体育锻炼，针对性的锻炼是每日玩健身球，有疏通双手气血、增强手臂肌肉功能、调节大脑皮层功能的功效。

　　用手勿忘护手，常做双手保健按摩，不但能养护双手，还能强健躯体。按摩手心有疏经活络和理气宁心的功效。具体方法如下：

　　先用双手掌快速摩擦 30 ~ 50 次，待手掌发热后，用右手掌心向左手前臂内侧从手指末端向肘部反复推擦 50 ~ 100 次。再擦热手掌，以同样方法用左手掌推擦右手，每天早晚各做 1 次。此外，搓搓拇指有兴奋大脑皮层的作用；按摩示指可以调节消化系统功能，健脾养胃、疏肝利胆；按摩中指可预防心脑血管疾病；按摩无名指可以调整神经系统功能，提高其灵敏度；按摩小指可增强呼吸系统和泌尿生殖系统的功能，预防上呼吸道感染。手背之间的互相摩擦则可以刺激头、颈、肩、眼、鼻、背等人体各部，对治疗眼睛疲劳、肩背酸痛有一定的作用。

胃炎、胃溃疡

什么是胃炎、胃溃疡

　　胃炎是由多种病因引起的胃黏膜炎症，常伴有上皮损伤和细胞再生。胃炎是最常见的消化系统疾病之一。胃溃疡可由胃炎发展而来，多由于胃黏膜上皮损伤后，由于胃酸和胃蛋白酶对黏膜自身消化而形成，临床有急慢性之分。教师由于加班等原因常常饮食不规律，易发生本病。

自我诊断

　　不同胃炎的临床表现会有所不同，常见的临床表现有：

1. 上腹痛 大多数胃炎患者有上腹痛。上腹部疼痛多数无规律，与饮食无关。疼痛一般为弥漫性上腹部灼痛、隐痛、胀痛等。

2. 腹胀 部分患者会感腹胀。常常因为胃内潴留食物、排空延迟、消化不良所致。

3. 嗳气 嗳气表明胃内气体增多，经食管排出使上腹饱胀暂时缓解。

4. 反复出血 出血是在胃炎基础上并发的一种胃黏膜急性炎症改变。

5. 其他 食欲不振、反酸、恶心、呕吐、乏力、便秘或腹泻等。

6. 体征 检查时有上腹压痛，少数患者可有消瘦及贫血。

常见病因

1. 幽门螺杆菌感染 大量研究充分证明，幽门螺杆菌感染是消化性溃疡的主要原因。

2. 药物及饮食因素 长期服用阿司匹林、皮质类固醇等药物易致此病发生，此外长期吸烟，长期饮酒和饮用浓茶、咖啡似亦有一定关系。

易致胃溃疡的药品：

（1）各种阿司匹林制剂：长期或大剂量服用可引起胃痛及不适，严重者可有呕血、黑便等，胃镜检查可发现胃黏膜炎症、糜烂及溃疡形成。

（2）激素替代药：消炎痛和保泰松这类药物属激素替代药，对胃黏膜有直接的损害作用，可导致急性胃溃疡。

（3）解热镇痛药：如对乙酰氨基酚、去痛片以及感冒通等感冒药。

（4）治疗冠心病的药物：如藻酸双酯钠、潘生丁、利血平，可导致胃溃疡，甚至胃出血。

（5）消炎药：红霉素、乙酰螺旋霉素等大环内酯类抗生素，容易造成胃的不适。

3. 胃酸和胃蛋白酶 消化性溃疡的最终形成是由于胃酸/胃蛋白酶自身消化所致，胃酸是溃疡发生的决定性因素。

4. 应激精神因素 急性应激可引起应激性溃疡。长期精神紧张、焦虑或情绪波动的人易患消化性溃疡。

5. 遗传因素 在一些罕见的遗传综合征中，如多发性内分泌腺腺瘤 I 型、系统性肥大细胞增多症等，消化性溃疡为其临床表现一部分。

6. 胃运动异常 部分胃溃疡患者存在胃运动障碍，如胃排空延缓所致胃酸分泌增加和十二指肠－胃反流所致胆汁、胰液和溶血卵磷脂对胃黏膜的损伤。

检查

内镜检查 内镜下溃疡可分为三个病期：①活动期：溃疡基底部蒙有白色或黄白色厚苔，周围黏膜充血、水肿。②愈合期：溃疡缩小变浅，苔变薄，四周再生上皮所形成的红晕向溃疡围拢，黏膜皱襞向溃疡集中。③瘢痕期：溃疡基底部白苔消失，呈现红色瘢痕，最后转变为白色瘢痕。

此外还有 X 线钡餐检查等。

防治

食 疗

（1）牛奶 200 毫升，早晚空腹饮服各 1 次，适用于消化性溃疡，腹胀腹泻者忌服。或饴糖 3 克，开水冲服，睡前饮，每日 1 次。适用于消化性溃疡无泛酸。

（2）生薏苡仁 30 克，鲜山药 60 克（切片），加水，煮至烂熟，加饴糖，连汤同饮服。适用于消化性溃疡脾虚湿阻。

（3）乌贼鱼 500 克，去墨囊洗净，骨肉拆开，分别加水炖汤，肉熟分顿食。骨酥，下粳米 100 克，煮粥食。适用于消化性溃疡伴泛酸。

（4）银耳 30 克，温水浸泡涨发，去根蒂，加麦芽糖少许，隔水炖。适用于消化性溃疡胃阴虚。或白萝卜 500 克（切块），猪肚 1 具（切丝），加水，煮至酥烂。适用于消化性溃疡胃热甚。

（5）嫩韭菜 200 克（洗净，切段），豆腐干 3 块（洗净，切丝），起油锅，炒熟，当菜食。适用于消化性溃疡胃寒。

推拿疗法

腹部推拿　患者仰卧位，医者坐于其右侧，用掌摩法以脐中为中心在其腹部顺时针摩动5～10分钟（见图5-10-1），轻轻揉摩上腹部数十次，再用一指禅推法沿任脉推上脘、中脘、气海等穴，反复5分钟左右。

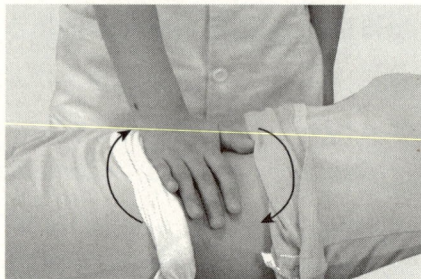

背部推拿　患者俯卧位，医者立于一侧，先在背部用滚揉法上下来

图5-10-1　腹部顺时针摩法

回操作数十次（见图5-10-2），再按揉脾俞、胃俞（见图5-10-3）、大肠俞各1～2分钟。

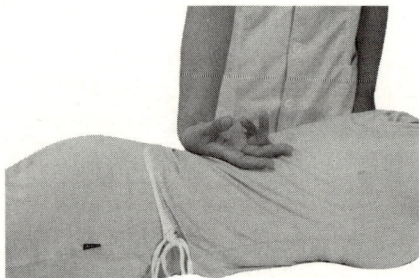

图5-10-2　滚背部

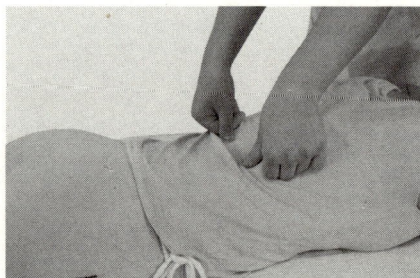

图5-10-3　两手拇指按揉胃俞

四肢点穴　患者仰卧或坐位，医者立于一旁，拿揉点按内关（见图5-10-4）（见图5-10-5）、足三里各数十次。

图5-10-4　点按内关穴

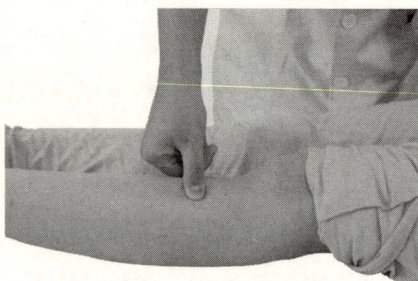

图5-10-5　点按足三里穴

耳穴贴压疗法

选用胃、脾、交感、皮质下（见图5-10-6）。实证用强刺激对压泻的手法，虚证用弱刺激轻柔摩补的手法。每隔3～5天换贴另一侧耳穴，10次为1疗程。休息7～10天，继续下一疗程治疗。

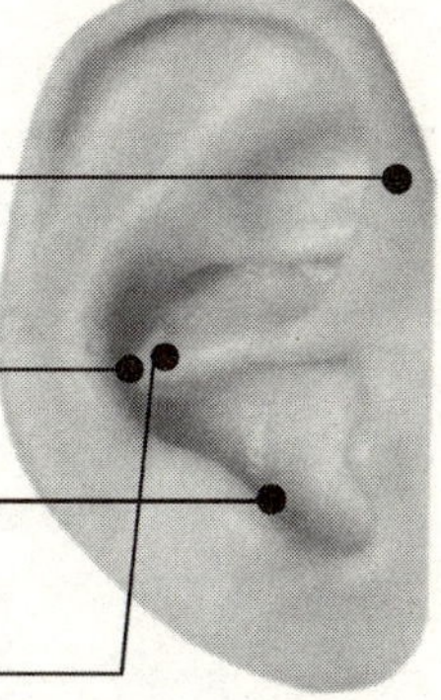

交感
脾
皮质下
胃

图5-10-6 耳穴

中医辨证治疗

若患者进食后，胃部饱胀感过甚，或者胃部胀痛连胁，嗳气频作，得矢气稍适，或恶心易呕，口苦泛酸，大便不畅，舌边尖稍红，苔薄白，脉弦。宜选用柴胡疏肝散，以达到疏肝和胃、理气消胀的作用。方中用陈皮、柴胡、香附、川芎等药疏肝理气，芍药、甘草缓急止痛。

若患者胃部嘈杂，或胃部灼痛，痛无定时，饥时觉痛，饱时觉胀，口苦干而不多饮，纳时量减，大便时稀时秘，舌质淡或淡红，舌苔薄黄，脉弦细。宜用半夏泻心汤以达到健脾补气、和中清胃的作用。方中用人参、大枣、白术益气健脾，半夏、干姜、黄连和中清胃。

若患者胃部虚痞，或隐隐作痛，按之较舒适，喜进热食，食后腹胀，宜用香砂六君子汤以达到健脾补气，温中和胃的作用。方中用党参、白术补益脾气，砂仁、茯苓化湿运脾，半夏、陈皮、木香理气和胃。

知识链接

食物的选择

得了胃病饮食上要注意以下12条原则：

（1）少吃油炸食物：因为这类食物不容易消化，会加重消化道负担，多吃会引起消化不良，还会使血脂增高，对健康不利。

（2）少吃腌制食物：这些食物中含有较多的盐分及某些可致癌物，不宜多吃。

（3）少吃生冷、刺激性食物：生冷和刺激性强的食物对消化道黏膜具有较强的刺激作用，容易引起腹泻或消化道炎症。

（4）规律饮食：研究表明，有规律地进餐，定时定量，要做到每餐食量适度，每日3餐定时。可形成条件反射，有助于消化腺的分泌，更利于消化。

（5）温度适宜：饮食的温度应以"不烫不凉"为度。

（6）细嚼慢咽：以减轻胃肠负担。对食物充分咀嚼次数愈多，随之分泌的唾液也愈多，对胃黏膜有保护作用。

（7）饮水择时：最佳的饮水时间是晨起空腹时及每次进餐前1小时，餐后立即饮水会稀释胃液，用汤泡饭也会影响食物的消化。

（8）注意防寒：胃部受凉后会使胃的功能受损，故要注意胃部保暖不要受寒。

（9）避免刺激：不吸烟，因为吸烟使胃部血管收缩，影响胃壁细胞的血液供应，使胃黏膜抵抗力降低而诱发胃病。应少饮酒，少吃辣椒、胡椒等辛辣食物。

（10）补充维生素C：维生素C对胃有保护作用，胃液中保持正常的维生素C的含量，能有效发挥胃的功能，保护胃部和增强胃的抗病能力。因此，要多吃富含维生素C的蔬菜和水果。

（11）慎食酸性食物：酸度较高的水果，如凤梨、柳丁、橘子等，于饭后摄食，对溃疡的患者不会有太大的刺激，所以并不一定要禁止食用。

（12）戒产气性食物：有些食物容易产气，使患者有饱胀感，应避免摄食；但食物是否会产气而引起不适，因人而异，可依个人的经验决定是否应摄食。

肠易激综合征

什么是肠易激综合征

　　肠易激综合征是一组持续或间歇发作，以腹痛、腹胀、排便习惯和（或）大便性状改变为临床表现的肠道功能紊乱性疾病。典型症状为与排便异常相关的腹痛、腹胀，根据主要症状分为：腹泻主导型；便秘主导型；腹泻便秘交替型。精神、饮食、寒冷等因素可诱使症状复发或加重。

自我诊断

　　本病根据主要症状分为：腹泻主导型；便秘主导型；腹泻便秘交替型。精神、饮食、寒冷等因素可诱使症状复发或加重。

腹痛 是肠易激的主要症状，伴有大便次数或形状的异常，腹痛多于排便后缓解，部分病人易在进食后出现，腹痛可发生于腹部任何部位，局限性或弥漫性，疼痛性质多样。

腹泻 持续性或间歇性腹泻，粪量少，呈糊状，含大量黏液。禁食 72 小时后症状消失。夜间不出现，有别于器质性疾患。患者可有腹泻与便秘交替现象。

便秘 排便困难，大便干结，量少，可带较多黏液，便秘可间断或与腹泻相交替，常伴排便不尽感。

腹胀 白天较重，尤其在午后，夜间睡眠后减轻。

近半数患者有胃灼热、恶心、呕吐等上胃肠道症状，背痛、头痛、心悸、尿频、尿急、性功能障碍等胃肠外表现较器质性肠病显著多见，部分病人尚有不同程度的心理精神异常表现，如焦虑、抑郁、紧张等。

常见病因

1. **胃肠道动力紊乱** 肠易激患者小肠消化间期移行性复合运动异常，周期明显缩短，这些变化在应激和睡眠中更为明显。

2. **内脏感觉异常** 研究发现肠易激患者多数具有对直肠扩张感觉过敏的临床特征，其平均痛觉阈值下降，直肠扩张后的不适程度增强或有异常的内脏－躯体放射痛。

3. **精神因素** 心理应激对胃肠道功能有显著影响，它在肠易激症状的诱发、加重和持续化中起重要作用，相当一部分患者伴有心理障碍，其中以焦虑、抑郁为主。

4. **肠道感染** 部分肠易激患者在发病前有肠道感染史，在由各种病原感染引起的胃肠炎患者中有部分发生肠功能紊乱，有10%可发展为感染后肠易激。

5. **其他** 部分肠易激患者的症状与食物有关，可加重其症状，食物中的纤维发酵可能是过多气体产生的原因，此外，肠道菌群的紊乱可能也是产生症状的原因之一。

检查

肠易激综合征实验室检查多为阴性，大便常规培养均阴性，便隐血试验阴性，血尿常规正常，血沉正常。当前肠易激综合征临床诊断以症状学为依据，采用国际公认的肠易激综合征罗马Ⅲ诊断标准：

反复发作的腹痛或不适（不适意味着感觉不舒服而非疼痛），最近3个月内每个月至少有3天出现症状，合并以下2条或多条：①排便后症状缓解。②发作时伴有排便频率改变。③发作时伴有大便性状（外观）改变。

诊断前症状出现至少6个月，近3个月符合以上标准。

防治

食 疗

腹泻主导型

（1）新扁豆30克，粳米100克（洗净），加水煮稠，加葱、盐。可健脾止泻，解暑化湿。适用于暑天泄泻。或粳米50克，入铁锅干炒，炒至微黄香溢，加水适量，煮汤食。可消食开胃。适用于泄泻伴饮食积滞。

（2）青梅20克，加水适量，入砂锅烧汤，先武火后文火，汤成加饴糖，每日2次。可酸敛止泻。适用于泄泻久久不愈、无黏冻脓血。

（3）羊肉500克，剔去筋膜，沸水浸泡，余去血水，沥干，切块，入锅加水，再加干姜12克，黄酒适量，葱白1根，放武火上烧沸，去浮沫，用文火炖烂。适用于久病泄泻、老年泄泻、五更泻。内热者忌食。

便秘主导型

（1）温开水1杯，每日清晨起身后空腹饮。或香蕉1个，每日早晚各1个。适用于习惯性便秘。

（2）核桃仁（打碎）、芝麻、蜂蜜各50克。核桃仁、芝麻炒熟，调入蜂蜜，拌匀，每日2次，每次2匙。适用于老年人气血不足引起的便秘、头晕。

（3）蜂蜜50克，麻油25克。将麻油倒入蜂蜜中拌匀，边搅拌边加温开水，将其稀释成均匀的液体。适用于肠燥便秘、大便干结。

推拿疗法

腹泻主导型

病人仰卧位，暴露腹部，术者站或坐于病人右侧进行如下操作：

（1）以左手拇指按压鸠尾穴（见图5-11-1），右手示、中指用指揉法在腹部以下穴位操作：气海、建里、中脘、左右天枢、水道、归来。每穴1～2分钟（见图5-11-2）。

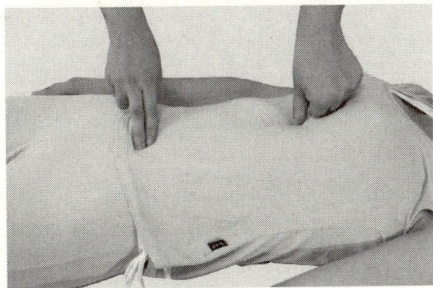

图5-11-1　指按鸠尾穴用指揉归来

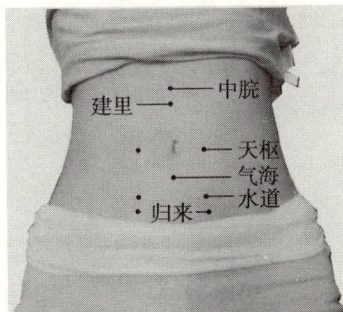

建里　　　中脘
天枢
气海
水道
归来

图5-11-2　腹部取穴

（2）用掌摩法，在腹部沿逆时针方向摩腹5～10分钟。

（3）运腹法：双手掌张开相并，两拇指分别埋于对侧掌下，平放于腹部，先以双掌根下压并用力将腹部推向对侧，然后余指下压，掌根微抬，并将腹部拉向近身侧。重复若干次后，再根据病情及病人的身体状况应用补法或泻法。可在推动的过程中依次用一手的掌根、小鱼际、小指侧、四指指肚及另一手的四指指肚、小指侧、小鱼际、掌根分别用力下压推动，使整个腹部充分的运动起来，持续10分钟。

（4）分推、合推全腹：术者站于患者头前，两手拇指与余四指自然分开，以两手拇指平放于剑突下，余指分别放于两侧，自上向下逐步分推至两髂部（见图5-11-3），重复若干次。然后站于病人一侧，用两手掌分别自腹部两侧向腹部中央推动，重复15次。

图5-11-3　分推、合推全腹

（5）病人俯卧位：用一指禅推法、或滚法（见图5-11-4）、掌揉法、指揉法沿脊柱两侧的膀胱经，自上向下操作至腰骶部，重复3～5遍。再用两手拇指按揉两侧肝俞、胆俞、脾俞（见图5-11-5）、胃俞、肾俞、大肠俞、八髎穴，重复5次。

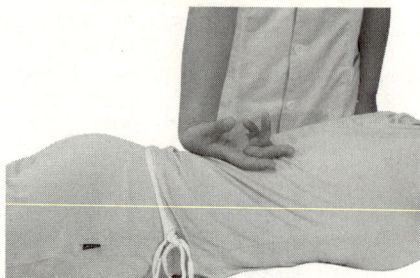

图 5-11-4　擦膀胱经

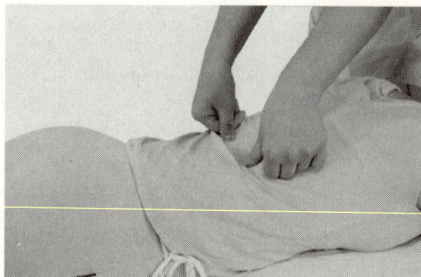

图 5-11-5　按揉脾俞

（6）击八髎穴 30 ~ 60 次，横擦八髎穴（见图 5-11-6），以透热为度。

（7）腹痛腹泻较重者：腹部手法操作的方向为顺时针旋转逆时针移动，加按揉足三里、脾俞、肾俞、大肠俞、三阴交。轻、快击八髎穴 60 次，横擦脐周 30 次，横擦命门 30 次。每

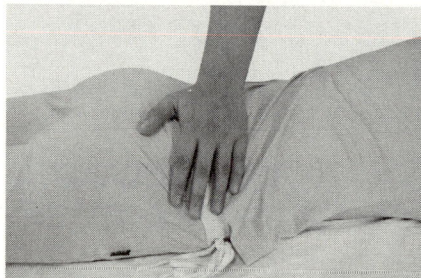

图 5-11-6　横擦八髎穴

天治疗 1 次，2 周为 1 个疗程，治疗 2 个疗程。

便秘主导型

患者取仰卧位，暴露腹部，术者站或坐于患者右侧进行如下操作：

（1）以左手拇指按压鸠尾穴，用指揉法（右手示、中指）或一指禅推法，在腹部以下穴位操作：气海、建里、中脘、左右天枢、左右大横、神阙、关元、水道（见图 5-11-7，图 5-11-8）。以上每穴各操作 1 ~ 3 分钟，要求手法轻快柔和。

图 5-11-7　指按鸠尾穴、指揉水道穴

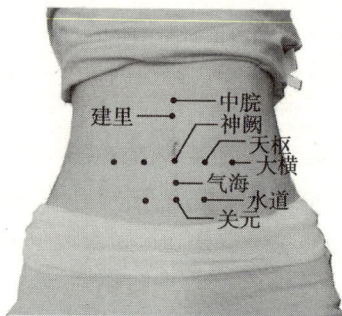

建里　　中脘
　　　　神阙
　　　　天枢
　　　　大横
　　　　气海
　　　　水道
　　　　关元

图 5-11-8　腹部取穴

（2）摩腹法：在腹部沿顺时针方向摩腹 3～5 分钟（见图 5-11-9）。

（3）运腹法：双手掌张开相并，平放于腹部，先以双掌根下压并用力将腹

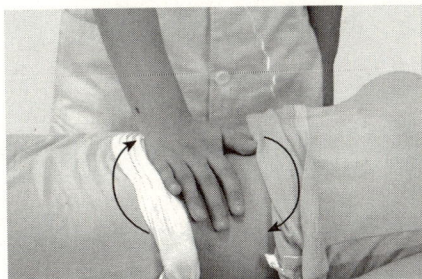

图 5-11-9 顺时针摩腹

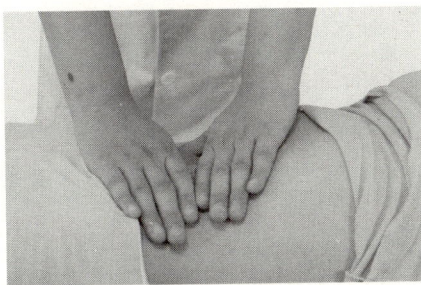

图 5-11-10 运腹法

部推向对侧，然后余指下压，掌根微抬，并将腹部拉向近身侧（见图 5-11-10），重复若干次后，再根据患者的身体状况应用补法或泻法。可在推动的过程中依次用一手的掌根、小鱼际、小指侧、四指指肚及另一手的四指指肚、小指侧、小鱼际、掌根分别用力下压推动，使整个腹部充分地运动起来，持续数分钟。

（4）分推：术者站于患者头前，两手拇指与余四指自然分开，以两手拇指平放于剑突下，余指分别放于两侧，自上向下逐步分推至下腹、两髂部，反复若干次。以上所有手法重复操作 3 遍。

（5）另外进行点穴：天突、璇玑、膻中、曲池、尺泽、支沟、外关、合谷、足三里、上、下巨虚、承山。

（6）患者取俯卧位：用㨰法、掌揉法、指揉法沿脊柱两侧的膀胱经，由上向下操作至腰骶部，重复 3～5 遍，重点用两拇指按揉两侧肝俞、胆俞、脾俞、胃俞、肾俞、大肠俞、八髎穴，重复若干次。手握空拳侧击八髎穴 40～60 次，横擦八髎穴，以透热为度。每日治疗 1 次，2 周为一疗程，连续治疗 2 个疗程。

耳穴贴压疗法

取穴：神门、交感、皮质下、脾、胃（见图 5-11-11）。

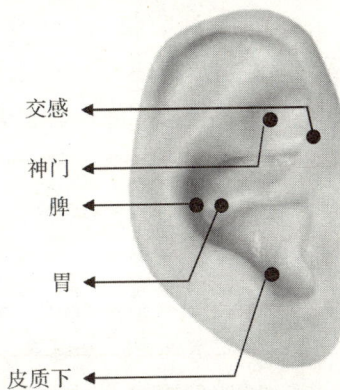

交感
神门
脾
胃
皮质下

图 5-11-11 耳穴

先在相应部位找到敏感点，压丸，手法由轻到重顺时针方向边旋转边按压，隔2～3天换贴压另一侧耳穴，10次为一疗程。

穴位贴敷

（1）用大黄30克、黄芩30克、黄连30克、黄柏30克，磨成细粉末，加入温开水和蜜糖，调成手掌大小的黏膏，取名四黄水蜜治疗膏，尔后外敷腹部疼痛最明显处，可有效缓解肠易激综合征的腹痛症状。

（2）以炒苍术、炒白术、黄连、藿香、木香各300克，郁金、防风、白芍、柴胡各250克，合欢皮、石菖蒲、夜交藤各150克，精研为细末，组成安肠散，密封备用，取中脘、双侧肝俞、脾俞、胃俞、足三里、上巨虚，用生姜涂擦穴位皮肤，每个穴位处放安肠散2～3克，胶布固定，每48小时换一次，2周为一疗程。

中医辨证治疗

1. 肝郁脾虚型　胸闷胁胀及少食，每次腹痛腹泻发作均有抑郁、恼怒或精神紧张等诱因，舌质淡红，脉弦。治宜疏肝健脾，可用痛泻要方加减，主要成分为炒白术、炒白芍、防风、陈皮；气滞明显加广木香、香附；腹痛较剧者重用炒白芍、加甘草柔肝缓急止痛；口苦口干者，加黄芩、黄连、知母清热；脘腹痛剧者，加延胡索、木香行气止痛；大便黏滞不爽，苔腻者加枳实、厚朴、苍术等化湿醒脾通腑；脾虚明显者加黄芪、党参、扁豆；久泻不止可加酸收之品，如乌梅、诃子等。

2. 脾胃虚弱型　大便时溏时泻，迁延反复，完谷不化，腹痛绵绵，饮食减少及食后腹胀不舒，稍进油腻食物则大便次数增加，面色萎黄，神疲乏力，舌淡苔白边齿痕，脉细弱，治宜益气健脾止泻。方用参苓白术散加减，党参、茯苓、炒白术、扁豆、陈皮、山药、砂仁、生甘草、生薏米、莲子肉、桔梗；若脾虚夹湿，舌苔腻者加藿香、佩兰醒脾化湿，苍术燥湿健脾；腹部冷痛者加高良姜以温中散寒；神疲乏力甚者加炙黄芪补气健脾；气阴两亏者改党参为太子参，加石斛滋养阴液；久泻不止者，适当加诃子、石榴皮、乌梅涩肠止泻；中气不升者，加葛根、升麻、柴胡升提止泻。

3. 脾肾阳虚型　黎明前腹部疼痛，肠鸣即泄，泻下完谷，泻后则安，形寒肢冷，腰膝酸软，舌淡苔白，脉沉细。治宜温补脾肾，收涩止泻。方选四神丸加减，补骨脂、肉豆蔻、吴茱萸、五味子、淫羊藿、炒白术、熟附子；大便夹有不消化食物者，加焦山楂、神曲、炒谷芽、炒麦芽健脾消食；腹冷痛甚者加乌药、高良姜散寒止痛；腰膝酸软者加牛膝、杜仲、金狗脊补益肝肾；中气下陷，脱肛，久泻，加黄芪、党参、白术益气健脾。

4. 湿热阻滞型　泄泻腹痛，泻下急迫，粪质黄黏，肛门灼热，烦热口渴，小便短黄，苔黄腻，脉滑数或濡数。治宜清化湿热，方选葛根芩连汤加减，葛根、黄芩、黄连、炒白芍、炙甘草；肛门灼热，里急后重者，加马齿苋、虎杖清热祛湿；大便带有黏冻者，加秦皮、白芷燥湿止泻，偏湿重加生薏米、厚朴；食滞加炒神曲、生山楂、麦芽等。

5. 阴虚肠燥型　大便干结，腹胀腹痛，面红身热，口干口臭，心烦不安，小便短赤，舌红苔黄燥，脉滑数。治宜滋阴泻热，润肠通便，选用麻子仁丸加减，火麻仁、生大黄、枳实、桃仁、杏仁、白芍、厚朴、瓜蒌；若津液已伤，可加生地、玄参、麦冬以滋阴生津清热；若郁怒伤肝，热象明显加栀子、决明子、青黛等。

知识链接

改善生活习惯

　　肠易激综合征是消化道的异常反应，因此肠易激综合征患者在日常生活中应该注重饮食的调节和禁忌，特别是在治疗期间，必须忌食辛辣、生冷、油腻等食物。

腰椎间盘突出

什么是腰椎间盘突出

　　腰椎间盘突出是纤维环破裂后髓核突出压迫神经根造成以腰腿痛为主要表现的疾病。　腰椎间盘突出是纤维环破裂后髓核突出压迫神经根造成以腰腿痛为主要表现的疾病。腰椎间盘富有弹性，处在两个椎体之间，腰椎活动多，其椎间盘最厚。在日常生活劳动中，腰椎间盘始终承受不均匀的压力，不断地被挤压和牵拉，容易发生慢性劳损与变性，丧失弹性与韧性，组织变得脆弱，稍受外力就可能引起腰椎间纤维环破裂，致使髓核从破裂口脱出，压迫附近的神经根，引起腰痛腿痛。青壮年人的劳动强度大，特别是腰部用力、反复屈伸转动的动作，增加了腰伤机会，故本病 20 ~ 40 岁的患者多见，约占 80%。腰椎承受整个躯干、头颅及上肢重量，故腰椎间盘突出发生在下腰椎者多见，约占 98%。胸椎因有肋骨与胸骨相连，是固定不动的，故无胸椎间盘突出症发生。男性的劳动强度比女性大，故本病男性多见。

🌿 自我诊断

腰椎间盘突出症主要症状以腰腿疼痛及腿部异常感觉为主，腿部的症状尤其应引起患者注意。

步态　症状较明显者行走时姿态不自然，较重者行走时身前倾而臀部以向一侧倾斜的姿态下跛行。

脊柱外形　突出物刺激神经根而引起疼，脊柱为了减轻对神经根的刺激在外观上腰椎生理性前突变浅或侧弯，侧弯可凸向健侧也可凸向患侧，此与突出物与压迫神经根的位置关系有关。

压痛点　多位于有病间隙的棘突旁，此压痛点并向同侧，臀部及沿下肢坐骨神经区放射区，压痛点的多少和程度不一。

腰部活动度　腰椎间盘突出症病人在各方面的活动度都会有不同程度的影响。

下肢肌肉萎缩　原因有两方面，一是由于坐骨神经痛使病人行走或站立时就很自然地多用健肢来负重，出现失用性肌肉萎缩，二是神经根受压所致肌肉萎缩。

肌力改变　由于神经支配的肌肉营养障碍出现肌力减低。

感觉减退　可以是主观麻木，也可以是客观麻木，皮肤感觉下降。如针刺皮肤病人亦不觉疼痛等。

反射改变　患侧有膝反射及跟腱反射减弱或消失，膝反射的减弱是于腰 4 神经根受侵犯，多为腰 3 或腰 4 椎间盘突出所致，跟腱反射减弱或消失是由于骶 1 神经损害所致。

常见病因

腰椎间盘的退行性改变 髓核的退变主要表现为含水量的降低，纤维环的退变主要表现为坚韧程度的降低。

外力的作用 长期反复的外力造成的轻微损害，日积月累地作用于腰椎间盘，加重了退变的程度。

椎间盘自身解剖因素的弱点 椎间盘在成人之后逐渐缺乏血液循环，修复能力差。在上述因素作用的基础上，某种可导致椎间盘所承受压力突然升高的诱发因素，就可能使弹性较差的髓核穿过已变得不太坚韧的纤维环，从而造成髓核突出。

检查

1. **压痛** 腰部压痛，诱发下肢沿坐骨神经走向的放射痛。

2. **Lasegue 征** 患者仰卧，患肢屈髋屈膝各 90°，逐渐伸膝，至任何角度发生疼痛为阳性。

3. **直腿抬高试验** 患者仰卧，膝伸直位屈髋关节至任何角度产生沿坐骨神经走向疼痛为阳性（见图5-12-1）。

4. **Bragard 征** 即加强试验，直腿抬高试验阳性时，保持抬高角度，医生一手托患者小腿，另一手使其足背伸，疼痛加剧为阳性。

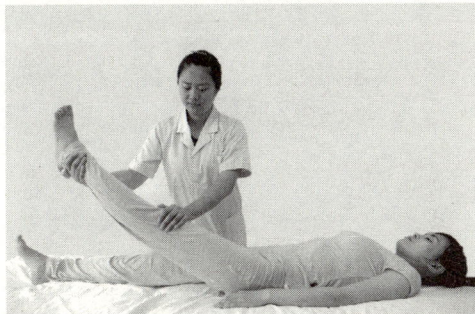

图 5-12-1　直腿抬高试验

5. **坐骨神经张力试验** 又称弓弦试验，患者端坐检查台边缘，屈膝 90°，小腿下垂，检查者一手提小腿使膝关节逐渐伸展，有疼痛时稍回屈少许，以另一手指腘窝中央，剧痛为阳性。

6. **仰卧挺腹试验** 对于一些关节韧带松弛者，直腿抬高到 90° 时，往往仍不受限且无疼痛，此时病人仰卧，做抬臀挺腹的动作，使臀部背部离开床面出现患肢放射痛即为阳性。

7. **股神经体征检查** 股神经伸张试验，俯卧位，膝伸直，使髋后伸，患侧股前方疼痛为阳性，常提示腰 3、腰 4 腰椎间盘突出症。

防治

葛根白芷炖羊排

白芷：维持皮肤和黏膜健康、补血、富含糖类。胡萝卜：养肝明目、健脾、化痰止咳。葛根：6克；白芷：5克；羊排：280克；胡萝卜：200克；葱、姜、盐、料酒适量。炖食。

推拿疗法

可缓解肌肉痉挛，减轻椎间盘内压力，但注意暴力推拿按摩可能导致病情加重，应慎重。

（1）取俯卧位，用㨰、揉腰臀部（见图5-12-2）及下肢肌肉，使局部肌肉放松，血液循环加快，以利于突出髓核的水分吸收。

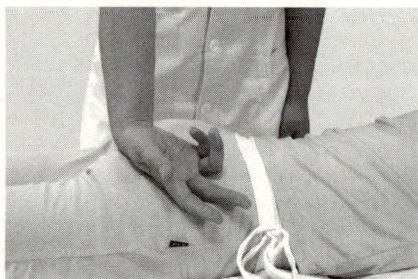

图5-12-2 㨰臀部

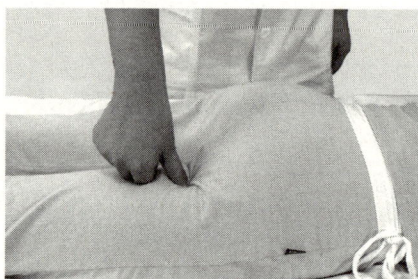

图5-12-3 拇指按承扶

（2）取俯卧位，用拇指指端按压肾俞、腰阳关、承扶（见图5-12-3）、委中（见图5-12-4）、承山穴（见图5-12-5）各1分钟，然后再抱腿运腰（见图5-12-6）。

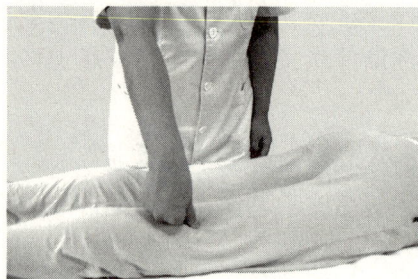

图5-12-4 拇指按委中

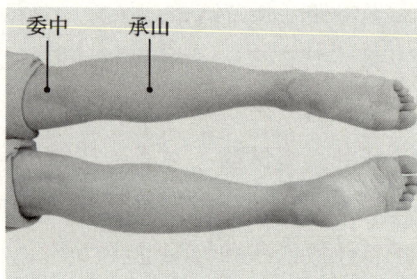

图5-12-5 委中及承山穴

图 5-12-6　抱腿运腰

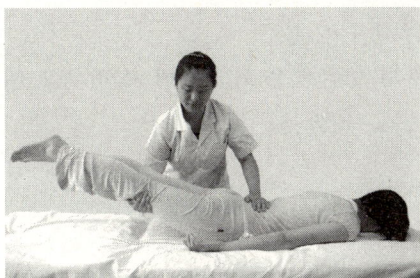

图 5-12-7　按腰托双下肢

（3）取俯卧位，用掌根有节奏的按压腰部，使腰部振动，然后固定腰部，一手托双下肢，使腰部过伸，促使髓核回纳（见图 5-12-7）。

耳穴贴压疗法

取穴：取肾、肾上腺、腰骶椎、神门、皮质下（见图 5-12-8），每次选取 2～3 个穴位。方法：将耳郭局部皮肤用酒精消毒待干，将粘有王不留行籽的胶布，对准耳穴敷好，按压数分钟。患者可每日自行在贴压处按压刺激 3 次，每穴每次 2～3 分钟，每 3～7 天可更换穴位。

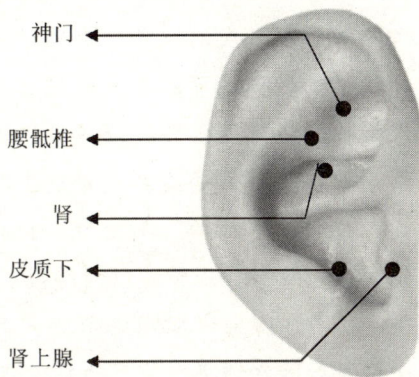

图 5-12-8　耳穴

中药验方

活血舒筋法：①补肾活血汤 (赵竹泉《伤科大成》)。处方：熟地黄，杜仲，枸杞子，补骨脂，菟丝子，当归尾，没药，山茱萸，红花，独活，肉苁蓉。若下肢放射痛明显者，加地龙、威灵仙。疼痛甚者，加乳香、细辛。②中成药小活络丸，中、后期。

补养肝肾, 宣痹活络法: 主方独活寄生汤 (孙思邈《千金方》)。处方: 独活, 桑寄生, 秦艽, 防风, 川芎, 牛膝, 杜仲, 当归, 茯苓, 党参, 熟地黄, 白芍, 细辛, 甘草, 肉桂 (煸冲)。

西药及西医疗法

西药 腰椎间盘突出药物治疗无特效药。口服非甾体类消炎止痛药如扶他林; 如果疼痛较重, 可以输液治疗 3 ~ 5 天: 20% 甘露醇 250 毫升, 每日 1 次; 0.9% 生理盐水 250 毫升加 80 毫克甲强龙, 每日 1 次。

牵引 腰椎间盘突出症的牵引疗法是应用力学中作用力与反作用力之间的关系, 通过特殊的牵引装置来达到治疗目的一种方法。

瑜　伽

在瑜伽的体式练习上, 并没有一劳永逸的方法, 需要根据患者脊柱屈肌和伸肌的强弱情况、腰椎前凸弧度大小及病人表现的症状 (是前弯疼痛还是后弯疼痛), 对偏弱的一方做重点练习。

同时, 要特别重视腰背部肌肉的练习, 这是保持腰椎稳定的重要练习之一, 加强腰背部肌肉的锻炼, 有助于保持及增强腰椎的稳定性, 从而延缓腰椎劳损退变的进程, 可以有效地预防急慢性腰部损伤和腰痛的产生。这对曾有过急慢性腰肌损伤、腰肌筋膜炎、腰肌劳损或腰椎间盘突出症, 而目前处于减缓期的人, 避免病情复发特别重要。由于腰腿痛而卧床休息或佩带腰围治疗的人, 腰部不活动, 不受力, 长此以往可以引起腰肌的失用性萎缩和无力, 因此, 也应当加强腰背肌的练习。

在增加腰背部肌肉练习的同时, 还要特别重视腹肌的练习, 这不但是由于腹肌和腰背部肌肉为互为拮抗肌肉, 双方协同才能加强全部腰椎的稳定性, 同时, 通过强化腹肌来保持稳定的腹压, 也能够保证腰椎的稳定与腰背部肌肉的强健。

在急性期, 应当采取面朝下的体位俯卧在硬板床上, 以鳄鱼式进行延续时期的休息, 减少椎间盘的劳损和神经损伤, 提供疼痛的减缓, 增进愈合复原。俯卧式和鱼戏式可以在急性的状态下为缓减疼痛而采取, 然后尽量地增加完全的、安静的休息。

狮身人面式

这是腰椎间盘突出患者在疼痛减缓后应当作的第一个练习。俯卧，两腿分开的间隔以不挤压后腰部为好。将脚背、小腿前侧、大腿前侧、腹部压在地板上。屈肘，将肘关节放在肩关节下，两前臂压进地板，肩胛骨向后打开胸廓，同时，下压肩胛骨，将颈后侧朝上伸展，下巴

图 5-12-9　狮身人面式

微收，双手掌心相对，五指尽力伸展（见图 5-12-9）。一边吸气，一边将两前臂推动地板，同时朝上伸展脊柱。一边呼气，一边收紧大腿、小腿、臀部、腹部肌肉，将它们再一次压进地板的同时，向前挺出胸部。保持在这个姿势上，进行舒适的呼吸 3～5 次。根据本身的状态，可以多做几次。俯卧放松。

肩式

仰卧，双腿打开与髋同宽，双臂夹紧身体两侧，手掌心朝下，调呼吸，放松身体。吸气时，脚跟朝后蹬，伸展脊柱。呼气时，收紧手臂、腹部、臀部、

图 5-12-10　肩式

大腿及小腿肌肉，将脚跟和手臂压进地板，稍稍屈膝，将身体向上抬起，成弧形，刻意收紧肩胛骨，抬起胸廓，下巴微收，让颈后侧舒适地落在地板上（见图 5-12-10）。保持胸部呼吸 3～5 次。或尝试屏息到自己能承受的时间然后自然呼吸。

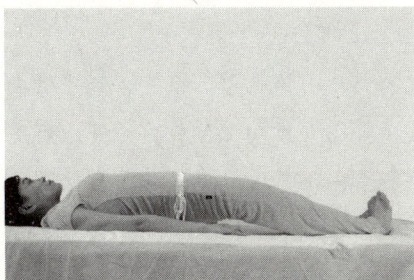

桥式

仰卧，屈膝，双腿分开与肩宽，脚尖向前踩住地面，将气力均匀散布双腿及双脚上，双手放在身体两侧，掌心相对，两手臂尽力压进地板，颈后侧伸展，下巴靠近锁骨。吸气时，朝上延展脊柱，呼气时，收紧腹肌，将腰椎压进地板，收紧臀部、双腿，双腿下压、两手臂下压，

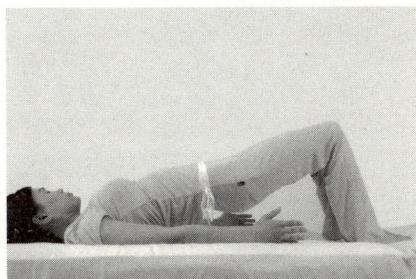

图 5-12-11　桥式

将整条脊柱一节一节抬离地面，使身体与地板成45°（见图5-12-11）。保持肩颈部位不离开地面，双膝应顺着脚趾方向，双肩向后背方向收紧并向脚的方向延伸。保持在这个姿势上，尽量尝试用腹式呼吸，以保证腰背部的放松。

锁腿式

躯干仰卧于地板上，曲折双腿，双手交握抱于小腿前侧，尽量让大腿贴近腹部，肩胛骨与后背平放在地板上，放松身体。吸气时，伸展脊柱，上提胸廓，呼气时，一边收腹，一边将骶椎、尾骨上提，收紧双手臂，将双腿拉向腹部，收起下巴，伸展颈后侧。尽量让身体团

图 5-12-12　锁腿式

在一体，使腰椎及其腰部肌肉得以充分的伸展（见图5-12-12）。保持在这个姿势上，进行舒适的呼吸，3～5次。吸气，让躯干放平到地板上，呼气，将双腿放回地板上，挺卧式放松。留意：颈部尽量放松。背部伸展，靠呼气收紧腹将身体靠向双腿。在保持时尽量用腹式呼吸。

双腿背部伸展式

勾脚坐于地面，脊柱立直，上提髋骨，收紧大、小腿肌肉。吸气，两手臂向上举过头顶带动脊椎向上伸展，呼气以髋关节为轴，躯干向下靠近双腿，两手自然落于脚外侧地面（见图5-12-13）。吸气尾椎向后，胸腔向前，脊椎保持伸展状态，肩膀、颈部自然放松，呼气收腹身体放松向下。进行舒适的腹式呼吸，3～5次。挺卧式放松。

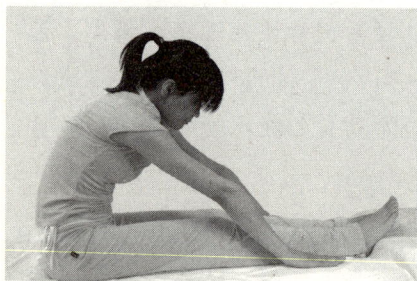

图 5-12-13　双腿背部伸展式

飞燕式

俯卧于床，先后做双下肢交替抬举、双下肢同时抬举、上半身后伸抬起、身体两端同时抬离于床等动作（见图5-12-14），上述动作各十余次，每日

图 5-12-14　飞燕式

坚持 30 分钟锻炼。

改善生活习惯

久坐少动人群应适当参加体育锻炼，增加背伸肌的力量，如游泳、慢跑、打球等。此外，保持良好的坐姿，也可起到预防作用。人若常跷二郎腿，就会给颈、背、腰等部位造成持续性负荷，导致背部肌肉、韧带被长时间过度牵拉而受损，给腰椎间盘突出的入侵埋下隐患。正确的坐姿应是上身挺直、收腹、下颌微收，两下肢并拢。如有可能，应使膝关节略高出髋部。坐在有靠背的椅子上时，还应尽量将腰背紧贴椅背，以减少腰骶部肌肉的疲劳感。电脑操作者，还要确保坐时整个脚掌着地。

腰 肌 劳 损

🌱 什么是腰肌劳损

腰肌劳损是指腰部肌肉、筋膜与韧带等软组织的慢性损伤，又称为功能性腰痛、腰背肌筋膜炎，为最常见的慢性腰痛，多由于长期从事弯腰工作、习惯性姿势不良或长期维持某种不平衡体位等引起。腰部是人体的中点，是身体活动的枢纽，前俯、后仰、左右侧弯、转身都有牵涉，无论运动还是静止，这里的关节都比全身其他关节所承受的重量大。劳动强度大或活动量大，关节活动就多，而关节的活动，都有肌肉的参与，所以这里的肌肉最容易发生疲劳和损伤，腰肌劳损通俗地说就是腰部肌肉积劳成疾的意思。有些人即使体力活动不大，劳动强度也不大，但由于姿势不对，脊柱处于半弯状态，腰背肌肉一直紧绷着，日积月累，也容易发生劳损，进一步发展形成无菌性炎症，刺激神经末梢，引起疼痛。由于工作的特殊性，教师必须长时间坐位或站立，这就导致了腰部负荷过重，从而使腰部软组织长期处于高张力状态久而久之很容易发生腰肌劳损。

自我诊断

腰肌劳损患者多有腰部过劳史。常可见到腰部酸痛，时轻时重，反复发作，劳累时加重，休息后减轻；弯腰工作困难，弯腰稍久则疼痛加重，常喜用双手捶腰，以减轻疼痛；腰部外形多无异常，俯仰活动多无障碍；少数患者腰部活动轻度受限并有压痛，但去医院检查多无异常发现。

常见病因

（1）急性腰扭伤后及长期反复的腰肌劳损。

（2）治疗不及时、处理方法不当。

（3）长期反复的过度腰部运动及过度负荷，如长时间坐位、久站或从弯腰位到直立位手持重物、抬物，均可使腰肌长期处于高张力状态，久而久之可导致慢性腰肌劳损。

（4）慢性腰肌劳损与气候、环境条件也有一定关系，气温过低或湿度太大都可促发或加重腰肌劳损。

知识链接

如何鉴别腰椎间盘突出与腰肌劳损

腰椎间盘存在于腰椎的各个椎体之间，为腰椎关节的组成部分，对腰椎椎体起着支撑、连接和缓冲的作用，它的形状像个压扁的算盘珠，由髓核、软骨板、纤维环三部分组成。腰椎间盘突出症就是由于外伤、退变等原因引起的纤维环后凸或断裂、髓核脱出，进而压迫神经引起一系列症状，主要表现为：①腰腿痛：当压迫或刺激股神经时疼痛可放射至大腿前方、小腿前方至足背内前方，当压迫或刺激坐骨神经时疼痛可沿大腿外方经腘窝到小腿外后方至足背及脚趾。②当压迫或刺激阴部神经时，可出现会阴部麻木、刺痛，大小便功能及性功能障碍，重者可二便失禁。③间歇性跛行、行走时间稍长、患肢疼痛麻木加重，当取蹲位或卧床后症状逐渐消失或缓解。重者可出现肌肉麻痹，肌肉萎缩，肢体麻木发凉等。当您弯腰取物或无明显诱因而出现腰痛牵掣腿痛，抬腿有明显的牵拉样或放射性疼痛时，您就有可能患上了腰椎间盘突出症，应当马上到医院去做 CT 或磁共振检查，以便早期确诊并治疗，防止病情加重。

　　腰肌劳损的症状只局限于腰部，是腰部脊柱周围软组织的损伤，而腰椎间盘突出症是由于椎间盘异常而引起。脊柱周围有肌肉、韧带等软组织，这些组织有固定脊柱、控制脊柱活动和防止椎间盘异常位移的作用。当腰肌劳损时，脊柱周围软组织弹力减弱，不能很好地约束脊椎和椎间盘，所以容易造成椎间盘的突出。因此腰肌劳损是腰椎间盘突出症的主要诱因之一。

检查

　　1. X 线检查　多无异常，少数或可有骨质增生或脊柱畸形。

　　2. 年老或骨质疏松患者检查　可选择 CT 检查、骨密度检查。有观点认为骨质疏松也可致慢性腰痛。

防治

食　疗

　　（1）枸杞羊肾粥：鲜枸杞叶 500 克，洗净，切碎；羊肾 2 只，洗净，去筋膜、臊腺，切碎。二料与大米 250 克，加水适量，用小火煨烂成粥，加调味品食用。每日 1 次，连服 7 ~ 10 天。

　　（2）黄鳝杜仲汤：黄鳝 250 克，猪肾 1 只，杜仲 15 克，共炖熟，食肉喝汤。连服 3 日。

　　（3）猪肾黑豆汤：猪肾 2 只，黑豆 100 克，陈皮 5 克，小茴香 5 克，生姜 2 片，共煮熟，加调味品食用。隔日 1 次，连服 5 ~ 7 次。

　　（4）核桃炒韭菜：核桃仁 30 克，韭菜 120 克。先用芝麻油将核桃炒黄，放入适量细盐，后入韭菜，炒熟后食用。一日 1 次，连服 3 ~ 5 日。

　　（5）甲鱼壳 10 克，砸碎，炒黄，浸白酒 500 毫升，3 日后用酒涂腰部并服用适量，每日 2 次。

　　（6）丝瓜籽 250 克，炒黄研成粉。白酒送服，每次 5 克，每日 2 次，此方还可治妇女产后腰痛。

　　（7）蟹壳 50 克，砸碎，炒黄，艾叶 50 克，浸白酒 500 毫升，3 日后用酒涂腰部，并服用适量，每日 2 次。

腰肌劳损运动疗法

腰部屈伸运动 两足分开与肩同宽站立，两手叉腰，作好预备姿势（见图 5-13-1）。然后做腰部充分前屈（见图 5-13-2）和后伸各 4 次，运动时要尽量使腰部肌肉放松。

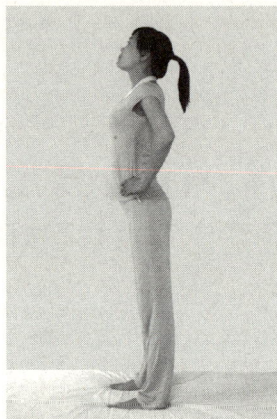

图 5-13-1 预备姿势　　图 5-13-2 腰部前屈

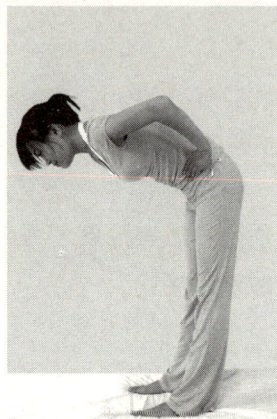

腰部旋转运动 预备姿势同前。腰部作顺时针及逆时针方向旋转各 1 次，然后由慢到快，由大到小，顺、逆交替回旋各 8 次（见图 5-13-3）。

拱桥式 仰卧床上，双腿屈曲，以双足、双肘和后头部为支点（五点支撑）用力将臀部抬高，如拱桥状，随着锻炼的进展，可将双臂放于胸前，仅以双足和头后部为支点进行练习。反复锻炼20 ～ 40 次。

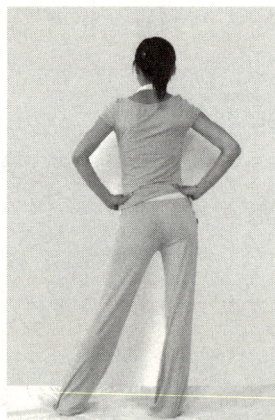

图 5-13-3 腰部旋转运动

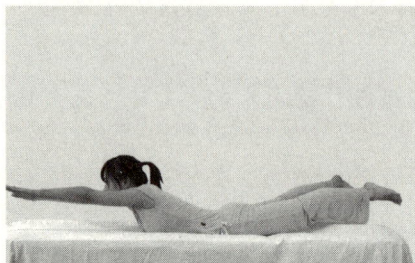

图 5-13-4 飞燕式

飞燕式 俯卧床上，双臂放于身体两侧，双腿伸直，然后将头、上肢和下肢用力向上抬起，不要使肘和膝关节屈曲，要始终保持伸直，如飞燕状（见图 5-13-4）。反复锻炼20 ～ 40 次。

耳穴贴压疗法

取穴：腰骶椎、肾、神门（见图5-13-5）。

操作方法：将王不留行籽贴附在0.5厘米×0.5厘米大小胶布中央，用镊子夹住贴敷在选用的耳穴表面。患者每日每穴自行按压3～4次，每次每穴按压0.5～1分钟。3～5日更换1次，5～10次为1疗程。双耳交替。

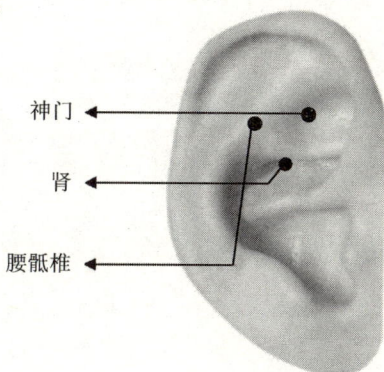

图5-13-5 耳穴

西 药

封闭疗法，除注射普鲁卡因外，每次可加入氢化可的松0.5毫升；4次为一疗程，每次间隔5～7天为宜。大多有效，约50%～70%的患者为显效，甚至痊愈。

牵 引

令患者侧卧，患侧在上，术者立于患者背后，一手按其腰部痛处，一手握持患侧踝部并向后牵拉，使髋关节后伸，继而屈髋屈膝，使大腿触及腹部，然后将下肢牵拉伸直，反复3次。

推拿疗法

（1）循经按揉法：患者俯卧位，先反复按揉脊柱两侧肌肉3～5遍，用力由轻到重。然后用双手拇指按揉阿是穴、肾俞、腰阳关、大肠俞、八髎等穴，以酸胀为度。此法可缓解腰肌痉挛、促进局部血液循环、加快代谢产物排泄，以缓解腰肌劳损。

（2）解痉止痛法：医者用点压、弹拨手法施术于痛点及肌痉挛处，反复3～5遍，以达到提高痛阈，松解粘连，解痉止痛的目的。

（3）调整关节紊乱：①患者侧卧位，医者面向患者站立，施腰部斜扳法，（见图5-13-6）左右各1次。②再取仰卧位，双下肢屈膝屈髋，医者抱住患者双膝作腰骶旋转，顺、逆时针各8～10次，然后作抱膝滚腰16～20次（见图

5-13-7），以调整腰骶关节。

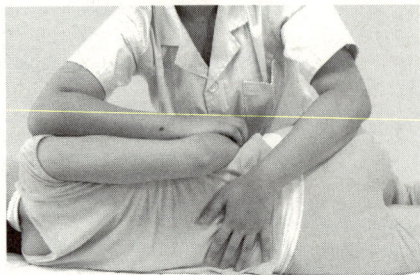

图 5-13-6　腰部斜扳

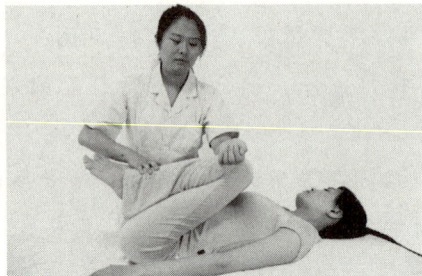

图 5-13-7　抱膝滚腰

（4）整理手法：患者俯卧位，先按揉腰臀及大腿后外侧 3～5 遍，然后点按秩边、委中、承山等穴，再次用小鱼际直擦脊柱两侧肌肉、横擦腰骶部，以透热为度，最后用五指并拢，腕部放松，有节律地叩打腰背部（见图 5-13-8），用力由轻到重，以患者能忍受为度。

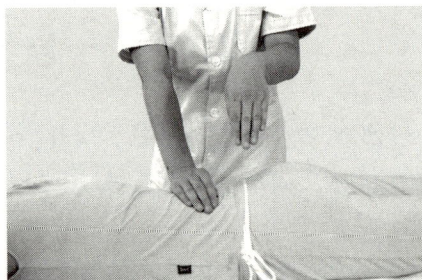

图 5-13-8　叩打腰背

灸　　法

肾俞、腰阳关、腰眼、大肠俞、阿是穴，任选一穴，用温和灸法，每次 30～60 分钟，每日 1 次，10 次为一疗程。此法可温通经络、补肾壮阳，适用于虚寒型腰肌劳损。

刺络拔罐法

选择阿是穴和委中穴，用皮肤针重叩出血，加拔火罐，本法适用于腰肌劳损日久不愈者。

中医辨证治疗

症见腰部酸软而痛，绵绵不绝，腿膝无力，手足不温，过劳加重，可兼见头晕耳鸣，舌质淡，面色少华，脉沉细无力。治宜补肾温阳、壮肾益精。方用右归丸合青娥丸加减。

药用：熟地黄，山药，杜仲，菟丝子，山萸肉，当归，枸杞子，补骨脂，胡桃仁，肉桂，附子。

肾阴虚

症见咽干口燥，心烦失眠，手足心热，舌红少苔，脉沉细数。治宜滋补肾阴，强壮腰膝。方用六味地黄丸加味。

药用：山药，泽泻，山萸肉，熟地，牡丹皮，白茯苓，桑寄生，杜仲，怀牛膝，狗脊。

瘀血腰痛

症见慢性腰痛日久，痛有定处而拒按，俯仰转侧不利，舌质多紫或有瘀斑，脉沉涩。治宜活血通络，调补肝肾。方用地龙散加减。

药用：地龙，苏木，桃仁，土鳖，麻黄，黄柏，延胡索，制乳没各，当归，川断，乌药，甘草。

中医外用方

狗皮膏、麝香风湿膏，外贴患处；坎离砂，使用时加醋约15克，装入布袋内，自然发热，敷在患处，亦可来回移动。

知识链接

小偏方治腰痛

（1）腰痛验方（鲍相璈《验方新编》）：盐水炒杜仲9克，木瓜2.5克，补骨脂9克，萆薢3克，续断4.5克，当归3克，金毛狗脊4.5克，炙甘草3克，核桃肉30克，食盐1匙，甜酒1杯。将核桃肉、盐、酒以一半同药入罐煎，另一半于服药时同药咽下。

（2）壮本丹（鲍相墩《验方新编》）：肉苁蓉（酒洗、焙干）15克，杜仲（酒洗）15克，巴戟天（酒浸、去皮）15克，青盐15克，核桃3克，补骨脂（盐炒）3克，小茴香3克。共为末，用猪腰子1对，剖开去白膜，入药在内，扎住，再用面包紧，入火内烧熟，去药与面。每服1个，酒送下。

日常生活中预防腰肌劳损

纠正不良体位　教师在日常的生活和工作中，一定要纠正不良姿势，正确的姿势应是维持脊柱正常的生理弧度，避免腰椎过分前后凸。

注意劳逸结合　不要固定姿势维持太长时间，而要在工作 1 ~ 2 小时后适当休息几分钟，这样既可以休息紧张的大脑，同时可以放松紧张的肌肉，以防止肌肉等软组织过劳而损伤。

养成体育锻炼的习惯　适当参加户外活动或体育锻炼，有目的的锻炼腰背部的肌肉，渐渐的腰背部的肌肉力量会增强，韧带弹性会增大，可以很好地避免劳损的发生。

注意生活中的各种姿势　如从地上提取重物时，应屈膝下蹲，避免弯腰加重负担；拿重物时，身体尽可能靠近物体，并使其贴近腹部，两腿微微下蹲；向高处取放东西时，够不着不宜勉强；睡眠时应保持脊柱的弯曲等。

对于可能并发腰肌劳损的疾病要重视　如各种慢性病、营养不良、肥胖者，要注意休息；病后初愈、妊娠期、分娩后、月经期应注意休息，避免过劳；急性腰扭伤患者应彻底治疗。避免潮湿和受寒。

下肢静脉曲张

什么是下肢静脉曲张

下肢静脉曲张，俗称"浮脚筋"，是静脉系统最常见的疾病之一，主要原因是因长时间维持相同姿势，很少改变，血液蓄积下肢，日积月累破坏静脉瓣膜而产生静脉压过高，造成静脉曲张。表现为腿部皮肤冒出红色或青色，像是蜘蛛网、蚯蚓的扭曲血管，或者像树瘤般的硬块结节，静脉发生异常的扩大肿胀和曲张。

长时间站立的人如老师、售货员、理发师、工人、农民及中老年人都容易得这种病。患了这种病，患者自觉下肢沉重、发胀、麻木、隐痛、容易疲劳，脚背和内外踝部常有肿胀，下肢静脉显得很粗而突出。流行病学调查显示，

40％的女性、25％的男性患有下肢静脉曲张，多在 25 ～ 36 岁首次出现症状，而到了 40 岁以后就进入了高发阶段。

自我诊断

单纯性下肢静脉曲张诊断并不难，根据临床实践总结诊断标准如下。

（1）患者下肢静脉明显迂曲扩张，站立时更为明显。

（2）有长期站立和使腹压升高病史，或下肢静脉曲张的家族史。

（3）深静脉通畅，大隐静脉瓣膜功能不全，可能有交通支静脉瓣膜功能不全。

（4）可伴有色素沉着，溃疡，血栓性浅静脉炎，出血，溃疡等并发症。

常见病因

（1）先天原因：患者的瓣膜可能天生有一些小问题，加上后天压力，便形成了静脉曲张。

（2）血管毛病：曾经患有静脉血管栓塞的人，瓣膜功能可能因而受损。

（3）穿孔失效：连系表层静脉与深层静脉的穿孔静脉，也有瓣膜，防止血液由深层静脉流向浅层静脉，然而，当穿孔静脉瓣膜功能出现问题，血液任意流动，便会对浅层静脉构成压力，静脉扩张。

（4）吸毒人士：利用针筒吸毒的人士，深层静脉的瓣膜容易受损。

（5）怀孕妇女：女性荷尔蒙会使静脉扩张，瓣膜不能覆盖静脉，不能阻止血液倒流。

（6）肥胖人士：因为下肢需要支撑庞大的身躯，静脉压力增加。

检查

深静脉通畅试验　深静脉通畅试验也称踢腿试验。是识别下肢深静脉是否通畅的体征识别方法。尤其是下肢静脉曲张是否可以手术的重要体征。先让病人站立，在患者的大腿上 1/3 处扎止血带，此时下肢静脉曲张可能会比以前更明显。再让病人用力伸屈患侧下肢的膝关节 10 ～ 20 次（也可用力下蹲 10 ～ 20 次）。

静脉瓣膜功能试验　患者仰卧，患肢抬高，使曲张静脉空虚，在大腿上 1/3 处扎一根橡皮止血带，阻止大隐静脉血液倒流。然后让患者站立，30 秒钟，松解止血带，密切观察大隐静脉曲张的充盈情况：①松解止血带前，大隐静脉萎隐空虚；当松解止血带时，大隐静脉立即自上而下充盈，提示大隐静脉瓣膜功能不全，而大隐静脉与深静脉之间的交通支瓣膜功能正常。②在松解止血带前，大隐静脉已部分充盈曲张，松解止血带后，充盈曲张更为明显，说明大隐静脉瓣膜及其与深静脉间交通支瓣膜均功能不全。③未松解止血带前，大隐静脉即有充盈曲张，而松解止血带后，曲张静脉充盈并未加重，说明大隐静脉与深静脉间交通支瓣膜功能不全，而大隐静脉瓣膜功能正常。

知识链接

桃仁酒治静脉曲张

　　桃仁 500 克（热水浸去皮尖、取仁），清酒 1800 毫升。先将桃仁打碎研细，以酒绞取汁，再研再绞，使桃仁用尽即止。将汁都纳入小瓷瓮中，置于火上煎煮，至色黄如稀饭即可。每次服 1 酒盅，每日 2 次。

防治

食　疗

玫瑰红花酒　玫瑰花 9 克，全当归 3 克，红花 3 克。加水煎汤取汁。用白酒少量兑服，每日 1 剂。

络石藤酒　络石藤 12 克，当归 20 克，枸杞子 25 克，白酒 1000 毫升。三药浸酒中，1 周后即成。每次 1 小盅，每日 2 次。

【寒湿凝滞】

患肢青筋迂曲，下肢微肿，按之凹陷；畏寒怕冷，肢体酸胀，沉重乏力。舌质淡，苔白滑，脉弦或沉涩。治宜温阳利湿，活血通络。选方如下：

千年健酒　千年健 10 克，白酒 500 毫升。千年健浸入白酒中，1 周后即成。

每次饮1小盅，每日2次。

五加皮酒 五加皮、当归、牛膝各等份，红曲、高粱米各适量。先将五加皮洗净刮去皮，和当归、牛膝加水煎汁，再加曲、米酿酒。每次饮1小盅，早晚各1次。

【湿热蕴结】

患肢青筋迂曲，局部红肿硬结，有压痛，可伴有发热等全身症状。舌红，苔黄腻，脉弦数或滑数。治宜清热利湿，活血化瘀。选方如下：

黄豆疗痹汤 黄豆30～60克，加水煎汤。食豆饮汤，每日1次。

麻仁酒 大麻仁，酒适量。大麻仁炒香，盛袋入酒中浸1周即可。每次饮1小盅，每日2次。

寻骨风酒 寻骨风15克，白酒500毫升。寻骨风浸入白酒中，1周后即可。每次1小盅，每日2次。

穴位按压疗法

1. 承山 "承"有承受的意思，该穴位于下腿后肌肉最隆起的地方好像小山，对人体起支持的作用，故名承山。位置：小腿后区，腓肠肌两肌与肌腱交角处（见图5-14-1）。

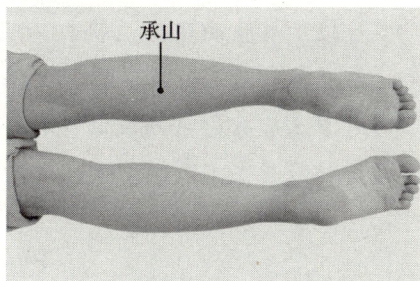

图 5-14-1 承山穴

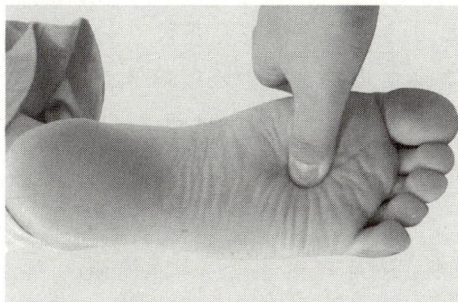

图 5-14-2 涌泉穴

2. 涌泉 "泉"原指地下出水，这里指足底；"涌"形容水从下而上喷出。穴为肾经"井"穴，是脉气涌出之处，故名涌泉。位置：在足底，屈足卷趾时足心最凹陷中（见图5-14-2）。

耳穴贴压疗法

选取脾、肾、跟、踝、膝等穴（见图 5-14-3），每次 3～5 穴。取王不留行籽贴在以上穴位,按压穴位30秒,每日按3次,每次 10 下。

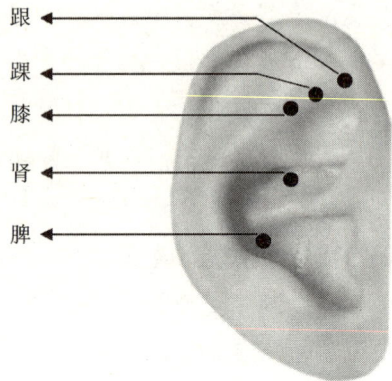

图 5-14-3　耳穴

中药验方

白鲜皮,马齿苋,苦参,苍术,黄柏。将上药用纱布包扎好,加水煎煮后,过滤去渣,趁热熏洗患处,每日 1～2 次,每次 1 小时。如有创口,熏洗后再常规换药。

西医治疗

对轻度静脉曲张、症状又不明显病例,可以长期应用弹性绷带或绑腿裹缠小腿,以预防其继续发展。

对重度静脉曲张而症状又较明显病例,应采用手术治疗。但在术前一定要确定静脉曲张不是继发性的,而且深静脉通畅。

改善生活习惯

如果已有静脉曲张迹象,要坚持穿医用的高弹力袜,利用外在的压力来减少运动时产生的水肿。可以此减轻和缓解症状,有助于延缓静脉曲张的发展进程。理论上说,弹性袜的压力,在足踝部最大,往上逐渐减少其压力最好。通常最好是能穿高至大腿的弹性袜。弹性袜最好是在清晨尚未起床时穿着,一直到夜间上床后再脱掉。

中午晚上休息时将腿垫高 15～20 厘米,如此可促进腿部血液循环。

每晚睡觉前,要养成用热水洗脚的习惯,忌用冷水洗脚。用热水洗脚,能消除疲劳,有利睡眠,更能活血化瘀。

长时间站立工作的人,不能洗桑拿,不能长时间晒日光浴,洗澡水的温度也不宜超过 40℃,温热即可。

注意您的穿着。不要穿高跟鞋，低跟鞋会使腓肠肌更好的工作，这对于静脉来说更有益处。不要穿压迫腰部、腹股沟、腿部的紧身衣。束身衣会限制血液循环。

需要戒烟。防止慢性咳嗽。

痔　疮

什么是痔疮

人体直肠末端黏膜下和肛管皮肤下静脉丛发生扩张和屈曲所形成的柔软静脉团，称为痔。痔疮是人类特有的常见病、多发病，有关普查资料表明，肛门直肠疾病的发病率为 59.1%，痔占所有肛肠疾病中的 87.25%，而其中又以内痔最为常见，占所有肛肠疾病的 52.19%。男女均可得病，女性的发病率为 67%，男性的发病率为 53.9%，任何年龄都可发病，其中 20～40 岁的人较为多见，并随着年龄的增长而逐渐加重，故有"十人九痔"之说。

医学所指痔疮包括内痔、外痔、混合痔，无论内痔还是外痔，都可能发生血栓。在发生血栓时，痔中的血液凝结成块，从而引起疼痛。

自我诊断

大便时看到流血、滴血或者粪便中带有血液或脓血，多数是由痔疮引起的；肛裂的出血呈鲜红色，伴有肛门剧痛；大便带血，血色暗红或大便色黑暗，那是消化道出血所致。排便时有肿物脱出肛门，伴有肛门潮湿或有黏液，多数是由内痔脱出或直肠黏膜脱出；如果肛门有肿块，疼痛激烈，肿块标面色暗，呈圆形，可能是患了血栓性外痔；肛门肿块伴局部发热疼痛，是肛周脓肿的症状；触诊肛门有条索装物，并有少量脓液自溃口出，是肛瘘的表现。

常见病因及分类

痔疮发病原因颇多，久坐、久站、劳累等使人体长时间处于一种固定体位，影响血液循环，使盆腔内血流缓慢和腹内脏器充血，引起痔静脉过度充盈、曲张、隆起、静脉壁张力下降而引起痔疮是发病的重要原因之一。若运动不足，肠蠕动减慢，粪便下行迟缓或因习惯性便秘，从而压迫静脉，使局部充血和血液回流障碍，引起痔静脉内压升高，静脉壁抵抗力降低，也可导致痔疮。据临床观察及统计普查结果分析，不同职业患者中的患病率有显著差异，临床上机关干部、汽车司机、售货员、教师的患病率明显较高。

痔核位于肛门里面黏膜的称为内痔，位于肛门口内侧附近称为外痔，二者都有的称为混合痔。痔疮的症状是患处作痛、便血、严重时痔块会凸出肛门外（脱垂），排便后才缩回。

根据痔疮的症状以及对人体健康的危害程度不同，可分为三期：

Ⅰ期，无痛苦，主要以便血、分泌物多、痒为主。

Ⅱ期，有便血，痔随排便脱垂，但能自行还纳。

Ⅲ期（又称为晚期），内痔脱垂于肛门口外，或每次排便脱出肛门口外，不能自行还纳，必须用手托回。

检查

指诊肛门：指诊可触及痔结节。

肛门镜检查：可看清痔的部位，大小，形态等，是诊断的基本方法。

知识链接

痔疮治疗的常见误区

痔疮发病率达70%～80%。民间有"十人九痔"之说。然而，对此常见症，人们往往还有许多理解上的误区。

【一次注射，永不复发】 这是一些不负责的广告词中经常出现的，说的是采用内痔硬化剂注射治疗，不会再复发。事实并非如此，内痔硬化注射疗法，有时可止血半年，但永不复发却是骗人之说。

【十人九痔，无需去治】 这种观点是错误的。无需治疗是指没有表现出症状的痔疮，而一量有了出血、脱出、疼痛等症状，却拖延不治，只能加重自身痛苦，也给健康造成危害。

【痔疮手术可致大便失禁】 这是没有根据的传言。手术治疗痔疮，只要方法正确，不会导致大便失禁。

【痔疮好复发，手术也没用】 痔疮虽然是一种复发率较高的疾病，但绝不是不需要手术。有些痔疮症状严重，治疗困难，只有通过手术才能达到临床治愈，而且只要注意术后保健，便可防止复发。

【冷冻治疗好，应首选】 现代冷冻技术治疗痔疮确实为痔疮开辟了一条新的途径，而且疗效较好。但冷冻治疗只适于内痔，而且术后因组织坏死，有时导致大出血。因此，是否选择冷冻治疗应根据病情而定。

防治

食　疗

（1）黑木耳5克，柿饼30克，将黑木耳泡发，柿饼切块，同加水煮烂，每日1～2次，有益气滋阴、祛瘀止血功效，适用于痔疮出血。

（2）黄鳝100克，去内脏切段，加调料水煮，食肉饮汤，有补中益气、清热解毒、祛风除湿之功效，适用于肠风下血。

（3）鲜荸荠500克，红糖90克，加水适量，煮沸1小时，饮汤，吃荸荠，每日1次，有清热养阴的功效，适用于内痔。

（4）薤菜2000克，蜂蜜250克，将薤菜洗净，切碎，捣汁，放锅内，先以武火，后以文火加热煎煮浓缩，至较稠时加入蜂蜜，再煎至稠黏时停火，待冷装瓶备用，每次以沸水冲化饮用1汤匙，每日2次，有清热解毒、利尿、止血功效，适用于外痔。

（5）牛脾1具，粳米100克，每次用牛脾150克，细切，和米煮粥，空腹食之，能健脾消积，适用于脾虚食滞，兼治痔疮下血。

（6）金针菜100克，红糖适量，同加水煮熟，去渣，每日早晚空腹服，连服数天，适用于痔疮疼痛出血。

（7）香蕉蔬菜粥：香蕉、绿色蔬菜各100克，粳米70克，食盐适量。香蕉去皮捣为泥，蔬菜切成丝。粳米煮粥至熟时，加入香蕉泥和蔬菜。煮沸后，加入食盐，每天早餐服食，可缓解胃肠便秘造成的痔疮出血等症状。

提示：痔疮患者饮食宜清淡，可常食用有清热解毒作用的食物；多吃蔬菜、水果，保持大便通畅。

穴位按压疗法

孔最穴是历代医家治疗痔疮的要穴。孔最穴在肘横纹的尺泽穴下5寸处（见图5-15-1）。"孔"是毛孔，"最"是最大。孔最穴的意思就是身体里所有跟孔有关的问题都归它来管理。上至鼻窍，下至肛门，都跟孔有关。

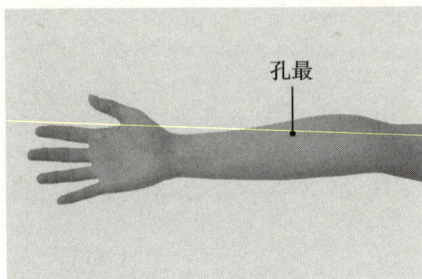

痔疮穴是以功能主治定名的特定穴位之一，具有清热解毒，泻火通便，消

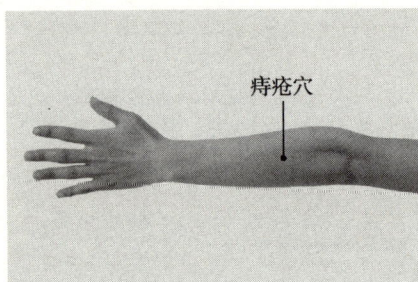

图5-15-1 孔最穴

炎止痛等功能，对于病情严重，时间较长的病人亦可左右交替取穴。对老年人的习惯性便秘，有良好的治疗作用。痔疮穴定位：此穴位于前臂伸侧面，尺桡骨之间，前臂背侧腕关节至肘关节连线的上1/3处（见图5-15-2）。

图5-15-2 痔疮穴

耳穴贴压疗法

取穴：交感、神门、大肠、肺、直肠下段、肛门、敏感点（见图5-15-3）。操作步骤：每次选穴4～5个，用王不留行籽贴压穴处，反复捏压至有酸沉麻木，或疼痛烧灼感。

中医辨证治疗

风伤肠络

治法：清热凉血祛风。方药：凉血地黄汤加减。细生地，当归尾，地榆，槐角，黄连，天花粉，升麻，枳壳，黄芩，荆芥，侧柏炭，生甘草，每日1剂，水煎服。

图5-15-3 耳穴

湿热下注

治法：清热除湿，活血化瘀。方药：五神汤加减。茯苓，金银花，牛膝，车前子，地丁，黄芩，归尾，赤芍，甘草。每日 1 剂，水煎服。

气滞血瘀

治法：活血化瘀。方药：活血散瘀汤加减。归尾，赤芍，桃仁，大黄，川芎，丹皮，枳壳，瓜蒌仁，槟榔。每日 1 剂，水煎服，药渣加水熏洗患部。

肛门内置消炎止疼栓、马应龙麝香痔疮膏。

西医疗法

枯痔硬化疗法：将消痔灵注射液或复方诃子注射液注入痔黏膜下层之内、曲张静脉之外，使痔核硬化萎缩。

结（缠）扎疗法：用丝线或药线结扎痔核根部，阻断痔核的血流，造成缺血性坏死脱落。

套扎疗法：利用特制的套扎器，或止血钳，将具有较强弹性的胶圈或胶环套于内痔的基底部，从而阻断痔的血运，使之产生缺血坏死脱落。

改善生活习惯

加强锻炼　经常参加多种体育活动如广播体操、太极拳、气功、踢毽子等。这是因为体育锻炼有益于血液循环，可以调和人体气血，促进胃肠蠕动，改善盆腔充血，防止大便秘结，预防痔疮。另一方面可以用自我按摩的方法改善肛门局部血液循环。方法有两种：一种是临睡前用手自我按摩尾骨尖的长强穴，每次约 5 分钟，可以疏通经络，改善肛门血液循环；另一种方法是用意念，有意识地向上收缩肛门，早晚各 1 次，每次做 30 次，这是一种内按摩的方法，有运化瘀血、锻炼肛门括约肌、升提中气的作用。经常运用，可以改善痔静脉回流，对于痔疮的预防和自我治疗均有一定的作用。

预防便秘　正常人每日大便 1 次，大便时间有早、中、晚饭后的不同习惯。正常排出的大便是成形软便，不干不稀，排便时不感到排便困难，便后有轻松舒适的感觉，这表明胃肠功能良好。如果大便秘结坚硬，不仅排便困难，而且由于粪便堆积肠腔，肛门直肠血管内压力增高，血液回流障碍而使痔静脉丛曲张形成痔疮。为防止大便秘结，应注意以下几点：

（1）合理调配饮食：既可以增加食欲，纠正便秘改善胃肠功能，也可以养成定时排便的习惯。日常饮食中可多选用蔬菜、水果、豆类等含维生素和纤维素较多的饮食，少食含辛辣刺激性的食物，如辣椒、芥末、姜等。

（2）养成定时排便的习惯：最好能养成每天早晨定时排便的习惯，这对于预防痔疮的发生，有着极重要的作用。当有便意时不要忍着不去大便，因为久忍大便可以引起习惯性便秘。排便时蹲厕时间过长、看报纸或过分用力，这些都是不良的排便习惯，应予纠正。

注意孕期保健　妇女妊娠后可致腹压增高，特别是妊娠后期，下腔静脉受日益膨大的子宫压迫，直接影响痔静脉的回流，容易诱发痔疮，此种情况在胎位不正时尤为明显。因此怀孕期间应定时去医院复查，遇到胎位不正时，应及时纠正，不仅有益于孕期保健，对于预防痔疮及其他肛门疾病，也有一定的益处。另外，怀孕妇女一般活动量相对减少，引起胃肠功能减弱，粪便停留于肠腔，粪便中的水分被重吸收，引起大便干燥，诱发痔疮。因此怀孕期间应适当增加活动。避免久站、久坐，并注意保持大便的通畅，每次大便后用温水熏洗肛门局部，改善肛门局部血液循环，对于预防痔疮是十分有益的。

保持肛门周围清洁　肛门、直肠、乙状结肠是贮存和排泄粪便的地方，粪便中含有许多细菌，肛门周围很容易受到这些细菌的污染，诱发肛门周围汗腺、皮脂腺感染，而生疮疖、脓肿。女性阴道与肛门相邻，阴道分泌物较多，可刺激肛门皮肤，诱发痔疮。因此，应经常保持肛门周围的清洁，每日温水熏洗，勤换内裤，可起到预防痔疮的作用。

预防痔疮的方法很多，只要注意在日常生活中认真去做，不仅可以预防和减少痔疮的发生，对于已经患有痔疮的病人，也可以使其症状减轻，减少和防止痔疮的发作。

便　　秘

什么是便秘

便秘是指排便频率减少，一周内大便次数少于 2～3 次，或者 2～3 天才大便 1 次，粪便量少且干结时称为便秘。但有少数人平素一贯是 2～3 天才大便 1 次，且大便性状正常，此种情况不应认为是便秘；对同一人而言，如大便由每天 1 次或每 2 天 1 次变为 2 天以上或更长时间才大便 1 次时，应视为便秘。对便秘患者必须给予足够的重视，以寻找发生便秘的原因。

自我诊断

1. 结肠梗阻性便秘

（1）除便秘外，患者常有腹胀、腹痛、恶心与呕吐等症状。

（2）结肠肿瘤、肠粘连等慢性肠梗阻者，起病较缓慢，便秘呈逐渐加重，少数左半结肠癌患者大便还可变细；如系急性肠梗阻者，则起病多较急骤，病情较重，腹痛、恶心、呕吐等症状较便秘更为严重；急性肠系膜血管梗死或血栓形成等缺血性肠病患者，也以剧烈腹痛为首发症状，可伴有恶心与呕吐及便秘等症状，但患者常有血便。

（3）腹部平片如发现阶梯状液平，则对肠梗阻的诊断有重要帮助。

（4）X 线钡剂灌肠或结肠镜检查可发现息肉、癌肿等病变。

2. 肠易激综合征（便秘型）

（1）便秘常受到情绪紧张或忧虑等因素的影响。患者常有阶段性的腹泻史，仅少数患者只以便秘为主要表现。

（2）钡剂灌肠检查有时可发现部分肠段呈痉挛性改变，但肠壁光滑。

（3）结肠镜检查有时发现肠镜通过痉挛肠管时较困难，且患者有疼痛等不适感，但无明显器质性病变。

3. 张力减退性便秘

（1）多见于老年人，有内脏下垂，或长期营养不良者。便秘系因肠蠕动功能减弱所致，其中不少患者有长期使用泻剂史。

（2）口服钡剂检查时，见钡剂通过小肠、结肠的时间明显延长。

（3）结肠转运时间测定。通常采用 Bouchoucha 方法，测定不透 X 线的标记物在结肠的通过时间 (DTT)，当标记物在 72 小时后仍未排出体外时，可考虑为慢传输型便秘。

（4）结肠镜检查常无器质性病变。

4. 直肠性便秘

（1）多因有肛裂、瘘管、痔核等肛周病变，患者大便时有疼痛感，故而惧怕大便，久而久之缺乏便意，排便反射迟钝而发生便秘，使大便积聚在直肠内，每次大便较粗大且坚便，有时大便外面带有鲜血。

（2）少数患者大便干结如栗子状，同时有左下腹隐痛，多系乙状结肠痉挛所致。

（3）肛诊时可发现肛周痔核、肛裂及肛瘘等病变。

（4）钡剂灌肠时可见到痉挛的结肠呈狭窄状，但肠壁光滑无缺损。

（5）直肠、肛门内压力测定及直肠内肌电图测定。当压力或肌电图出现异常，则有利于出口梗阻型便秘的诊断。

（6）结肠镜检查除见到肛周病变外，直肠及上端结肠均无器质性病变。

常见病因

【急性便秘】

（1）肛门、直肠附近疼痛性病变：可引起肛门括约肌痉挛或者患者惧怕排便，使排便反射消失而导致便秘。

（2）结肠梗阻性病变：使梗阻上端的粪便不能通过梗阻部，故可导致便秘。

（3）肠道运动反射性抑制：即肠道的正常蠕动功能显著减弱，可见于内脏炎症性疾病，多系同时发生肠麻痹所致。

（4）服用某些药物：服用氢氧化铝、阿托品、土霉素及碱式碳酸铋（次碳酸铋）、硫糖铝等药物后，部分患者可发生便秘。

【慢性便秘】

1. 器质性疾病

（1）慢性结肠梗阻：如结肠狭窄，良性或恶性大肠肿瘤、大网膜粘连综合征及其他慢性结肠梗阻性疾病。

（2）先天性巨结肠：便秘系因肠腔高度扩张、肠麻痹、肠肌肉收缩、蠕动功能消失所致。

（3）肠道外病变压迫：尤其是直肠、乙状结肠外病变压迫，例如盆腔肿瘤、卵巢囊肿、前列腺肿瘤、腹腔内巨大肿瘤或肿块、腹水等均可压迫肠道。

（4）脑与脊髓病变：如脊髓炎、各型脑炎、脑肿瘤等，可使排便的正常反射弧发生障碍，而致便秘。

（5）慢性铅、砷、汞与磷等中毒：中毒后可使排便反射消失而致便秘。

（6）慢性全身性疾病：如黏液性水肿、甲状腺功能减退症等，可因排便感觉消失、排便反射迟钝而致便秘。

2.功能性便秘与便秘型肠易激综合征

（1）腹肌、肛门部肌肉或结肠平滑肌及肌间神经丛功能障碍，常可引起排便的动力减弱而发生便秘，多见于多次妊娠妇女、慢性肺气肿、营养不良、衰弱、老年及腹腔内脏下垂者。

（2）直肠扩张、收缩的排便反射迟钝或消失，多见于未能养成每天定时大便习惯者，此时因无粪便刺激的感觉，故正常的排便反射明显减弱，患者久而久之可导致顽固性便秘。

（3）如摄入饮食过少，或饮食习惯、饮食种类的改变，环境变化等因素均可造成肠蠕动功能减弱而引起便秘。

（4）情绪的改变、紧张、忧虑等因素可导致肠蠕动功能的减弱，而发生便秘，但多与腹泻交替发生者多见，亦称为肠易激综合征（便秘型）。患者常伴有腹痛或腹部不适。

（5）滥用强泻剂后易导致正常的排便反射减弱或消失，故也可发生便秘。反复使用强泻剂后必然会使便秘更趋严重，甚至造成恶性循环，即便秘－强泻剂－便秘。

目前一般认为，功能性便秘有2种类型：①慢传输型便秘。即肠粪便潴留于结肠内，不能按正常节律、时间排出体外。②功能性出口梗阻型。即由于肛管括约肌功能障碍或盆底肌功能障碍等导致粪便从直肠、肛门排出障碍。

检查

【实验室检查】

粪便检查，应观察便秘者排出粪便的形态及有无黏液或血液黏附。直肠性便秘为大块质硬的粪便，由于常伴直肠炎症及肛门损伤，粪便常有黏液及少量血液黏附。中老年患者经常出现少量血液时，应特别注意大肠癌。结肠痉挛性便秘者，粪便坚硬呈块粒状如羊粪。肠易激综合征者常排出多量的黏液，但黏液中极少有红细胞、白细胞。

【其他辅助检查】

1. 直肠指检 应仔细观察有无外痔、肛裂及肛瘘等病变，触诊时需注意有无内痔，肛门括约肌有无痉挛，直肠壁是否光滑、有无溃疡或新生物等。

2. X线钡剂灌肠检查及腹部平片 X线钡剂灌肠检查对结肠、直肠肿瘤，结肠狭窄或痉挛，巨结肠等病变的诊断有较大帮助，对结肠的运动功能（蠕动）也可有较全面的了解。X线腹部平片如发现多个阶梯状液平，则对肠梗阻的诊断有重要帮助。

3. 结肠镜检查 结肠镜检查对引起便秘的各种结肠病变，如结肠、直肠癌，以及肠腔内息肉等器质性肠腔狭窄等病变的诊断有极大的帮助，结合活组织病理检查，可获得确诊。

知识链接

偏方治疗便秘

西梅汁

研究表明，由于西梅中含有的丰富纤维素、果胶以及自身独有一些微量元素，使得饮用天然的西梅汁，可以有效促进肠道蠕动，增加排便次数，缓解或预防便秘。很多科学家对西梅的缓解便秘的功能做了大量的研究和实验，虽然对原因的解释都不尽相同，但结果都证明了西梅汁对缓解便秘有着独特的功效，是任何其他食物所无法比拟的。长久以来，西梅汁在欧美国家享有"人体清道夫"的美誉。同时，由于西梅汁能够促进排便排毒，港台地区的很多女性称它为"苗条汁"。

魔芋 + 蜂蜜

把魔芋用轧汁机轧出来汁，放到锅里用小火烹制糊状，装到容器里，用凉性的蜂蜜（蜂蜜分凉性和热性）调制，每天早晨空腹两勺。一定要坚持，可治疗久治不好的便秘。

早起一杯冷开水

早上起床后就喝冷开水。早上起床后喝2～3杯冷开水，即能消除便秘。这是因为冷水进入胃部之后引起胃－大肠反射，开始了大肠的蠕动。便秘时水分会被体内吸收，致使大便变得又干又硬，喝冷开水可以补充大便所不足的水分。

饭后吃梨

梨鲜甜可口、香脆多汁，是一种许多人喜爱的水果。梨富含维生素A、B、C、D和E。一只梨的维生素C含量是"建议每日摄取量"的10%，钾的含量也不少。同苹果一样，它还含有能使人体细胞和组织保持健康状态的氧化剂。梨虽然很甜，但是它的热量和脂肪含量很低，极适合爱吃甜又怕胖的人食用。

梨每100克含有3克的纤维素（多为非可溶性纤维），非可溶性纤维能帮助预防便秘及消化性疾病，可以净化肾脏、清洁肠道，长期便秘的人应多吃梨，并有助于预防结肠和直肠癌。

揉腹部有效治便秘

揉腹的具体做法是：起床后排空小便，喝凉开水 300～500 毫升。站立，两脚与肩同宽，身体放松，右手掌心放在右下腹部，左手掌心放在右手背上，从下腹部按摩上提至右季肋部，推向左季肋部，再向下按摩到左下腹部即可。沿顺时针方向反复按摩 30～50 遍，按摩时不必压力过大，只需轻轻按摩即可。刚开始可能效果不大，只要坚持此法，10 天后均可见效。坚持每天做 1 次，30 天后可完全达到自行正常排便的效果。

卡捷运动

做卡捷运动时，应放松腹肌、腿肌与股部肌肉，做出像自己控制不让放屁或排尿的那种收缩动作，每次要坚持 10 秒钟或更长一些，然后放松 10 秒，如此"收缩—放松"共 3 次算一轮，每天应锻炼 10 轮。当肌肉强化后，还可增加轮次。当排便不利的症状得到控制后，轮次可不再增，但应该继续坚持每天至少做 1 轮，或每周 3 轮，使肌肉群继续保持强劲有力。

饮醋疗法

米醋 30 毫升（约两大勺），蜂蜜两勺，搅拌 3～5 倍的水，每餐后饮用。醋可以促进排便，但是直接饮用会伤及胃和十二指肠，所以要稀释后饮用。 便秘严重者可以加大剂量。

防治

食　疗

饮食习惯不良或过分偏食者，应纠正不良习惯和调整饮食内容，增加含纤维素较多的蔬菜和水果，适当摄取粗糙而多渣的杂粮如标准粉、薯类、玉米、大麦等。油脂类的食物、凉开水、蜂蜜均有助于便秘的预防和治疗，多饮水及饮料。多食富含 B 族维生素及润肠的食物，如粗粮、豆类、银耳、蜂蜜等，炒菜时适当增加烹调油。忌酒、浓茶、辣椒、咖啡等食物。

穴位按压疗法

按压便秘点

取穴：便秘点位于手部背侧，示指、中指间，示指根部。

方法：用一手拇指的指尖按压另一手的便秘点，以局部感到胀痛为度，按

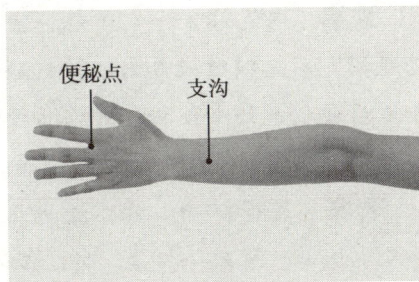

图 5-16-1　便秘点和支沟穴

压2～3分钟。若在大便时按压，可促排便。

按压支沟穴

取穴：在前臂后区，腕背侧远端横纹上3寸，大骨与桡骨间隙中点。

方法：用一手拇指按压另一手的支沟穴，以局部感到胀痛为度，按压5分钟，每天2～3次。

功效：行气润肠通便。

适用症：排便困难、习惯性便秘、老年性便秘等。

耳穴贴压疗法

主穴：便秘点、直肠下段、大肠。配穴：脾、胃（见图5-16-2）。每日晨起饭后，睡前轻按压耳穴5分钟，3天换另一侧耳穴，晨起空腹喝一杯盐开水，5次为一疗程。

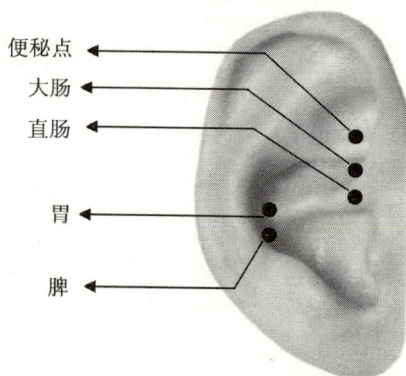

便秘点
大肠
直肠
胃
脾

图 5-16-2　耳穴

中　药

白术散　取生白术适量，粉碎成极细末，每次服用白术散10克，每天3次。此法对虚性便秘疗效颇佳，一般用药3～5天，大便即可恢复正常，大便正常后即可停药，以后每星期服药2～3天，即可长期保持大便正常。

芍甘汤加味　取生白芍30克，生甘草20克，枳实15克，加水2碗煎成大半碗，每天1剂，分2次服用。此法特别适用于老年、久病体弱的成人便秘患者，但孕妇慎用。

连翘　取连翘15～30克，煎沸当茶饮，每日1剂。小儿可兑白糖或冰糖服用，不兑糖效果更好。持续服用1～2周，即可停服。此方特别适用于手术后便秘、妇女便秘、外伤后便秘、高血压便秘、习惯性便秘、老年无力便秘、脑血管病便秘及癌症便秘等。

昆布　昆布60克，温水浸泡几分钟，加水煮熟后，取出昆布待适宜温度，拌入少许姜、葱末，加盐、醋、酱油适量，一次吃完，每天1次。

蒲公英　取蒲公英干品或鲜品60～90克，加水煎至100～200毫升，鲜品煮20分钟，干品煮30分钟，每日1剂饮服，年龄小服药困难者，可分次服用，可加适量的白糖或蜂蜜以调味。

桑椹子　取桑椹子50克，加水500毫升，煎煮成250毫升，加适量冰糖，以上为1日量，1日服1次，5天为一个疗程。

西医治疗

由于便秘是常见的临床症状，因此必须根据伴随的其他症状与体征，结合有关的实验室及特检结果及时的做出病因诊断，尔后再采取恰当的治疗措施。便秘的治疗原则应包括以下5方面。

第一，急性便秘者，多数因肠道发生梗阻所致，因此主要是针对病因治疗。如患者有腹胀、腹部隐痛等症状，可采用温水灌肠治疗；如为病理性梗阻时，应及时手术治疗。

第二，便秘如因肛门、直肠附近病变所致，如肛裂、肛瘘、肛门周围脓肿、巨大内痔合并感染等引起的急性便秘，应积极治疗这些疾病，并同时采取软化大便或从肛门内给药的方法，以利于大便的排出。

第三，如果急性便秘是由于服用了某些有便秘副作用的药物所致时，应减量或停服这类药物。必要时可加服对肠道刺激性小的缓泻剂。

第四，某些由器质性病变导致的慢性便秘，当病因明确之后，即应针对病因进行治疗。

第五，遇便秘时间较长，甚至超过1年以上，或反复间断性发生便秘（或便秘与腹泻交替发作），经多种检查证实结肠及直肠并无器质性病变，一般情况良好，食欲基本正常，无消瘦、贫血等表现的患者，可考虑为肠道运动功能障碍性便秘或肠易激综合征。这类便秘患者的治疗一般较为困难。可试用以下治疗措施。

（1）鼓励患者做力所能及的运动，如打太极拳、做体操、慢跑或散步等；可嘱患者每晚临睡前平卧于床上作腹式运动（作深腹式呼吸），每次15～30分钟；并可进行自我腹部按摩，按摩方法宜采用顺时针方向，由右侧向左侧，持续15～30分钟。

（2）鼓励患者多吃富含纤维素的蔬菜，多食香蕉、梨、西瓜等水果，以增加大便的体积，并应多饮水，少饮浓茶、咖啡等刺激性强的饮料。

（3）可嘱患者经常口服蜂蜜，以起到润肠通便的作用。

（4）患者应养成每天定时排便的习惯，以逐步恢复或重新建立排便反射。清晨或白天工作繁忙者，可定时在晚上（一般以定时在清晨为佳）。

（5）可选用莫沙必利等胃肠动力剂，以增强肠道的动力，增快肠蠕动，对慢传输型便秘有良好的作用。

（6）导泻剂的选择原则上不应使用对肠道刺激性强的泻剂，以避免患者对药物的依赖性。

应根据患者的便秘特点，采用不同的导泻剂（即治疗的个体化），原则上应选用疗效好、安全、长期应用耐受性好，且价格低廉的泻剂。但必须指出，对任何便秘的患者，不应过于依赖导泻剂，而应考虑以调节饮食、避免劳累、加强运动、养成定时排便的习惯等为主要治疗手段。有心理障碍者应进行相应的治疗。

（7）有条件者还可采用生物反馈治疗，目的是增加肠道的蠕动功能，有利于粪便的运转。

改善生活习惯

调整饮食结构

饮食的量：只有足够的量，才足以刺激肠蠕动，使粪便正常通行和排出体外。特别是早饭要吃饱，因为早餐后能引起胃结肠反射，有利排粪运动。

饮食的质：主食不要太精过细，要注意多吃些粗粮和杂粮。因为粗粮、杂粮消化后残渣多，可以增加对肠道的刺激，利于大便排泄。另外，要多食富含纤维素的蔬菜，如韭菜、芹菜等，正常人每千克体重需要90～100毫克纤维素来维持正常排便。

足够的水分：肠道中的水分相对减少，粪便干燥导致大便秘结。足量饮水，使肠道得到充足的水分可利于肠内容物通过。

养成良好的排便习惯

排便要养成规律，不要拖延。如果经常拖延大便时间，破坏良好的排便规律，可使排便反射减弱，引起便秘。经常容易发生便秘者一定要注意把大便安排在合理时间，每到时间就去上厕所，养成良好的排便习惯。

对于还没有良好排便习惯者，建议每天早晨去厕所蹲5分钟左右，经过一段时日建立正常的排便习惯。因为结肠运动有一定的规律性，早晨起床后人由平卧转变为起立，结肠会发生直立反射，推动粪便下移进入直肠，引起排便反射。

慢性疲劳综合征

什么是慢性疲劳综合征

慢性疲劳综合征是指一个人由于长期过度劳累和精神紧张、饮食和营养结构不合理、生活不规律，以及频繁应激造成的神经、内分泌和免疫系统的功能紊乱等因素导致的一组身心障碍。一般来讲，正常人如果感到疲劳，休息一宿或经过几天休整就可恢复充沛精力。如果你不属于这种类型，而是隔天起身，还是觉得十分疲倦，并且持续一段时间，请注意，您可能已经陷入了慢性疲劳综合征。美国国家疾病控制和预防中心把此病作为感染性疾病类中的第一种，并将该病与艾滋病等同齐观，视它为"21世纪人类的最大敌人"，其在我国的发病率为10%～20%，在教师、科技、新闻、广告、公务员、演艺、出租汽车司机等行业中甚至高达50%。

教师由于升学压力、晋升压力、生活压力等的交织，而起早贪黑的工作，以至工作时间过长、生活不规律、没有足够的休息和娱乐时间，进而导致了身心的疲惫不堪而陷入了慢性疲劳综合征。大部分人不把这些症状视为病症而掉以轻心，其实这会严重影响个人的工作和日常生活，甚至可能会成为其他疾病的诱因。

自我诊断

慢性疲劳综合征一般表现为浑身无力、容易疲倦、头脑不清爽、容易走神、偶有头痛等。在心理方面：患者首先感到自己容易疲劳，再像以前那么加班加点好像力不从心，每天早上也不像以前那样乐于出门工作，总想多躺一会儿，晚上也想早些回家，不想加班。再往后，总感到自己记忆力差，容易忘事，又感到注意力不集中。慢慢地，变得爱发脾气，也变得敏感——轻轻的开门声，甚至猫叫声都能放大成烦心的振动和咆哮。由于敏感、焦躁、爱发火，大家都会敬而远之，人际关系变得越来越差。身体方面：咽炎、发低热、头痛头晕等一系列症状都出现了，但实际上身体检查又没问题。一般情况下，如果疲劳超过 1 个月，可认为是持续疲劳，表明您已经处于亚健康状态了；如果疲劳症状超过 3 个月，就可能是慢性疲劳综合征，则应及时到医院就诊。

常见病因

心理因素可能是某些人，甚至所有人的病因。但是慢性疲劳综合征与典型的抑郁症、焦虑症或其他心理疾病显得不同。由于其产生的症状与感冒很相似，所以把发病机制可能类似于感冒或单核细胞增多症等疾病。尚不清楚其发病机制。从中医学角度分析，可归属中医学中的"郁证"与"虚劳"的范畴。郁证、虚劳含义甚广，包括西医学多种精神、神经及慢性虚弱疾病。"郁证"病因多由七情（喜、怒、忧、思、悲、恐、惊）引起，表现多为气机郁滞。虚劳有五：肺劳损气，脾劳损食，心劳损神，肝劳损血，肾劳损精。心主神明，心劳损神即是长期紧张、忧思过度、阴阳失调、神气亏虚之证候，即现代中医常指的"神劳"病证。从狭义来讲，神劳与慢性疲劳综合征最为相似。慢性疲劳综合征多发于中年男性，近年来的研究发现也偏爱女性。分析其原因如下：

（1）压力是导致慢性疲劳综合征的主要因素。

（2）生理和心理原因使他们好胜心强而抗疲劳能力差。

（3）慢性疲劳综合征症状太像感冒了，所以常不被重视。

检查

首先做一个全面的体检，排除各种疾病，还有几种特殊状态也会造成持续的疲劳，可排除在慢性疲劳之外，比如处于疾病还未完全治愈时期、精神病、抑郁症、痴呆、厌食症、暴食症、滥用酒精或其他物品以及极度肥胖。

进行慢性疲劳综合征自我检查方法：患者排除其他疾病的情况下疲劳持续 6 个月或者以上，并且同时至少具备下列 8 项中的 4 项，那么你就极有可能患上了慢性疲劳综合征。

（1）记忆力减退或注意力下降。

（2）咽痛。

（3）颈部僵直或腋窝淋巴结肿大。

（4）肌肉疼痛。

（5）多发性关节痛。

（6）反复头痛。

（7）睡眠质量不佳，醒后不轻松。

（8）体力或脑力劳动后连续 24 小时身体不适。

日本一专家认为，越是疲劳的人，所排尿液在容器中越容易起泡沫，且泡沫停留时间越长。这种方法对脑力疲劳有一定识别作用。

进行自我疲劳检查方法：如果一个人有下述 20 种状况中的 9 种状况，应赶快改变生活习惯及接受医疗检查，或者接受医生的指导，以防止过度疲劳而致死，可以归纳为以下几种情况。

1. 生活作息和饮食习惯方面

（1）每天吸烟达 30 支以上。

（2）吃饭的时间和次数不定，食品中动物性脂肪偏多。

（3）近几个月每天晚上喝酒，而且几乎都是为了交际应酬。

（4）每天喝四五杯咖啡，这一习惯已持续 1 年以上。

（5）近几个月来回到家时间都超过夜间 10 点，而且有很多日子超过零点才到家。

（6）近几个月厌酒，而且一喝就醉。

2. 身体变化

（1）相信自己健康，两三年间没有看过病。

（2）有高血压、心脏病和糖尿病等疾病。

（3）最近身体酸懒无力。

（4）最近体重急剧增加或急剧减少。

（5）最近头部经常剧烈疼痛，胸部憋痛。

（6）突然变得好忘事。

（7）突然别人认为自己老了，自己也有这种感觉。

3. 在工作方面的变化

（1）近期工作量急剧增加，承担的责任也比别人重 1 倍。

（2）包括加班在内，几乎每天工作量都在 10 个小时以上。

（3）工作时间不规律，而且常常在晚上忙到深夜。

（4）在相当长的时间内，节假日也要工作。

（5）出差多，非常希望每周能在家里睡两夜安稳觉。

（6）因单位工作上的原因造成人际关系极为不好。

（7）公司或单位的经营状况非常糟，而且自己负有一定的责任。或者最近工作上出现了重大失误和麻烦。

知识链接

究竟是什么导致慢性疲劳综合征的发生

有学者认为慢性疲劳综合征可能是一种病毒感染或免疫系统异常疾患，一个人的免疫力强，患上慢性疲症的概率就相对减低，所以平时多注意增强免疫力，可避免慢疲症来袭。此外，色氨酸也是引发慢性疲劳综合征的原因，色氨酸被过多摄取到脑内，就会抑制全身的活动，使人陷入疲劳状态，所以对于牛奶、鸡蛋等富含色氨酸的食物食用要适量。此征还与心理和精神因素有关，现代生活节奏快、工作压力大、竞争激烈所导致的精神过度紧张是其主要的诱因，另外还与患者的心理素质和性格特点有关，如争强好胜、容易冲动、追求完美、理想主义色彩过浓等的性格易患慢疲症。

防治

食 疗

双参肉 鲜人参15克，海参150克，瘦猪肉250克，香菇30克，青豌豆、竹笋各60克，味精、精盐、香油各适量。将海参发好，切块；香菇洗净，切丝；瘦猪肉洗净，切小块；竹笋切片。将以上4料与人参、青豌豆一齐放砂锅内，加清水适量炖煮，以瘦猪肉熟烂止，加入味精、精盐、香油即可。每日1～2次，每次适量，每周2剂。功效大补气血，强壮身体，消除疲劳。适用于久病体虚不复，或年老体衰、精神萎靡、身体疲倦等症。

三稔煲荠菜 三稔4～5枚，荠菜500克，精盐适量。将三稔切开，荠菜洗净，同煎汤，不加油，加精盐调味。功效清热，止渴，除烦，抗疲劳，利小便。适用于头痛发热、咳嗽、口干舌燥、口鼻气热，大便秘结，小便短黄等症。日常活动后肌肉酸痛，服之可透汗解肌，祛除疲劳，恢复精力。

天门冬萝卜汤 天门冬15克，萝卜300克，火腿150克，葱花5克，精盐3克，味精、胡椒粉各1克，鸡汤500毫升。将天门冬切成2～3毫米厚的薄片，用水约2杯，以中火煎至1杯量时，用布过滤，留汁备用。火腿切成长条形薄片；萝卜切丝。锅内放鸡汤500毫升，将火腿肉先下锅煮，煮沸后将萝卜丝放入，并将煎好的天门冬药汁加入，盖锅煮沸后，加精盐调味，再略煮片刻即可。食前加葱花、胡椒粉、味精调味。佐餐食。可止咳祛痰，消食轻身，抗疲劳。常食能增强呼吸系统功能，增强精力，消除疲劳。

枸叶滋补饮 鲜枸杞叶100克，苹果200克，胡萝卜150克，蜂蜜15克，冷开水150毫升。将鲜枸杞叶、苹果、胡萝卜洗净。苹果去皮、核，将鲜枸杞叶切碎，苹果、胡萝卜切片，同放入搅汁机内，加冷开水制成汁，加入蜂蜜调匀即可。每日1剂，可长期饮服。功效强身壮阳，美颜，抗疲劳。枸杞叶味甘性平，能补肾益精，清热明目止渴。在工作过于劳累及运动过量时饮用，能消除困倦疲劳，恢复元气，增强体力。

穴位按压疗法

轻压胆囊穴（见图5-17-1）可以减轻疲劳及抑郁，并同时增强你的免疫系统。按压肩及颈部的风池穴位（见图5-17-2）及肩井穴位（见图5-17-3），可每天重复一次或更多次，或只要慢疲征症状产生即可按压。孕妇按压肩井穴位时应注意轻柔。

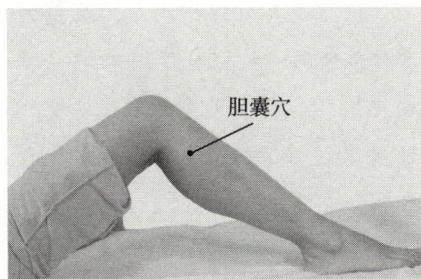

图5-17-1　胆囊穴

图5-17-2　风池穴

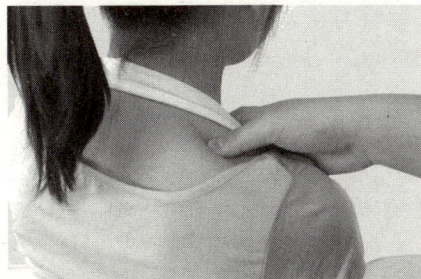

图5-17-3　按肩井穴

耳穴贴压疗法

取交感、神门、三焦、内分泌（见图5-17-4），每次选2～3个穴，将王不留行籽贴于患者一侧耳郭的穴位上，以手按压该穴，使局部有胀、痛、麻、热感，每日按压6～8次。3天换贴1次，双耳交替使用，10次为一个疗程。

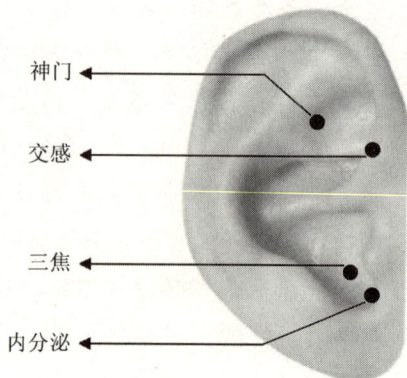

图 5-17-4　耳穴

神门

交感

三焦

内分泌

中　药

用西洋参、牛蒡根、枸杞、蒲公英、菊花植物、金印草等制成茶，每日综合或交替饮用可辅助治疗。每天喝4～6杯。另外西洋参茶对提升免疫力，恢复体力，缓解疲劳非常有效。

枸杞是具有强韧生命力及精力的植物，非常适合用来消除疲劳。可分为三个部分来使用：枸杞叶可用来泡"枸杞茶"；果实"枸杞子"可用于做菜或泡茶；枸杞根又称为"地骨皮"，一般当作药材使用。但是枸杞性温，患有高血压、性情太过急躁的人，或平日大量摄取肉类导致面泛红光的老饕们最好不要食用。

现代治疗方法

国外比较流行采用交替运动的方法对付疲劳。交替运动可使人体各个系统交替进行锻炼。交替运动的方法比较多，像体脑交替、动静交替、左右交替、上下交替、前后交替等。体脑交替，是指体力活动和脑力劳动交替进行。如脑力劳动者工作一段时间后，可散步、做操或者活动一下筋骨，有益于调理紧张的神经系统。体力劳动者进行棋类活动、智力游戏，可以使肌肉得到休息，减缓脑力衰退。有人采用冷水浴和热水浴交替的方法，对缓解体力和脑力的疲劳都很有效。

改善生活习惯

慢性疲劳综合征是一种身心障碍疾患，所以患者不仅身体劳累，精神上也疲乏，心病还需心药医，从心理健康的角度入手常可收到意想不到的效果。

发展兴趣爱好 业余爱好可以作为转移大脑"兴奋灶"的一种积极的休息方式，诸如琴棋书画、养鸟养鱼、写作、旅游、垂钓等等，它能有效地调节和改善大脑的兴奋与抑制过程，进而调节情绪，缓解压力，消除疲劳，使你从紧张、乏味、无聊的小圈子中走出来，进入一个生机盎然的境界。

发泄不良情绪 将忧愁烦恼强行积郁在胸显然是不妥的，故心情不好时，应采取适当的方法"发泄"，这种适度"发泄"对健康是有益的。如主动找你的知心朋友、配偶或长者，倾诉内心的痛苦，一"吐"为快，遇有大的委屈或不幸时，亦不妨痛哭一场。心理学家认为：痛哭也是一种自我心理救护措施，能使不良情感得以宣泄和分流，哭后心情自然会畅快得多。

善待压力 心理学家认为，人之所以感到疲劳，首先是情绪使我们的身体紧张，因此要学会放松，让自我从紧张疲劳中解脱出来。善待压力，首先要树立正确的处世观，做好抗压的心理准备。遇到突如其来的困难和压力，不要惊慌失措，要静下心来，审时度势，理顺思绪，从困境中找出解决问题、缓解压力的办法。其次，要确立切实可行的目标定向，切忌出于期望的过高，无法实现而导致心理压力，再者，要学会适度卸减压力，以保证健康良好的心境。

进行心理咨询 如果遇有难以解脱的心理危机，不妨求助于心理咨询机构，可直接向心理医生咨询或拨通心理咨询电话。心理咨询被誉为"温柔的精神按摩"，通过心理医生的劝导、启发、安慰和教育，当事者的认知、情感、意志、态度、行为等可发生良性转化，增强信心。

均衡营养，不吸烟，饮酒适量 没有任何一种食物能全面包含人体所需的营养。西方营养学家提倡每人每天要食用5种以上不同类食品，既要吃山珍海味、牛奶鸡蛋，也要吃粗粮、杂粮、蔬菜、水果，这样才符合科学合理均衡营养观念。同时还要注意饮食方法，勿暴饮暴食，大饥大饱，一定做到定时定量，有针对性，均衡消化，保证营养。多吃碱性食品，如富含维生素C、维生素B族的食品如苹果、海带、胡萝卜和其他的新鲜蔬菜水果。吸烟对健康有百害无一利，被动吸烟更是受害无穷。酗酒不仅直接伤害胃黏膜，而且有损肝脏和大脑，还容易引发意外伤害。因此要想摆脱慢性疲劳综合征，戒烟和饮酒适量是必不可少的。

保障睡眠 伴随着社会的变革和人们生活方式的改变，睡眠不足也已成为当今最普遍的健康和社会问题。睡眠一般占据人类生活1/3左右的时间，它和每个人的身体健康密切相关。世界卫生组织确定"睡得香"为健康的最重要客观标志之一。正常成年人每天的睡眠时间应不少于7小时。但不要过度，过度睡眠会降低身体新陈代谢效率，进而增强疲惫感。

常见疾病的教师防治

脑血管病

🌱 什么是脑血管病

脑血管病是指脑血管破裂出血或血栓形成，引起的以脑部出血性或缺血性损伤症状为主要临床表现的一组疾病，又称脑血管意外或脑卒中，俗称为脑中风。该病常见于中年以上人群的急性发作，严重者可发生意识障碍和肢体瘫痪，是目前造成人类死亡和残疾的主要疾病，也是高血压患者的主要致死原因。按其进程，可分为急性脑血管病（中风）和慢性脑血管病两种。急性脑血管病包括短暂性脑缺血发作、脑栓塞、高血压脑病、脑出血和蛛网膜下腔出血等；慢性脑血管病包括脑动脉硬化、脑血管病性痴呆、帕金森病等。我们通常所说的脑血管病，一般指的是急性脑血管病，发病急，常危及人的生命，因此，也易引起人们的重视。而慢性脑血管病病程长，易被人忽视。

🌱 自我诊断

脑血管病等同于中医的中风，临床以猝然昏仆，不省人事，伴有口眼歪斜，言语不利，半身不遂，或而仅以喎僻不遂为主征。中风分为中经络、中脏腑两大类。中经络者，病位较浅，病情较轻，无神志改变，仅表现为口眼歪斜，语言不利，半身不遂；中脏腑者，病位较深，病情较重，主要表现为神志不清，喎僻不遂，常留有后遗症。

常见病因

　　脑血管病多见于高血压和脑动脉硬化的人，过度疲劳和情绪剧烈波动时尤为多见，因此，有效的治疗和控制高血压，避免精神过度紧张与波动，是预防脑血管病的主要环节。但是气候的变化也是诱发脑血管病不可忽视的因素。据调查，约有一半以上的病人，发生在秋末冬初气候骤变的时候。原因是：①低气温可使体表血管的弹性降低，外周阻力增加，血压升高，进而导致脑血管破裂出血。②寒冷的刺激还可使交感神经兴奋，肾上腺皮质激素分泌增多，从而使小动脉痉挛收缩，增加了外周阻力，血压升高。③寒冷还可使血液中的纤维蛋白原含量增加，血液浓度增高，促使血液中栓子的形成而发病。

检查

　　1. CT 检查　CT 显示梗死灶为低密度，可以明确病变的部位、形状及大小、出血部位、出血量多少、血肿形态、是否破入脑室以及血肿周围有无低密度水肿带和占位效应等。增强扫描能够提高病变的检出率和定性诊断率。

　　2. MRI 检查　MRI 对脑梗死的检出极为敏感，对脑部缺血性损害的检出优于 CT，能够检出较早期的脑缺血性损害，可在缺血 1 小时内见到。而对于脑出血来说，对发现结构异常，检出脑干和小脑的出血灶和监测脑出血的演进过程优于 CT 扫描。

　　3. 常规检查　血、尿、大便常规及肝功能、肾功能、凝血功能、血糖、血脂、心电图等作为常规检查，有条件者可进行动态血压检查。

防治

食　疗

　　（1）乌骨雌鸡 1 只，去肠杂内脏，洗净，加黄酒、清水各一半，炖至骨酥肉烂，分顿食肉饮汤，数日食毕。适用于中风后语言不利、行走不便、高血压患者同时服用降压药，密切观察血压。

（2）天麻9克（纱布包），枸杞子15克，大枣10个，人参3克，加水烧开，小火焖20分钟，取汁，加粳米适量，煮粥，每日2次。适用于中风后半身不遂伴血压高。

（3）羊肚1具，去筋膜洗净，切细丝，加水煮烂，加鲜山药200克，再煮至黏稠，当粥食。适用于中风后体质虚弱。

推拿疗法

头面部推拿

患者坐位，或不能坐则取仰卧位。

（1）医者站其前方或头顶处，用抹法和一指禅推法分别从印堂（见图6-1-1）沿神庭、头维一线，再沿阳白、太阳一线，从睛明沿四白、迎香、地仓、颊车一线反复操作2～3次。

图6-1-1　一指禅推印堂穴

图6-1-2　五指拿法

（2）医者立于一侧，用五指拿法从前发际拿至后发际数次（见图6-1-2），并提拿风池、项后大筋数十次。用扫散法（见图6-1-3）在两颞部反复操作2～3分钟。

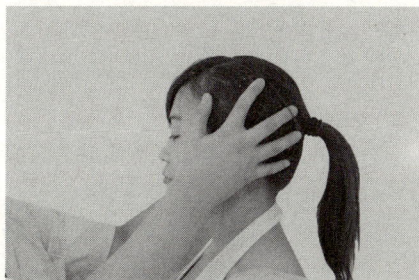

图6-1-3　颞部扫散法

背部推拿

患者俯卧，医者立于一旁，先用擦法（见图6-1-4）在背部反复操作3～5分钟，从上到下点压背部夹脊穴（见图6-1-5）数次，拿揉肝俞、肾俞、腰眼数十次。

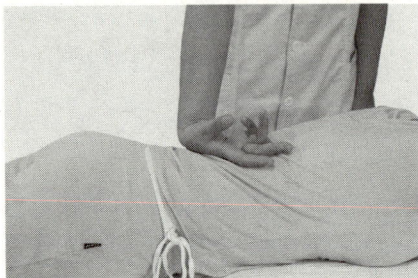

图6-1-4　擦背部

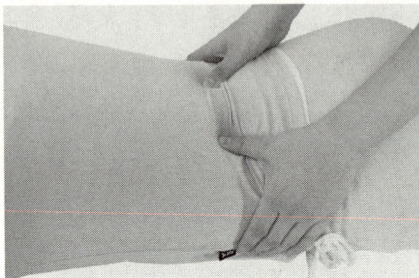

图6-1-5　点压背部夹脊穴

四肢推拿

（1）患者卧位，医者立于一旁，从上到下双手提拿上、下肢各数次（见图6-1-6），再用擦法操作3～5分钟，以阳明经、膀胱经、关节处为重点治疗部位。

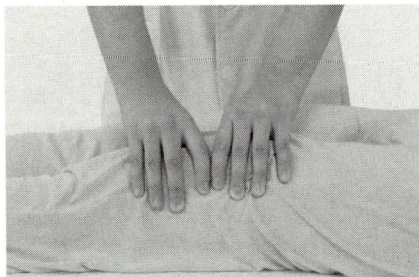

图6-1-6　双手提拿下肢

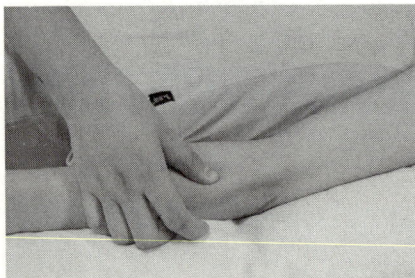

图6-1-7　弹拨手三里穴

（2）仰卧时点按并弹拨上肢的肩髃、曲池、手三里（见图6-1-7）、内关、合谷及下肢的髀关、伏兔、梁丘、足三里、解溪等穴数次。

（3）俯卧时点按并弹拨环跳、承扶、殷门、委中、承山、昆仑等数次，在环跳（见图6-1-8）、承扶等肌肉丰厚处可用肘压法。

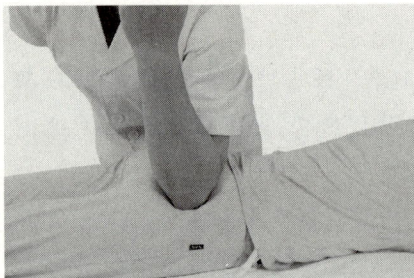

图6-1-8　肘压环跳穴

（4）在十指处用捻法由近端向远端操作每个手指。

活动关节手法

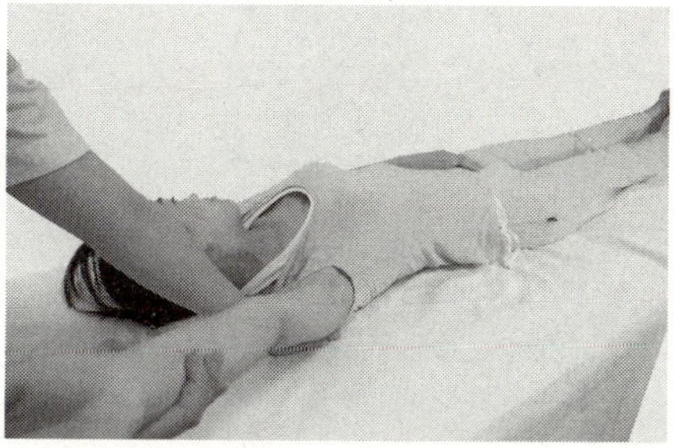

图 6-1-9　环摇肩关节

（1）患者坐或仰卧位，医者一手扶住患肩前，一手握住患肢上臂远端，外展、环摇肩关节，动作应轻柔和缓，幅度由小到大（见图 6-1-9）。

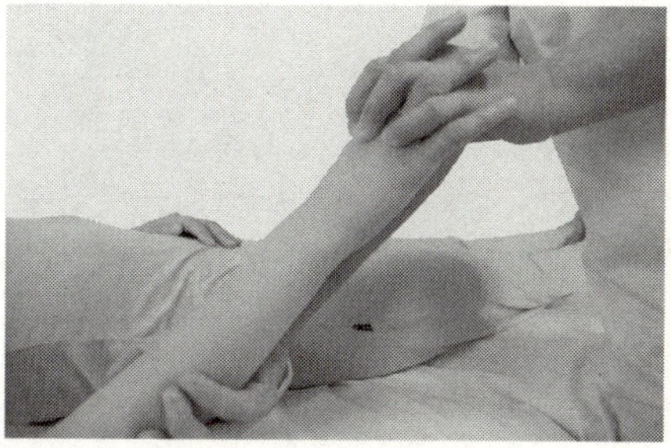

（2）再一手握住上臂，一手握住腕前，伸展肘关节；再一手握住前臂，一手握住手掌摇动腕关节（见图 6-1-10），持续数次，以此类推摇动指关节并屈伸掌指、指间关节。然后，采取类似手法摇髋关节、屈伸膝关节、摇踝关节、屈伸踝关节。

图 6-1-10　摇腕关节

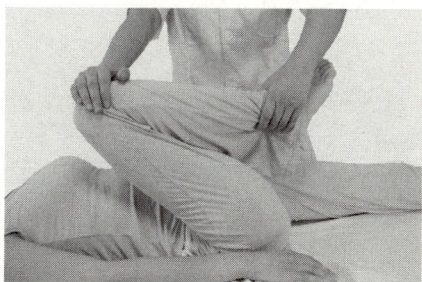

（3）摇髋时，应一手握住膝关节处，另一手握住其同侧的踝关节处，先使患髋及患膝屈曲，再摇动髋关节，并尽可能地屈曲髋关节（见图 6-1-11）。

图 6-1-11　摇髋

自我按摩

（1）坐或卧位，用健侧手提拿患侧上、下肢各数十次（见图 6-1-12），并点按、弹拨肩髃、曲池、手三里、内关、合谷、髀关、伏兔、梁丘、血海、犊鼻、足三里、委中等各穴数十次。

（2）坐位，可能情况下可立位，双足分别同肩宽，作患侧肩、肘、腕、髋、膝、踝关节的自我运动，如甩臂、提腿（见图 6-1-13）等，可用健侧手协助扩大活动范围。

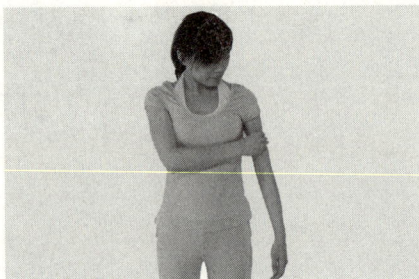
图 6-1-12　拿上肢

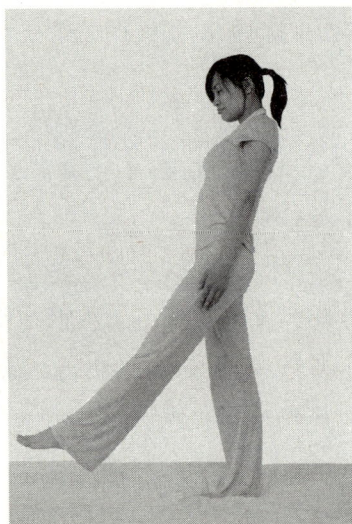
图 6-1-13　提腿

耳穴贴压疗法

主穴：皮质下、缘中、肾、肝、脾（见图 6-1-14）。

配穴：肩部肌群瘫痪加三焦、大肠、肺，失语加心、脾，吞咽困难加口、咽喉、耳迷根，上肢瘫痪加锁骨透肩，下肢瘫痪加髋、膝、踝，股四头肌瘫痪加胃。

先贴压患侧或对侧患肢相应部位的敏感

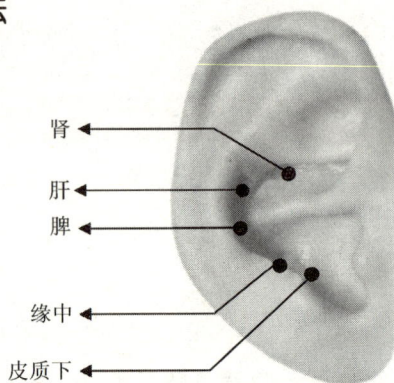
肾
肝
脾
缘中
皮质下
图 6-1-14　耳穴

点。用顺时针旋转按压补法，使得气，嘱患者用意念配合医者行手法，使气至病所，再按压皮质下、缘中、肝、脾等穴，再根据不同症状选用配穴。力争每穴都出现感传，最好获得气至病所的效果。嘱患者如法每日按压耳穴 3～5次，隔日或隔 2 日贴压另一侧耳穴。20 次为一疗程，疗程期间休息 10 天。

中医辨证治疗

【中经络】

（1）若患者肌肤不仁，手足麻木，突然发生口眼歪斜，语言不利，口角流涎，舌强言謇，甚则半身不遂。或兼见恶寒、发热、手足拘挛、关节酸痛等症。舌苔薄白，脉浮数。此为风痰入络，宜选用真方白丸子加减。方中半夏、南星、白附子祛风化痰，天麻、全蝎熄风通络，当归、白芍、鸡血藤、豨莶草养血祛风。

（2）若患者平素头晕头痛，耳鸣目眩，突然发生口眼歪斜，舌强语謇，或手足重滞，甚则半身不遂等症。舌质红苔黄，脉弦。此为风阳上扰，宜选用天麻钩藤饮加减。方中天麻、钩藤平肝熄风，珍珠母、石决明镇肝潜阳，桑叶、菊花清肝泻热，黄芩、山栀清肝泻火，牛膝活血化瘀，引气血下行。

（3）若患者平素头晕耳鸣，腰疼，突然发生口眼歪斜，言语不利，甚或半身不遂，舌质红苔腻，脉弦细数。此为阴虚风动证，宜选用镇肝熄风汤加减。方中白芍、天冬、玄参、枸杞子滋阴柔肝息风，龙骨、牡蛎、龟板、代赭石镇肝潜阳，牛膝、当归活血化瘀，天麻、钩藤平肝熄风。

【中脏腑】

1.闭证　闭证的主要症状是突然昏仆，不省人事，牙关紧闭，口噤不开，两手握固，大小便闭，肢体强痉。根据有无热象，又有阳闭和阴闭之分。

（1）若患者除上述闭证的症状外，还有面赤身热，气粗口臭，躁扰不宁，苔黄腻，脉弦滑数。此为痰火瘀闭证，宜选用羚角钩藤汤加减。方中羚羊角、钩藤、珍珠母、石决明平肝熄风，胆星、竹沥、半夏、天竺黄、黄连清热化痰，石菖蒲、郁金化痰开窍。

（2）若患者除上述闭证的症状外，还有面白唇暗，静卧不烦，四肢不温，痰涎壅盛，苔白腻，脉沉滑缓。此为痰浊瘀闭证，宜选用涤痰汤加减。方中半夏、茯苓、橘红、竹茹化痰，郁金、石菖蒲、胆星豁痰开窍，天麻、钩藤、僵蚕熄风化痰。

2.**脱证** 若患者突然昏仆，不省人事，目合口张，鼻鼾息微，手撒肢冷，汗多，大小便自遗，肢体软瘫，舌痿，脉细弱或脉微欲绝，此为阴竭阳亡，宜选用参附汤合生脉散加味。方中人参、附子补气回阳，麦冬、五味子、山萸肉滋阴敛阳。

【中风恢复期】

（1）若患者口眼歪斜，舌强语謇或失语，半身不遂，肢体麻木，苔滑腻，舌暗紫，脉弦滑，此为风痰瘀阻证，宜选用解语丹加减。方中天麻、陈胆星、天竺黄、半夏、陈皮熄风化痰，地龙、僵蚕、全蝎搜风通络，远志、石菖蒲化痰宣窍，豨莶草、桑枝、鸡血藤、丹参、红花祛风活血通络。

（2）若患者肢体偏枯不用，肢软无力，面色萎黄，舌质淡紫或有瘀斑，苔薄白，脉细涩或细弱，此为气虚络瘀证，宜选用补阳还五汤加减。方中黄芪补气以养血；桃仁、红花、赤芍、当归尾、川芎养血活血，化瘀通络；地龙、牛膝引血下行，通络。

（3）若患者半身不遂，患肢僵硬，拘挛变形，舌强不语，或偏瘫，肢体肌肉萎缩，舌红脉细，或舌淡红，脉沉细，此为肝肾亏虚证，宜选用左归丸合地黄饮子加减。常用药：干地黄、首乌、枸杞子、山萸肉补肾益精，麦冬、石斛养阴生津，当归、鸡血藤养血和络。

西医治疗

急性期对症治疗，包括溶栓治疗、止血治疗、消除水肿。恢复期应当积极控制原发病或并发症，比如高血压、高脂血症、糖尿病的控制治疗。

1.**出血性卒中的急性期治疗** ①保持安静，减少不必要搬动和检查，最好就地或就近治疗，防止引起血压、颅内压波动的因素如大便、呛咳、情绪波动，应绝对卧床3～4周。②控制脑水肿、颅内压增高：控制脑水肿的药物包括甘露醇、甘油、人体白蛋白等。③处理并发症：抗感染，防褥疮，维持水、电解质酸碱平衡，防止应激性溃疡。④手术治疗指征：小脑出血>10毫升；皮质下浅表出血；大脑半球出血量30～50毫升；内科1～2日治疗血肿仍扩大。有脑疝危及生命者可紧急行去骨板减压术。⑤止血药物：该类药物对防止出血后再出血有裨益。

2. 缺血性中风的急性期治疗　6小时以内治疗指向为溶栓疗法，6~46小时治疗指向为抗凝疗法及降纤疗法，而超过48小时由于病变不可逆，其治疗指向常规治疗。

（1）溶栓疗法：①组织型纤溶酶原激活剂。②尿激酶。③链激酶。

（2）抗凝疗法：常用品种有速避凝、新抗凝等。

（3）降纤疗法：降纤疗法通过减少纤维蛋白原而减少纤维蛋白含量，从而抑制血栓形成。

（4）常规疗法：①稀释和扩容疗法：低分子右旋糖酐。②抗血小板积聚治疗：阿司匹林主要通过抑制血小板积聚引发血栓形成。③血管扩张剂：钙离子拮抗剂常用尼莫地平等。④改善大脑代谢：中药活血化瘀，如红花、银杏叶制剂等。

3. 卒中康复期治疗，主要是两方面工作

（1）康复锻炼和日常自理能力训练：①早期原则，即早期开始康复锻炼。一般认为卒中急性期过后即应开始锻炼，越早越好。②全面原则，偏瘫侧每个关节都应得到充分活动，以改善血供，防止挛缩。③适量原则，不可急功近利，要树立长期锻炼的信心。

（2）药物治疗，同于常规疗法。

4. 卒中康复期的心理治疗　一是家庭要关心爱护卒中病人，不能有嫌弃等情绪，要为病人创造良好生活环境，防止滑倒；二是卒中病人有不同程度焦虑、抑郁、疑病等，必要时可使用抗焦虑抑郁药，或求助心理医师。

改善生活习惯

1. 按摩与被动运动　对早期卧床不起的病人，由家人对其肢体进行按摩，对大小关节作屈伸膝、屈伸肘、弯伸手指等被动运动，避免关节僵硬。稍能活动的病人可在他人搀扶下坐在凳椅上做提腿、伸膝和扶物站立等活动，以防止心血管功能减退。

2. 逐渐开步走路并做上肢锻炼　在第一阶段基本巩固后，可常做些扶物站立、身体向左右两侧活动、下蹲等活动；还可在原地踏步，轮流抬两腿，扶住桌沿、床沿等向左右侧方移动步行，一手扶人一手持拐杖向前步行。锻炼时，应有意使患肢负重，但要注意活动量应逐渐增加。同时可做患侧上肢平举、抬高、上举等运动，以改善血循环，消除浮肿。平卧床可主动屈伸手臂，伸屈手腕和并拢、撑开手指，手抓乒乓球、小铁球等。

3. 恢复日常生活能力，达到生活自理　在能自己行走后，走路时将腿抬高，做跨步态，并逐渐进行跨门槛，在斜坡上行走，上下楼梯等运动，逐渐加长距离；下肢恢复较好的病人，还可进行小距离跑步等。对上肢的锻炼，主要是训练两手的灵活性和协调性，如自己梳头、穿衣、解纽扣、打算盘、写字、洗脸等，以及参加打乒乓球，拍皮球等活动，逐渐达到日常生活能够自理。在进行功能性锻炼的同时可配合针灸，推拿和药物治疗，其次除树立信心外，还要有耐心和恒心，切不可操之过急或厌烦灰心，半途而废。

心 血 管 病

什么是心血管病

心血管疾病，又称为循环系统疾病，是一系列涉及循环系统的疾病，循环系统指人体内运送血液的器官和组织，主要包括心脏、血管（动脉、静脉、微血管），可以细分为急性和慢性，一般都是与动脉硬化有关。这些疾病，都有着相似的病因、发病过程及治疗方法。

自我诊断

心悸　心悸是主观感觉及客观征象的综合症状。主观上患者感觉心脏跳动快速、不整或搏动有力。客观检查可见心跳频率过快、过缓或不齐，即有频率和节律的变化。

呼吸困难　呼吸困难也是主观感觉和客观征象的综合表现。主观上感觉呼吸费力，客观上呼吸次数增多，动作快而幅度加大。可表现为运动性呼吸困难、端坐呼吸、阵发性夜间呼吸困难、急性肺水肿等。

紫绀　紫绀是体征，指黏膜和皮肤呈青紫色。紫绀的机制为缺氧血、血红蛋白过多及血液瘀滞。

眩晕　眩晕是临床上常见的症状，是人体对于空间关系的定向感觉障碍或平衡感觉障碍，使患者自觉周围景物或自身在旋转及摇晃，眩晕发作时常伴有平衡失调、站立不稳及恶心、呕吐、面色苍白出汗、心动过缓、血压下降等自主神经功能紊乱症状。

晕厥 晕厥是由于一时性广泛的脑缺血、缺氧，导致大脑皮质一过性功能障碍，引起突然的、可逆的、短暂的意识丧失的一种临床病征。在发生意识丧失前常伴有面色苍白、恶心、呕吐、头晕、出汗等自主神经功能紊乱现象。

疲劳 是各种心脏病常有的症状。当心脏病使血液循环不畅，新陈代谢废物即可积聚在组织内，刺激神经末梢，令人产生疲劳感。疲劳可轻可重，轻的可不在意，重的可妨碍工作。

咳嗽 ①肺静脉高压。多表现为干咳。②肺间质水肿或肺水肿。表现为泡沫样痰，可能带有血液。③巨大左心房或动脉瘤压迫气管。④肺栓塞。

咯血 鲜红色血痰，量多少不等，从痰内带血到全血性痰。血痰与肺静脉压力升高有关，由劳累诱发，休息自止，很少需要特殊处理。

胸痛 冠状动脉硬化性心脏病是常见心血管疾病，造成的心肌缺血引起心绞痛或心肌梗死，重要表现为胸痛。①心绞痛：胸痛部位较固定，以左侧胸为主，可以放射到左肩，左胸壁内侧，后背，颈两侧及下颌部。胸痛呈压迫或绞窄感，多是钝痛性质，很少是尖锐性的痛。疼痛多在劳力时诱发，持续时间短约 3 ～ 5 分钟。停止劳力或含服药物后缓解。②心肌梗死：症状与上述相同，但程度严重并持续时间长，往往还伴有其他症状，如血压下降、出大汗、四肢厥冷等，不做特殊处理多不能缓解，并有致命的危险。

常见病因

1. 高血压 长期高血压可使动脉血管壁增厚或变硬，管腔变细。当血压骤升时，血管容易破裂发生出血；或已硬化的小动脉形成微动脉瘤，当血液波动时微动脉瘤破裂而造成出血；或高血压加快动脉硬化过程，动脉内皮细胞受到损伤，血小板易在伤处聚集，又容易形成血栓，引发心脑血管疾病。

2. 血液黏稠 现代生活节奏紧张，家庭、事业的压力越来越大，人们的情绪也愈来愈不稳定；同时，过量饮酒、摄入太多食物脂肪、缺少必要的运动，加之生活环境的污染，空气中的负离子含量急剧下降，摄入体内的负离子也就不足，这些因素直接导致人体新陈代谢速度减慢，血液流速会减慢，血黏度迅速升高，造成心脑供血不足，如果不及时预防、调理，将会引发冠心病、高血压、脑血栓、脂肪肝等心脑血管疾病。

3. 吸烟　烟碱可促使血浆中的肾上腺素含量增高，促使血小板聚集和内皮细胞收缩，引起血液黏滞因素的升高。

4. 血管壁平滑肌细胞非正常代谢　血管组织和人体的其他组织一样在一定周期内完成新陈代谢的过程，但是由于新的细胞组织不能正常的形成，使血管壁本身存在"缺陷"这样就容易产生炎症血管收缩不畅，随时都有阻塞或破裂的可能。

检查

1. 心电图　心电图是诊断心血管病最简便、常用的方法。

2. 心电图负荷试验　包括运动负荷试验和药物负荷试验。对于安静状态下无症状或症状很短难以捕捉的患者，可以通过运动或药物增加心脏的负荷而诱发心肌缺血，通过心电图记录到 ST-T 的变化而证实心肌缺血的存在。

3. 动态心电图　是一种可以长时间连续记录并分析在活动和安静状态下心电图变化的方法。无创、方便，患者容易接受。

4. 核素心肌显像　根据病史、心电图检查不能排除心绞痛，以及某些患者不能进行运动负荷试验时可做此项检查。核素心肌显像可以显示缺血区、明确缺血的部位和范围大小。

5. 超声心动图　超声心动图可以对心脏形态、结构、室壁运动以及左心室功能进行检查，是目前最常用的检查手段之一。

6. 血液学检查　通常需要采血测定血脂、血糖等指标，评估是否存在心血管病的危险因素。心肌损伤标志物是急性心肌梗死诊断和鉴别诊断的重要手段之一。

7. 冠状动脉 CT　多层螺旋 CT 心脏和冠状动脉成像是一项无创、低危、快速的检查方法，已逐渐成为一种重要的冠心病早期筛查和随访手段。

8. 冠状动脉造影及血管内成像技术　是目前冠心病诊断的"金标准"，可以明确冠状动脉有无狭窄、狭窄的部位、程度、范围等，并可据此指导进一步治疗。血管内超声可以明确冠状动脉内的管壁形态及狭窄程度。

🌱 防治

食　疗

高血压

（1）海参30克，加水适量炖烂，稍加冰糖炖化后食，每日1剂。适用于本病肾虚、精血亏损、溲频、便艰。脾虚多痰、便溏、泻痢、遗滑者忌食。或鲜芹菜连叶250克，捣烂取汁服，每日2剂。适用于高血压血脂高。

（2）香蕉皮100克，水煎服，每日1剂；或每日食香蕉3次，每次1～2个。或取香蕉梗25克，白菜根1个，水煎，稍加冰糖内服。能化瘀通血脉，滑肠清热。适用于高血压合并冠心病大便秘结。

（3）山楂50克，温水浸泡片刻，水煎取浓汁，加粳米50克，再加水适量煮粥，每日早晚各1次。适用于高血压胆固醇、三酰甘油高或合并有冠心病、心绞痛食滞瘀结。

冠心病

（1）豌豆苗100克，洗净，捣烂取汁服，每日1剂。适用于冠心病阴液不足、便秘、口渴、有热象者。也可用玉米粉100克，粳米150克，煮至米开粥稠，每日1剂，分3次食。适用于冠心病、高血压、高脂血（肝阳上亢、头目眩晕）。

（2）山楂50克，荷叶50克，薏苡仁50克，粳米50克，葱白20克，煮粥。适用于冠心病、高脂血症属痰湿阻遏胸阳。

（3）白扁豆50克，山楂50克，韭菜50克，加水1000毫升煎取500毫升，去渣，加红糖25克，每日1剂。适用于冠心病脾虚。

高脂血症

（1）芹菜下部茎约10厘米连根20枚，洗净，加水500毫升煎取200毫升为头汁内服，同法煎取第二汁，空腹服最佳。适用于高脂血症胆固醇高、高血压肝阳、血瘀、痰湿甚者。

（2）干花生壳 50～100 克，水煎服，每日 1 剂。适用于高脂血症脾虚。

（3）荷叶 50 克，每日煎服。适用于高脂血症痰湿甚者。

推拿疗法

【冠心病】

1.胸胁部推拿　患者坐位或仰卧位，医者立于一旁，用手掌平推前胸部（见图 6-2-1）及分推胁肋部，以温热为度，然后在心前区做快速揉搓法 5～10 分钟，再以一手指腹点按膻中（见图 6-2-2）、巨阙、乳根穴各 2～3 分钟，手法须轻柔缓和，频率一致。

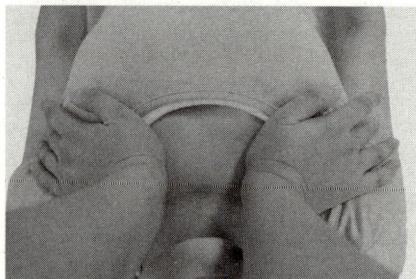

图 6-2-1　手掌平推前胸部

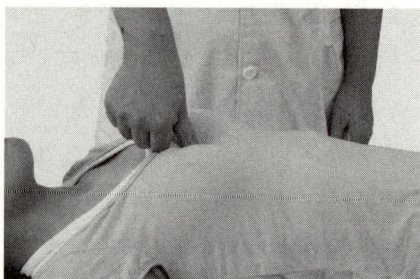

图 6-2-2　点按膻中穴

2.背部推拿　患者坐位或俯卧位，医者立于一旁，用手掌平推背部脊柱两侧 10 次（见图 6-2-3），然后按揉厥阴俞、心俞、膈俞共约 6～8 分钟，以左侧为重点。

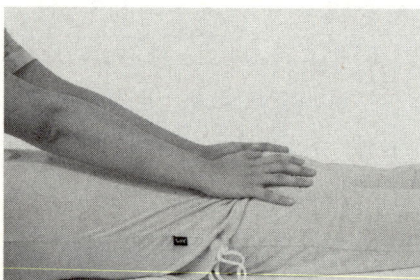

图 6-2-3　平推脊柱两侧

3.上肢点穴　患者卧、坐均可，医者立于一侧，用掌根从肩前平推至腕（见图 6-2-4）前 3～5 次，以拇指点按双侧内关、神门、劳宫（见图 6-2-5）各约 1～2 分钟。

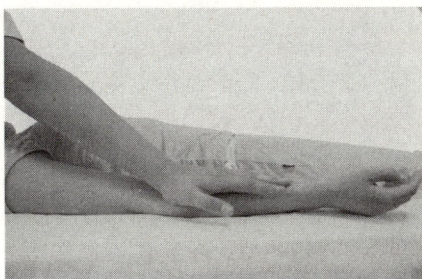

图 6-2-4　平推上臂内侧

图 6-2-5　点按劳宫穴

4. 辨证加减　气短胸闷者，加点按气海、郄门各约2分钟；失眠多梦者，加按揉百会、安眠穴各2分钟。

【**高血压**】

1. 头面项部推拿　患者坐位，医者立于其后，提拿风池穴（见图6-2-7）及项后大筋30～50次，左右交替推桥弓各30～50次，并点按太阳（见图6-2-6）、风池、百会穴各数十次，再立于一侧，用扫散法在双侧颞部操作各数十次。

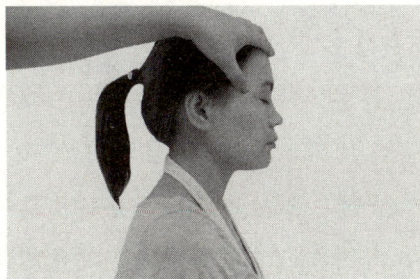

图 6-2-6　点按太阳穴

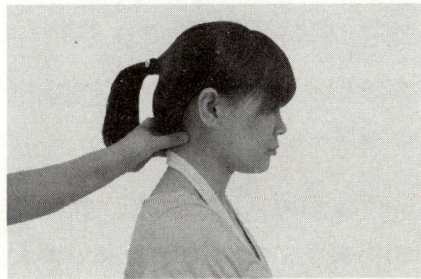

图 6-2-7　提拿风池穴

2. 背部推拿　患者俯卧，医者立于一侧，用双手掌自肩背部向足跟方向做推法5～7次，并掌揉背部及揉拿下肢后侧3～5次（见图6-2-8），再点按肝俞、心俞、肾俞、涌泉穴（见图6-2-9）各1～2分钟。

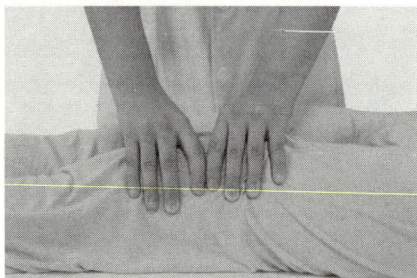

图 6-2-8　揉拿下肢

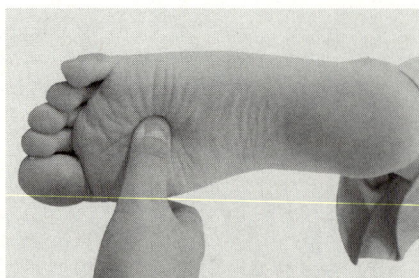

图 6-2-9　点按涌泉穴

3.腹部推拿　患者仰卧，医者立于一侧，用单手掌摩揉小腹（见图 6-2-10）部数分钟，以局部有温热感为宜。

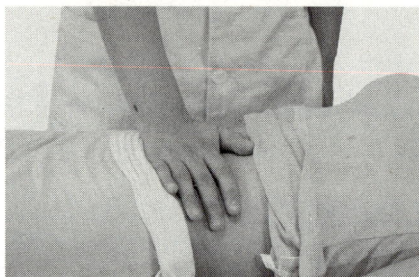

图 6-2-10　掌揉小腹部

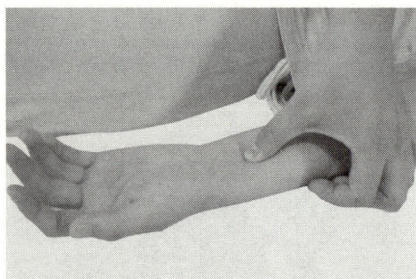

图 6-2-11　按揉内关穴

4.肢体推拿　患者仰卧，医者立于一侧，双手揉拿上、下肢各 3～5 遍，并按揉曲池、内关（见图 6-2-11）、足三里、丰隆各 1 分钟左右。

5.辨证加减　肝火盛者，加揉太溪、太冲、阳陵泉各约 1 分钟，搓摩胁肋至局部微热；阴虚重者，除加揉太溪、太冲外，还加揉血海，并横擦腰骶部至局部发热；痰浊壅盛者，多揉膻中、丰隆、足三里、内关，可加腹部一指禅推法自上到下 3～5 分钟；失眠甚者，多按揉印堂、太阳、神门等；头昏痛甚者，可用一指禅推法从印堂至神庭、至头维、至太阳等。

自我按摩

【冠心病】

1.**胸胁部**　取坐位，单手掌平推胸前部数十次；两手五指略张开，指距与肋骨的间隙等宽，自上向下向对侧胸壁交替分推数十次（见图 6-2-12），以胸胁部有温热感为宜；再用右手四指指腹点揉膻中（见图 6-2-13）、巨阙、心前区各约 2 ~ 3 分钟。

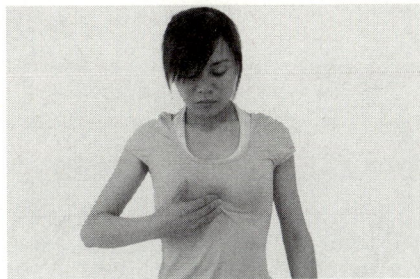

图 6-2-12　分推胸壁　　　　　　　　图 6-2-13　点揉膻中穴

2. 上肢点穴　坐位，拇指互相点揉对侧神门（见图 6-2-14）、内关、劳宫各 1 分钟。

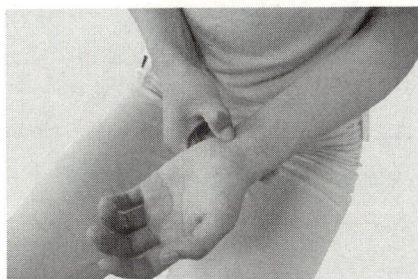

图 6-2-14　点揉神门穴

【高血压】

1. 头面部　坐姿，双手五指略分开，从前发际作梳头状梳向后发际数十次，用四指从太阳向后经侧颞部推至风池数十次，力度勿太重，再按揉太阳、印堂、风池穴各约 100 次（见图 6-2-15）。

a　　　　　　　　　　　　b

图 6-2-15　太阳至风池穴梳法

2.胸腹部

（1）坐位，搓摩胁肋（见图6-2-16）数十次。

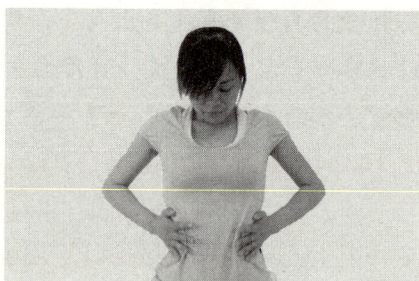

图 6-2-16　搓摩胁肋

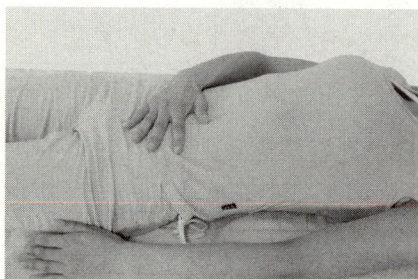

图 6-2-17　揉腹

（2）仰卧位，用单手轻柔摩肚脐以下腹部区域5分钟左右（见图6-2-17）。

3.肢体

两手交替从上到下揉搓两臂及大、小腿数十次（见图6-2-18），并按揉曲池、内关、合谷、足三里、丰隆、三阴交、涌泉等各约1分钟。

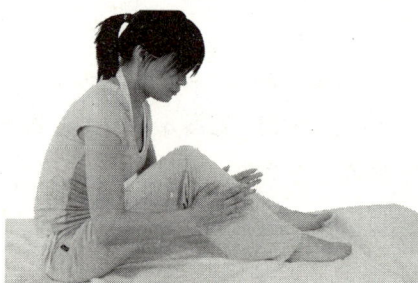

图 6-2-18　揉搓小腿

耳穴贴压疗法

冠心病

主穴：心、交感、小肠（见图6-2-19）。

配穴：神门、内分泌、皮质下、肺。

主配穴全取，对准敏感点压丸。用点压手法，每3天治疗1次，每次一侧耳穴，两耳交替，7次为一个疗程。嘱患者每日自行按压耳穴3~4次，此法多在缓解期施用。

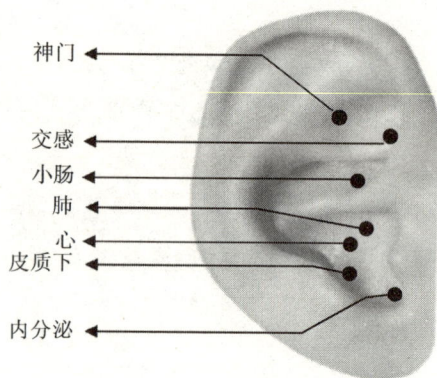

神门
交感
小肠
肺
心
皮质下
内分泌

图 6-2-19　耳穴

中医辨证治疗

冠心病

（1）若患者心胸疼痛，如刺如绞，痛有定处，入夜为甚，甚则心痛彻背，背痛彻心，或痛引肩背，伴有胸闷，日久不愈，可因暴怒、劳累而加重，舌质暗红，或紫暗，有瘀斑，舌下瘀筋，苔薄，脉弦涩。此为心血瘀阻证，宜选用血府逐瘀汤加减。方中川芎、桃仁、红花、赤芍活血化瘀和营通脉；柴胡、桔梗、枳壳、牛膝调畅气机；当归、生地补养阴血；降香、郁金理气止痛。

（2）若患者心胸满闷，隐痛阵发，痛无定处，时欲太息，遇情志不遂时容易诱发或加重，或兼有脘腹胀闷，得嗳气或矢气则舒，苔薄或薄腻，脉细弦。此为气滞心胸证，宜选用柴胡疏肝散加减。方中柴胡、枳壳疏肝理气；香附、陈皮理气解郁；川芎、赤芍活血通脉。

（3）若患者胸闷重而心痛微，痰多气短，肢体沉重，形体肥胖，遇阴雨天而易发作或加重，伴有倦怠乏力，纳呆便溏，咯吐痰涎，舌体胖大且边有齿痕，苔浊腻或白滑，脉滑。此为痰浊闭阻证，宜选用瓜蒌薤白半夏汤合涤痰汤加减。方中瓜蒌、薤白化痰通阳，行气止痛；半夏、南星、竹茹清热化痰；人参、茯苓、甘草健脾益气；石菖蒲、陈皮、枳实理气宽胸。

（4）若患者卒然心痛如绞，心痛彻背，喘不得卧，多因气候骤冷或骤感风寒而发病或加重，伴形寒，甚则手足不温，冷汗自出，胸闷气短，心悸，面色苍白，苔薄白，脉沉紧或沉细。此为寒凝心脉证，宜选用枳实薤白桂枝汤合当归四逆汤加减。方中桂枝、细辛温散寒邪，通阳止痛；薤白、瓜蒌化痰通阳，行气止痛；当归、芍药、甘草养血活血；枳实、厚朴理气通脉；大枣养脾和营。

（5）若患者心胸隐痛，时作时休，心悸气短，动则益甚，伴倦怠乏力，声息低微，面色白，易汗出，舌质淡红，舌体胖边有齿痕，苔薄白，脉虚细缓或结代。此为气阴两虚证，宜选用生脉散合人参养荣汤加减。方中人参、黄芪、炙甘草大补元气，通经利脉；肉桂温通心阳；麦冬、玉竹滋养心阴；当归、丹参养血活血；五味子收敛心气。

（6）若患者心痛憋闷，心悸盗汗，虚烦不寐，腰酸膝软，头晕耳鸣，口干便秘，舌红少津，苔薄或剥，脉细数或促代。此为心肾阴虚证，宜选用天王补心丹合炙甘草汤加减。方中生地、玄参、天冬、麦冬滋水养阴；人参、炙甘草、茯苓益助心气；柏子仁、酸枣仁、五味子、远志交通心肾，养心安神；丹参、当归身、芍药、阿胶滋养心血而通心脉。

（7）若患者心悸而痛，胸闷气短，自汗，动则更甚，面色白，神倦怯寒，四肢欠温或肿胀，舌质淡胖，边有齿痕，苔白或腻，脉沉细迟。此为心肾阳虚证，宜选用参附汤合右归饮加减。方中人参大补元气，附子温补真阳，肉桂振奋心阳，熟地、山萸肉、淫羊藿、补骨脂温养肾气，炙甘草益气复脉。

高血压

（1）若患者血压高伴有眩晕，耳鸣，头目胀痛，口苦，失眠多梦，遇烦劳、郁怒而加重，甚则仆倒，颜面潮红，急躁易怒，肢麻震颤，舌红苔黄，脉弦或数。此为肝阳上亢证，宜选用天麻钩藤饮加减。方中天麻、石决明、钩藤平肝潜阳熄风；牛膝、杜仲、桑寄生补益肝肾；黄芩、山栀、菊花清泻肝火；白芍柔肝滋阴。

（2）若患者血压高伴有眩晕动则加剧，劳累即发，面色㿠白，神疲乏力，倦怠懒言，唇甲不华，发色不泽，心悸少寐，纳少腹胀，舌淡苔薄白，脉细弱。此为气血亏虚证，宜选用归脾汤加减。方中党参、白术、黄芪益气健脾；当归、熟地、龙眼肉、大枣补血生血养心；茯苓、炒扁豆补中健脾；远志、酸枣仁养血安神。

（3）若患者血压高伴有眩晕日久不愈，精神萎靡，腰酸膝软，少寐多梦，健忘，两目干涩，视力减退。或遗精，滑泄，耳鸣，齿摇；或颧红咽干，五心烦热，舌红少苔，脉细数；或面色㿠白，形寒肢冷，舌淡嫩，苔白，脉弱尺甚。此为肾精不足证，宜选用左归丸加减。方中熟地、山萸肉、山药滋阴补肾；龟板、鹿角胶、紫河车滋肾助阳，益精填髓；杜仲、枸杞子、菟丝子补益肝肾；牛膝强肾益精。

（4）若患者血压高伴有眩晕，头重昏蒙，或伴视物旋转，胸闷恶心，呕吐痰涎，食少多寐，舌苔白腻，脉濡滑。此为痰浊中阻，宜选用半夏白术天麻汤加减。方中半夏、陈皮健脾燥湿化痰；白术、薏苡仁、茯苓健脾化湿；天麻化痰熄风，止头眩。

西医治疗

1.药物治疗
目的是缓解症状，减少心绞痛的发作及心肌梗死；延缓冠状动脉粥样硬化病变的发展，并减少冠心病死亡。规范药物治疗可以有效地降低冠心病患者的死亡率和再缺血事件的发生，并改善患者的临床症状。

（1）硝酸酯类药物：硝酸酯类药物是稳定型心绞痛患者的常规用药。心绞痛发作时可以舌下含服硝酸甘油或使用硝酸甘油气雾剂。

（2）抗血栓药物：包括抗血小板和抗凝药物。抗血小板药物可以抑制血小板聚集，避免血栓形成而堵塞血管。阿司匹林为首选药物，所有冠心病患者没有禁忌证应该长期服用。副作用是对胃肠道的刺激，胃肠道溃疡患者要慎用。抗凝药物包括普通肝素、低分子肝素等。通常用于不稳定型心绞痛和心肌梗死的急性期。

（3）纤溶药物：溶血栓药可溶解冠脉闭塞处已形成的血栓，开通血管，恢复血流，用于急性心肌梗死发作时。

（4）β—阻滞剂：β受体阻滞剂即有抗心绞痛作用，又能预防心律失常。在无明显禁忌时，β受体阻滞剂是冠心病的一线用药。禁忌和慎用的情况有哮喘、慢性气管炎及外周血管疾病等。

（5）钙通道阻断剂：可用于稳定型心绞痛的治疗和冠脉痉挛引起的心绞痛。

（6）肾素血管紧张素系统抑制剂：包括血管紧张素转换酶抑制剂（ACEI）、血管紧张素2受体拮抗剂（ARB）以及醛固酮拮抗剂。对于急性心肌梗死或近期发生心肌梗死合并心功能不全的患者，尤其应当使用此类药物。用药过程中要注意防止血压偏低。

（7）调脂治疗：调脂治疗适用于所有冠心病患者。冠心病在改变生活习惯基础上给予他汀类药物，他汀类药物主要降低低密度脂蛋白胆固醇。

2. 经皮冠状动脉介入治疗　经皮冠状动脉腔内成形术应用特制的带气囊导管，经外周动脉（股动脉或桡动脉）送到冠脉狭窄处，充盈气囊可扩张狭窄的管腔，改善血流，并在已扩开的狭窄处放置支架，预防再狭窄。心肌梗死急性期首选急诊介入治疗，时间非常重要，越早越好。

3. 冠状动脉旁路移植术（简称冠脉搭桥术）　冠状动脉旁路移植术通过恢复心肌血流的灌注，缓解胸痛和局部缺血、改善患者的生活质量，并可以延长患者的生命。适用于严重冠状动脉病变的患者，不能接受介入治疗或治疗后复发的病人，以及心肌梗死后心绞痛，或出现室壁瘤、二尖瓣关闭不全、室间隔穿孔等并发症时。

知识链接

心血管疾病养生

（1）避免精神紧张和过度劳累。

（2）保持乐观，保证睡眠。

（3）少吃或不吃烟酒，食低盐、低脂肪、低胆固醇饮食。

（4）保持生活及工作环境相对安静，避免心情烦躁。

（5）勿参加剧烈活动，只能在医生指导下作适当的体育运动。

（6）勿长时间用脑，勿长时间持续用眼。

肿　　瘤

什么是肿瘤

　　肿瘤是机体在各种致癌因素作用下，局部组织的某一个细胞在基因水平上失去对其生长的正常调控，导致其克隆性异常增生而形成的异常病变。学界一般将肿瘤分为良性和恶性两大类。中医认为：肿瘤是发生于五脏六腑，四肢百骸的一类恶性疾病。多由于正气内虚，感受邪毒，情志怫郁，饮食损伤，宿有旧疾等因素，使脏腑功能失调，气血津液运行失常，产生气滞，血瘀，痰凝、湿浊、热毒等病理变化，蕴结于脏腑组织，相互搏结，日久渐积而成的一类恶性疾病。

自我诊断

　　肿瘤的类型很多，不同类型的肿瘤其自我诊断不同，如乳腺癌的诊断方法:

　　乳腺癌自检的最佳时间是在月经结束1周后，因为月经前或经期由于乳腺生理性充血，腺泡增生和腺管扩张等组织变化，使乳腺组织肥厚，影响检查效果。如果月经周期不规则，最好在每月的同一时间进行自检。

　　1.视查　直立镜前脱去上衣，在明亮的光线下，面对镜子对两侧乳房进行视诊，比较双侧乳房是否对称，注意外形有无大小和异常变化。

2.**触查** 举起左侧上肢，用右手三指（食指，中指，无名指）指腹缓慢稳定、仔细地触摸乳房方法，在左乳房作顺或逆向逐渐移动检查，从乳房外围起至少三圈，直至乳头。也可采用上下或放射状方向检查，但应注意不要遗漏任何部位。同时一并检查腋下淋巴结有无肿大。最后，用拇指和食指间轻挤压乳头观察有无乳头排液。如发现有混浊的、微黄色或血性溢液，应立即就医，检查右侧乳房方法同上。

3.**平卧检查** 平卧检查时，待检测上肢举过头放于枕上或用折叠的毛巾垫于待检测肩下。这种位置目的使乳房平坦，易于检查，其方法与触查相同。

常见病因

1.**化学致癌因素**

（1）间接作用的化学致癌物：多环芳烃，芳香胺类与氨基偶氮染料，亚硝胺类，真菌毒素。

（2）直接作用的化学致癌物：这些致癌物不经体内活化就可致癌，如烷化剂与酰化剂。

2.**物理致癌因素** 离子辐射引起各种癌症。长期的热辐射也有一定的致癌作用，金属元素镍、铬、镉、铍等对人类也有致癌的作用。临床上有一些肿瘤还与创伤有关，骨肉瘤、睾丸肉瘤、脑瘤患者常有创伤史。

3.**病毒和细菌致癌**

（1）RNA致瘤病毒：通过转导和插入突变将遗传物质整合到宿主细胞DNA中，并使宿主细胞发生转化。

（2）DNA致瘤病毒：常见的有人类乳头状瘤病毒（HPV）与人类上皮性肿瘤尤其是子宫颈和肛门生殖器区域的鳞状细胞癌发生密切相关。幽门螺杆菌引起的慢性胃炎与胃低度恶性B细胞性淋巴瘤发生有关。

4.**遗传因素** 目前发现不少肿瘤有家族史，如乳腺癌、胃肠癌、食管癌、肝癌、鼻咽癌等。

检查

1.**三大常规检查** 对某些肿瘤的早期发现具有重要意义。

（1）血常规检查：血象检查是发现各种白血病的主要途径。

（2）尿液检查：尿液检查是诊断泌尿系统疾病和观察疗效的重要方法，也是其他系统疾病的化验检查之一。

（3）粪便检查：通过粪便检查可以了解消化道及消化系统有无病理现象。

2.超声波检查　由于超声检查具有安全、简便、迅速等特点，且是临床首选的肝脏影像学检查。

3.放射线检查

（1）X线检查：X线平片对骨肿瘤、肺癌均有明显的诊断效果。

（2）CT检查：CT检查具有诊断效果好、图像清晰、分辨率高的特点，可发现普通X线片不能发现的很小的病变组织。

4.病理学检查　病理检查是确定肿瘤性质的主要依据，可分为细胞病理学检查和组织病理学检查。细胞病理学检查广泛应用于对宫颈癌、肺癌、食管癌、鼻咽癌及膀胱癌等的诊断。组织病理学检查为目前最理想的诊断肿瘤的依据。

5.内腔镜检查　由于内腔镜能直观地看到脏器腔内的病变，确定范围、部位并进行活检，因此，可以对一些常见的肿瘤，做出可靠的诊断。

6.核磁共振检查（MRI）　MRI对肿瘤的定位、病变的范围、起源和侵犯的结构可直观地了解，且对软组织的显示能力较强。

防治

食疗

胃癌

（1）以皮蛋作为菜肴；或在粥熟后，皮蛋切片放入，每日1～2个皮蛋。或薏苡仁50克，大米150克，煮饭或粥。适用于各类胃癌。

（2）栗子、芡实、莲子各100克，煮羹，每日当作点心吃。适用于胃癌康复期。

（3）胡萝卜1根，切小片或丝；生卷心菜200克，洗净，切小块或丝，大蒜5瓣，切小丁；拌和，加色拉油拌匀。适用于胃癌康复期或未能手术。

肺癌

（1）胡萝卜剁末，青菜或荠菜切末，拌和。用猪油炒饭，加菜末拌和。

适用于各类肺癌。

（2）生梨1个（去心），加川贝3克，冰糖或白砂糖15克，水煮20分钟，饮汤食梨。适用于肺癌痰多、口干、舌红。

（3）白木耳冰糖羹，任意食。适用于肺癌有舌红口干等阴虚症状者。亦适用于在放射治疗期间。

肝癌

（1）口蘑炖鸡是民间流传的肝癌食疗方。适用于肝癌手术后的康复期。

（2）橘皮洗净吹干，泡茶饮。适用于肝癌治疗中有恶心、呕吐。

（3）冬瓜500克，连皮洗净，水煎代茶饮。或西瓜皮250克，加水煮沸取汁煮粥，一日内分次食。适用于肝癌发热并有腹水。

鼻咽癌

（1）藿香3克，佩兰3克，水煎代茶，每日频饮。适应于各类鼻咽癌。

（2）石斛30克，竹叶10克，水煎代茶，频饮。适用于鼻咽癌放射治疗后口干。

（3）生梨、生番茄、西瓜，切片或小丁，拌和，每日随意食。适用于鼻咽癌放射治疗后口干、咽喉痛。

乳腺癌

（1）蟹壳炙灰，黄酒少量送服，每次2克，每日2次。此系民间验方。适用于乳腺癌初起或未能用手术切除。

（2）太子参15克，天冬15克，生地15克，水煎取汁煮粥或饭，常食，适用于乳腺癌术后口干舌红。

（3）丝瓜络50克，水煎取汁代茶，常饮。适用于乳腺癌胸胁痛，口干。

白血病

（1）生地50克，丹皮10克，赤芍10克，水煎取汁煮粥。吃时用蜜调紫雪散0.3克调入粥中。适用于白血病有发热兼有皮下出血点。

（2）红枣 50 克，黑枣 50 克，黑木耳 30 克，水煮，加白糖，饮汤食枣、木耳。适用于白血病有贫血。

（3）黄芪 100 克，龙眼肉 30 克，当归 10 克，炙甘草 10 克，水煎取汁煮粥，常食。适用于白血病无发热但有皮下出血点。

中医辨证治疗

肺癌

（1）若肺癌伴有咳嗽不畅，胸闷气憋，胸痛有定处，如椎如刺，或痰血暗红，口唇紫暗，舌质暗或有瘀点、瘀斑，苔薄，脉细弦或细涩。此为瘀阻肺络证，宜选用血府逐瘀汤加减使用。方中桃仁、红花、川芎、牛膝等活血化瘀，当归、熟地等养血活血，柴胡、枳壳等疏肝理气。

（2）若肺癌伴咳嗽咯痰，气憋，痰质稠黏，痰白或黄白相兼，胸闷胸痛，纳呆便溏，神疲乏力，舌质淡，苔白腻，脉滑。此为痰湿蕴肺证，宜选用二陈汤合瓜蒌薤白半夏汤加减。方中陈皮、法半夏、茯苓理气燥湿化痰；瓜蒌、薤白行气祛痰，宽胸散结；紫菀、款冬花止咳化痰。

（3）若肺癌伴咳嗽无痰或少痰，或痰中带血，甚则咯血不止，胸痛，心烦寐差，低热盗汗，或热势壮盛，久稽不退，口渴，大便干结，舌质红，舌苔黄，脉细数或数大。此为阴虚毒热证，宜选用沙参麦冬汤合五味消毒饮加减。方中沙参、玉竹、麦冬、甘草、桑叶、天花粉养阴清热；金银花、野菊花、蒲公英、紫花地丁、紫背天葵清热解毒散结。

（4）若肺癌伴咳嗽痰少，或痰稀，咳声低微，气短喘促，神疲乏力，面色㿠白，形瘦恶风，自汗或盗汗，口干少饮，舌质红或淡，脉细弱。此为气阴两虚证，宜选用生脉饮合百合固金汤加减。方中人参大补元气，麦冬养阴生津，五味子敛补肺津，生地、熟地、玄参滋阴补肾；当归、芍药养血平肝，百合、麦冬、甘草润肺止咳，桔梗止咳祛痰。

胃癌

（1）若患者胃癌伴胃脘胀满、疼痛，嗳气陈腐，或恶心、呕逆，脉弦。此为肝胃不和，宜选用逍遥散合旋覆代赭汤加减以达到疏肝和胃，止痛降逆之功效。方中旋覆花、代赭石、柴胡疏通肝胃气机；白术、茯苓、人参健脾胃，补益中气；半夏、白芍、生姜和胃止痛；当归、大枣和血补血。

（2）脾胃虚寒：若胃癌伴胃脘隐痛，喜暖喜按，食入经久复吐出，神疲乏力，肢冷，便溏，浮肿，舌淡肿，有齿印，脉沉弦弱。此为脾胃虚寒证，宜选用黄芪建中汤和香砂六君子汤加减。方中以黄芪、人参、茯苓、大枣、甘草补脾益气，桂枝、生姜温阳散寒，白芍缓急止痛，香附、砂仁行气通脾，饴糖补脾缓急。

（3）若患者胃癌伴胃脘灼痛，嘈杂，口干，食后痛甚，五心烦热，大便干结，舌红无苔，脉细数。此为胃阴亏虚，宜选用麦门冬汤合一贯煎加减。方中以麦冬、沙参、生地、当归、枸杞滋阴养血生津，半夏和胃，川楝子疏解中焦气机。

（4）若患者胃癌伴胃脘疼痛，肿块坚硬，恶心呕吐，严重消瘦，神疲倦怠，皮肤枯燥。此为胃癌晚期，气血多已衰败，属邪实正虚，宜选用十全大补汤。方中为四君子汤合四物汤再加黄芪、肉桂。四君补气，四物补血，再加上黄芪的补气作用，佐以温中的肉桂，其补益效果更甚。

西医治疗

【手术治疗】

通常包括根治性手术，姑息性手术，探查性手术。

根治性手术 由于恶性肿瘤生长快，表面没有包膜，它和周围正常组织没有明显的界线，局部浸润厉害，并可通过淋巴管转移。因此，手术要把肿瘤及其周围一定范围的正常组织和可能受侵犯的淋巴结彻底切除。这种手术适合于肿瘤范围较局限、没有远处转移、体质好的病人。

姑息性手术 肿瘤范围较广，已有转移而不能作根治性手术的晚期病人，为减轻痛苦，维持营养和延长生命，可以只切除部分肿瘤或作些减轻症状的手术，如造瘘术等。

探查性手术 对深部的内脏肿物，有时经过各种检查不能确定其性质时，需要开胸、开腹或开颅检查肿块的形态，为区别其性质或切取一小块活组织快速冰冻切片检查，明确诊断后再决定手术和治疗方案，为探查性手术。

【放射治疗】

放射治疗简称放疗，它是利用高能电磁辐射线作用于生命体，使生物分子结构改变，达到破坏癌细胞目的的一种治疗方法。放射能够治疗癌症是因为癌细胞对放射线敏感。目前临床上应用的放射线有 X 线治疗和 γ 线治疗两种。高度敏感的肿瘤可以放疗为主，早期宫颈癌、鼻咽癌、舌癌、早期的食管癌等放疗的五年生存率均可达 90% 以上。这些癌症的晚期放疗有时也能取得一定的疗效。

【化学治疗】

化学治疗的临床应用有四种方式：

晚期或播散性肿瘤的全身化疗　因对这类肿瘤患者通常缺乏其他有效的治疗方法，常常一开始就采用化学治疗，近期的目的是取得缓解。

辅助化疗　是指局部治疗（手术或放疗）后，针对可能存在的微小转移病灶，防止其复发转移而进行的化疗。例如骨肉瘤、睾丸肿瘤和高危的乳腺癌病人术后辅助化疗可明显改善疗效，提高生存率或无病生存率。

新辅助化疗　针对临床上相对较为局限性的肿瘤，但手术切除或放射治疗有一定难度的，可在手术或放射治疗前先使用化疗。现已证明新辅助化疗对膀胱癌、乳腺癌、喉癌、骨肉瘤及软组织肉瘤、非小细胞肺癌、食管癌及头颈部癌可以减小手术范围，或把不能手术切除的肿瘤经化疗后变成可切除的肿瘤。

特殊途径化疗

（1）腔内治疗：将化疗药物溶解或稀释后，注入各种病变的体腔内，从而达到控制恶性体腔积液的目的。

（2）椎管内化疗：采用胸椎穿刺鞘内给药，以便脑脊液内有较高的药物浓度，从而治疗影响中枢神经系统的肿瘤。

（3）动脉插管化疗：如颈外动脉分支插管治疗头颈癌，肝动脉插管治疗原发性肝癌或肝转移癌。

个性化科学营养防治

人们日常生活习惯对疾病和死亡的影响大大超过医药的作用，故每个肿瘤病人应根据自己的病情安排好自己的日常生活。有规律的生活所形成的条件反射，能使身体各组织器官的生理活动按节律正常进行，如每日起床、洗脸、漱口、进食、排便、锻炼、工作、休息等形成良好的规律，则既能利于身体健康，又能利于肿瘤康复。

第一，无肿瘤但需要预防的人。目前国内外肿瘤技术存在主要问题：一旦发现就是中晚期；即便能早发现，一般不知道是哪些食物引起的；家族中有肿瘤的人希望后代避免则需要肿瘤预测并检查是哪些食物引起的，通过个性化科学营养预防肿瘤发生。

第二，已经得了肿瘤希望早日康复者，也应该通过个性化科学食疗促进康复，必定肿瘤第一原因是饮食结构不科学造成的。因此，个性化科学营养具有重要意义。盲吃肯定是错误的。

第三，已经治愈的肿瘤患者一定要个性化科学食疗，因为，大多数治愈患者有复发的可能。消灭肿瘤必须改造生长肿瘤的环境。

日常保健

（1）首先要保持乐观的情绪，树立战胜癌症的坚强信心。

（2）适当的运动可使气血流畅，增强机体抵抗力。避免受风寒，身体受风寒刺激时，抵抗力下降，易诱发疾病。据可续研究最新发现，运动对于危害生命的大敌——癌症，有明显的预防效果。当然，这里说的运动是负离子运动，即通过身体的活动，增加氧气的吸入，达到保健强身的目的。

（3）饮食应以清淡而富有营养为主。多吃蔬菜及萝卜、酸梅、黄豆、蘑菇、芦笋、薏苡仁等食物中含有抗癌物质，水果及富含多种氨基酸、维生素、蛋白质和易消化的滋补食品。

（4）肿瘤病人热能消耗大，因此饮食要比正常人多增加20%的蛋白质。

（5）少吃油腻过重的食物；少吃羊肉等温补食物；少吃不带壳的海鲜、笋、芋等容易过敏的发物；少吃含化学物质、防腐剂、添加剂的饮料和零食。忌食过酸、过辣、过咸、烟酒等刺激物。

饮食禁忌

严禁以下食物：油炸、腌制食品，可乐、汉堡、牛奶、坚果、豆类、荤菜、零食。一般认为，癌症的早中期，病伤津劫阴，多属阴虚内热，故在饮食调理上，应忌辛温燥热属性的食品，滞腻食品也主张少吃；在癌症的中晚期多为虚证、寒证，饮食上主张温补脾胃，益气生血等食品类，而性属寒凉的食品，则应少吃或不吃。在不同的病种上，忌口也有所不同，如鼻咽癌病人在放疗期间，应忌辛温燥热、油炸烧烤食物，忌吃狗肉、羊肉、胡椒、茴香等；胃癌病人忌食辛燥食品、桂皮、芥末、辣椒等；食管癌病人忌老猪肉、老鸭肉；肝癌病人忌母猪肉、少吃韭菜。当然，忌口应适当，盲目地忌口将致营养不良，影响疾病康复。

糖　尿　病

什么是糖尿病

糖尿病是一组由于胰岛素分泌缺陷和代谢障碍性疾病。常见症状有多饮、多尿、多食以及消瘦等。糖尿病若得不到有效的治疗，可引起身体多系统的损害。

糖尿病分为 1 型糖尿病和 2 型糖尿病。其中 1 型糖尿病多发生于青少年，其胰岛素分泌缺乏，必须依赖胰岛素治疗维持。2 型糖尿病多见于中、老年人群，其胰岛素分泌的量并不低甚至还偏高，病因主要是机体对胰岛素不敏感（即胰岛素抵抗）。

有调查研究结果显示，我国教师近 10 年来糖尿病患病率增高，教师由于工作压力大，长期伏案工作，饮食不规律及缺乏锻炼，是糖尿病的高发人群。

自我诊断

世界卫生组织和美国糖尿病协会提出的糖尿病最新诊断标准有以下几点：

（1）有明显的症状，如三多一少（多饮、多尿、多食、消瘦）和视物模糊等，随机查血糖 ≥ 11.1mmol/L。

（2）空腹血糖 ≥ 7.0mmol/L，空腹是指餐前，且至少 8 小时未进食。

（3）口服葡萄糖耐量实验，即口服 75 克葡萄糖后 2 小时的血糖 ≥ 11.1mmol/L。

达到以上三项中的任何一项即可诊断为糖尿病，但必须复查一次（不需同一项目）若仍符合标准即可确诊。

🌱 常见病因

糖尿病的早期诊断对防治并发症有重要意义，那么常见病因有哪些呢？

（1）有糖尿病家族病史者。

（2）肥胖者（体重指标≥ 25kg/m²）。

（3）有过妊娠期间血糖偏高或曾被诊断为妊娠糖尿病者。

（4）在怀孕时有血糖异常升高及巨大婴儿分娩史（出生时婴儿体重＞4kg）的妇女。

（5）高三酰甘油血症者（三酰甘油＞ 150mg/ml）。

（6）患有高血压病、动脉硬化、高血脂及高尿酸血症（或痛风）的患者。

（7）空腹血糖＞ 6.1mmol/L 而未被诊断为糖尿病者。

（8）年龄超过 60 岁的人。

（9）精神压力过大者。

（10）不注意运动、饮食注重高营养和高精细的人。

糖尿病是一种比较常见的代谢性疾病。该病发病原因主要是由于胰岛素分泌缺陷，所引起。多见于 40 岁以上喜食甜食而肥胖的病人，城市多于农村，常有家族史，故与遗传有关。少数病人与病毒感染和自身免疫反应有关。主要表现为烦渴、多饮、多尿、多食、乏力、消瘦等症状。严重时发生酮症酸中毒等，常并发急性感染、肺结核、动脉硬化、肾和视网膜微血管病及神经病变。糖尿病是影响人民健康和生命的常见病，伴发高血压、冠心病、高脂血症等，严重时危及生命。

🌱 检查

1. 血糖　血糖是最为主要的糖尿病的指标，所以首要检查项目就是查血糖。包括空腹血糖、餐后两小时血糖、随机血糖、自我监测血糖等内容。血糖监测是维持良好血糖的必要工具，任何一种治疗计划都必须通过数据来获知成效，血糖监测是最直接的指标。经常的血糖监测除了可以避免高血糖带来的问题外，还可以预防低血糖的发生。

2. 糖化血红蛋白、尿常规　糖化血红蛋白很多人不了解，其实这也是很重要的一个指标，反映近两三个月的血糖水平，弥补了血糖指标只能反映瞬时血糖的不足，是了解血糖水平必不可少的项目。尿常规作为观察有无尿蛋白、管型等，可反映肾脏受损情况；有无泌尿系感染和其他肾病等。假如尿中白细胞增多，表明患者有尿路感染；尿中红细胞增多可能是由于肾小球硬化、肾小动脉硬化、肾盂肾炎等并发症所致。

防 治

饮食疗法

饮食治疗的关键是控制糖类摄入量，即控制主食和忌糖。一般轻型的糖尿病病人往往只需饮食控制，即可使症状逐渐消失，就是注射胰岛素的重型病人，用控制饮食治疗后，也会使病情逐渐稳定。具体地说，患者要严格控制入糖量，如糖果、饼干、糕点、白糖、果汁、淀粉、蜜饯、红薯、土豆、粉丝、粉皮等，如一定要吃时，必须用主食交换，相应减少主食摄入量。平时吃饭时，对主食应有一定控制，此外，对于性味大苦、大辣、大寒、大热的食物，要绝对禁止，以免加重病情。糖尿病人因为代谢紊乱，蛋白质分解过速，丢失过多，容易出现负氮平衡，所以膳食中应补充适量奶、蛋、鱼、瘦肉和豆制品等含蛋白质丰富的食物。一般每日每千克体重约需蛋白质1～1.5克。对于脂肪，一般病人每日总量为50～60克。但肥胖病人不能超过40克。为预防动脉硬化，最好选用各种植物油，并要限制高胆固醇食品，特别注意少吃鱼子、脑髓、蛋黄、肥肉及动物内脏等。因主食减少后，维生素 B_1 摄入不足，所以要注意维生素 B_1 的补充，否则易引起各种神经系统疾患。新鲜水果及果干，如梅、杏、桃、柿、荔枝、桂圆等也甚相宜，可以常食。若常服少量蜂蜜，会使血糖降低，与病相宜。糖尿病人平时还应多吃蔬菜，如白菜、芹菜、萝卜、橄榄菜、丝瓜等。还必须指出，糖尿病的恢复是很缓慢的，饮食疗法，必须持之以恒，针对病情进行选食。

药 膳

1. 四味一鸡汤 公鸡1只，芡实、白扁豆、益智仁、薏苡仁各30克，四味药填入鸡腔内，炖汤服食，每2天1剂。服3～5剂后，改每10天1剂。

治老人糖尿病。

2.猪胰汤 新鲜猪胰1条，洗净入开水中烫至半熟，酱油拌食，每日1次。适用于各型糖尿病。

3.枸杞粳米粥 枸杞子20克，粳米50克煮粥。用于糖尿病兼有眼病或肾病者。

4.麦粳米粥 小麦、粳米各50克煮粥。用于糖尿病烦渴、肢麻者。

5.米粥 粳米、秫米、黍米各30克煮烂成粥。治老人糖尿病肢寒纳少者。

6.猪脊羹 猪脊骨1具，红枣150克，莲子100克，木香3克，甘草10克。

7.清蒸茶鲫鱼 鲫鱼、绿茶共煮。补虚弱，止老人消渴。

耳穴贴压疗法

常用穴为内分泌。多饮加肺、渴点；多食加胃；多尿加肾、膀胱（见图6-4-5）。将王不留行籽贴于以上穴位，每日按压6~8次，使局部酸、重、麻、热。3天换1次贴，双手交替使用，10次为1疗程。

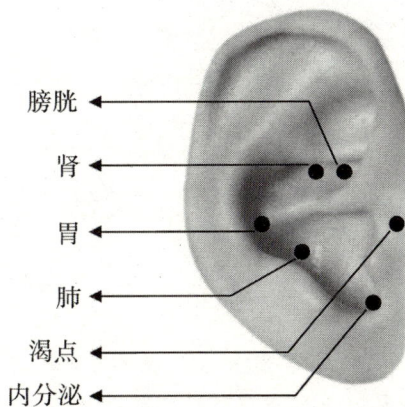

图6-4-5 耳穴

膀胱
肾
胃
肺
渴点
内分泌

针灸疗法

体针 主穴为肺俞、脾俞、肾俞、三阴交、照海、少商、膈俞、胃俞、中脘、关元，施平补平泻法，留针20分，每日1次。

尿糖阳性者 取足三里、三阴交、关元；合并高血压脑病者，取百会、风池、曲池、足三里、太冲；并发坏疽者，取曲池、足三里、八风、三阴交（见图6-4-1，图6-4-2，图6-4-3，图6-4-4）。

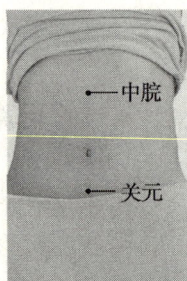

图 6-4-1　中脘及关元穴

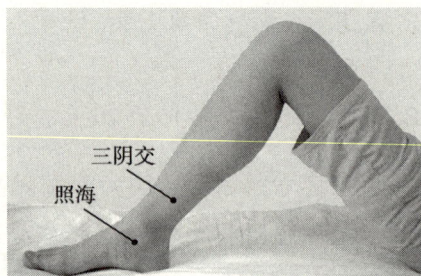

图 6-4-2　三阴交及照海穴

图 6-4-3　八风

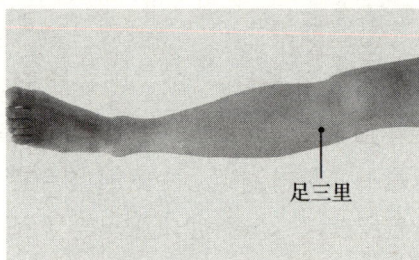

图 6-4-4　足三里穴

有视网膜病者　取承泣、四白、巨髎、三阴交、足三里、内庭；局部坏疽，创口经久不愈，取关元、气海、足三里、肾俞、脾俞等，用灸法。

中药验方

（1）生石膏30克，黄芩10克，地骨皮、生知母各15克，天门冬、麦门冬、天花粉、粳米各20克，生甘草8克，制用法：水煎服，每日1剂。适应证：糖尿病燥热伤肺证。

（2）生地、山药各20克，五味子、麦门冬、葛根各10克，蛤粉、海浮石各12克，花粉15克，鸡内金5克。制用法：水煎服。适应证：糖尿病肾阴虚阳亢证。

（3）赤小豆30克，怀山药40克。猪胰脏1具。制用法：水煎服，每日1剂，以血糖降低为度。适应证：糖尿病。

（4）西瓜皮、冬瓜皮各15克，天花粉12克。制用法：水煎。每日2次，每次半杯。适应证：糖尿病口渴、尿浊症。

（5）山药、天花粉等量。制用法：水煎，每日30克。适应证：糖尿病。

心情调摄

　　控制情绪也是治病的一道药方。糖尿病患者应保持思想乐观，情绪稳定，配合医生把血糖控制好。另一方面，患者家属也要清楚糖尿病人的心理状态，帮助患者了解糖尿病的基本知识，帮助患者建立战胜疾病的信心，提高治病的效率。

感　冒

🌱 什么是感冒

　　感冒，总体上分为普通感冒和流行感冒。普通感冒，是由多种病毒引起的一种呼吸道常见病，其中 30% ~ 50% 是由某种血清型的鼻病毒引起。普通感冒虽多发于初冬，但任何季节，如春天、夏天也可发生，不同季节的感冒的致病病毒并非完全一样。流行性感冒，是由流感病毒引起的急性呼吸道传染病。病毒存在于病人的呼吸道中，在病人咳嗽、打喷嚏时经飞沫传染给别人。

🌱 自我诊断

　　普通感冒以局部症状为主，全身症状可有或不明显，如流涕、喷嚏、鼻塞，有时有咳嗽、咽痛、声嘶、流泪等局部症状，全身不适，畏寒发热，头痛头昏，四肢腰酸背痛为全身症状，感冒可自我察觉，具备以上症状两者或两者以上者，可初步自我诊断。发病后应引起重视，及时就诊当地医院，完善检查，早发现早治疗。

常见原因

（1）病毒感染引起感冒的病毒有很多种，如鼻病毒、腺病毒、冠状病毒、疱疹病毒、埃可病毒等。

（2）不良的生活习惯。如自身防护不当，穿着不够保暖，皮肤血管受冷而收缩可反射引起鼻咽部黏膜毛细血管收缩，纤毛摆动减弱，局部抵抗力减低，病毒乘虚而入，引起感冒。夏天出汗较多，皮肤毛细血管扩张，如近距离用电扇或空调温度过低，使皮肤局部受冷，毛细血管收缩，反射引起鼻咽部黏膜血管收缩，纤毛摆动减弱，局部抵抗力减低，引起感冒。

（3）不良的饮食习惯也可引起感冒。如平时喜食口味重的饮食，因含盐多而使口腔内唾液溶菌酶减少，病毒可乘虚而入，引起感冒；又如偏食，使维生素 A 及维生素 C 缺乏，呼吸道防御屏障削弱，病毒因此易于侵入而感冒。

（4）个人体质较弱，精神紧张，过度疲劳，免疫功能减低，或有其他慢性疾病如咽炎、支气管扩张、结缔组织病和慢性肾炎等的患者全身免疫功能低下，都是容易引起感冒的因素。

检查

感冒检查涉及医学专业性检查，建议教师发觉后到当地医院完善相关检查。

1.血常规 病毒感染时，白细胞计数多正常或偏低，淋巴细胞比例升高；细菌感染时，白细胞计数常增多，有中性粒细胞增多或核左移现象。

2.病原学检查 因病毒类型繁多，且明确类型对治疗无明显帮助，一般无须明确病原学检查。必要时可用免疫荧光法、酶联免疫吸附法、病毒分离鉴定、病毒血清学检查等确定病毒类型。细菌培养可判断细菌类型并做药物敏感试验以指导临床用药。

知识链接

为什么有的人会反复感冒

（1）感冒病毒抗体在人体内不能长期存留。普通感冒病毒抗体一般只存留 1 个月左右，流行性感冒病毒抗体可存留 8 ～ 12 个月，故感冒后的免疫力，一般可维持 1 个月，流行性感冒则可维持 8 ～ 12 个月。

（2）抗体的免疫作用具有特异性。虽然感冒后人体内可产生抗体而获得免疫力，但这种免疫力具有特异性，只对引起人体产生此种免疫力的病原体具有免疫作用，而对其他的病原体则无免疫作用，故也称特异性免疫。

（3）能引起感冒的病毒种类很多。据研究，90％以上的感冒是由病毒引起的，目前已发现可引起感冒的病毒有12种200余型。人体在一种病毒感染治愈后不久，又有可能被另一种病毒所感染，所以一个人在短时间内可能会反复患感冒。

（4）环境变化。秋冬交替，温度忽高忽低，是感冒的多发季节。这时有些人常常随着气候的变化而感冒，并且前次感冒未愈，下次感冒又起，整天咽痒喉痛、浑身发紧、忽冷忽热、头脑不清。

（5）人体的差异性。一般说，健康原动力充足的人，不易感冒，就是得了感冒，也比较轻，治愈较快。健康原动力不足、免疫力低下的人，易患感冒；感冒后症状比别人重，发烧不退；感冒时间长，迁延难愈，经常感冒容易引发肺炎、心肌炎、急性肾炎等并发症。

因此，秋冬交替之际，易患感冒的人群更应注意防止感冒。预防感冒的方法很多，但是提高健康原动力，增强全身以及呼吸道气管、支气管的局部免疫功能，抵抗从呼吸道入侵的各种病毒或细菌，是防治感冒的关键。

茶疗和食疗

姜茶 生姜可发汗解表，温肺止咳，对流感、伤寒、咳嗽等疗效显著。饭后饮用姜茶，有发汗解表、温肺止咳的功效，有利于治疗流感、伤寒、咳嗽。

茶叶7克，生姜10片。把以上材料放入锅中，共同煎煮成汤，过滤后即可饮用。一日3次，饭后饮用。有发汗解表、温肺止咳的作用，对流感有良好效果。

红茶 药茶配方：红茶8克，葛根粉5克。把以上2味同时放在茶杯中，用沸水冲泡，代茶饮用。药茶功效：能祛除体内的感冒病毒，缓解发烧症状及发烧引起的关节痛。

饮食

宜：①多食新鲜蔬菜和水果，补充充足维生素。②多食富含优质蛋白质的食物，增强身体抵抗力。③多食清淡易消化的流质饮食。

忌：①忌辛辣、刺激性食物。②忌油腻、煎炸类食物。③忌过咸、生冷饮食。④忌吸烟酗酒。

推拿疗法

斜摩大椎穴

将右手4指并拢紧贴于大椎穴，适当用力反复斜摩0.5～1分钟（见图6-5-1），至局部发热为佳。功效：疏风散寒，调理肺气。

大椎穴：位于第七颈椎棘突下凹陷处。

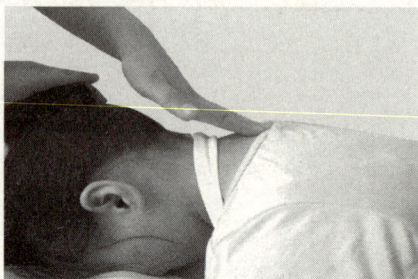

图6-5-1　斜摩大椎穴

掐合谷穴

将一手拇指指尖放于另一手的合谷穴，其余4指放在掌心，适当用力掐揉0.5～1分钟（见图6-5-2，图6-5-3），以有酸胀感为度，双手交替进行。功效：疏风解表，开窍醒神。

图6-5-2　掐揉合谷穴

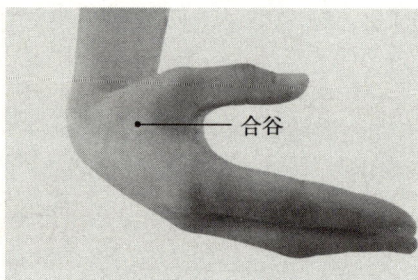

图6-5-3　合谷穴

点揉风池穴

先用右手拇食指岔开，分按两侧风池，两指同时用力一捏一松25下；换左手捏拿风池25下。用两拇指分按两风池，余四指抱头，两拇指同时用力揉捻旋转各50下。功效：明目醒脑，头痛、头晕、眼睛疲劳、颈部酸痛。

风池穴：颈后区，枕骨之下，胸锁乳突肌上端与斜方肌上端之间的凹陷中。

按揉耳朵

方法　用食、拇指轻擦耳轮（耳朵的外周），擦至局部透热（由内向外发热）。预防感冒：两耳交替按摩，每日1次，一次5分钟左右。治疗感冒：

两耳一起按摩，每日 2～3 次，初次治疗可遵男左女右法（即男士按左耳，女士按右耳）。

功效 补益肺气，疏风解表。对感冒及过敏（皮肤及鼻）症状都有较好的疗效。（注：低血压人群慎用。）

中药验方

（1）鲜藿香叶 5 克，砂糖适量。加水煎煮取汁。每日饮 2 次，连服 2～3 日。用于感冒初期或预防感冒。

（2）青萝卜 1 个，干白菜根 3 个，生姜 3 片。将上 3 味药加水 3 碗，煎煮至一碗半即可。分 2 次温服后盖被静卧，微汗出为佳。用于风寒型感冒。

（3）金钱花、连翘、大青叶、芦根、甘草各 9 克。上 5 味药同入砂锅加水煎煮即可。每日 1 剂。用于预防流感和风热感冒。

改善生活习惯

（1）生活要有规律，适当运动，保持良好的精神状态，休息及睡眠要充分。

（2）热水泡脚：每晚用较热的水（温度以热到几乎不能忍受为止）泡脚 15 分钟，要注意泡脚时水量要没过脚面，泡后双脚要发红，可预防感冒。

（3）冷水洗脸：冷水洗脸时用手掬一捧水洗鼻孔，即用鼻孔轻轻吸入少许水（注意勿吸入过深以免呛着）再擤出，反复多次。能够刺激鼻腔黏膜的应激水平，提高呼吸系统抗感染能力。另外，冷水洗脸还可起到美容抗衰老的功效。

（4）喝白开水：秋冬气候干燥，人体极易缺水，常喝白开水，不但能保证人体的需要，还可起到利尿排毒、消除体内废物的功效。

（5）多吃"红色食品"：红色食品是指食品为红色、橙红色或棕红色的食品，如红辣椒、胡萝卜、南瓜、西红柿、洋葱、山楂、红苹果、红枣、沙棘、柿子等，这些食品的一个共同特点是含有丰富的 β-胡萝卜素，可防治感冒。这是因为胡萝卜素具有捕捉人体内氧自由基、参与维生素 A 的合成等多种功能，还能增强人体巨噬细胞的活力，起到抗御感冒的作用。

（6）缓解工作压力，压力会抑制免疫应答。情绪上的状况也可能导致免疫系统的衰弱。芳香精油可以舒缓压力，调节心情，增强免疫力。教师也可选择适宜的芳香精油来使用。

偏 头 痛

什么是偏头痛

偏头痛是一类有家族发病倾向的周期性发作疾病。表现为发作性的偏侧头部搏动性头痛，常伴恶心及呕吐等，经一段间歇期后再次发病。在安静、黑暗环境内或睡眠后头痛缓解。

自我诊断

以下几项可作为偏头痛的诊断依据：

（1）以发作性搏动性头痛为主，也可呈胀痛。

（2）以一侧头痛为主，也可为全头痛。

（3）为间歇性反复发作，起止较突然；间歇期如常人；病程较长。

（4）常于青春期起病，女性居多。

（5）有或无视觉性、感觉性、运动性、精神性等先兆或伴随症状，但多数伴有恶心、呕吐等自主神经症状。

（6）有或无偏头痛家族史。

（7）某些饮食、月经、情绪波动、过劳等因素可诱发；压迫颈总动脉、颞浅动脉、眶上动脉或短时休息、睡眠可减轻发作。

（8）条纹嫌恶试验多为阳性；脑电图检查偶有轻度或中度异常；神经放射学及其他辅助检查无异常发现。

常见病因

1. 生活习惯诱因

（1）精神心理压力大、情绪抑郁或情绪变化剧烈：快节奏的社会环境、生活工作上的不顺心和压力、各种事务及关系的谨慎考量，往往使人大脑神经紧张、情绪低落，从而导致神经性头痛的发生。情绪变化是神经性头痛的显著诱发因素之一。

（2）饮食不当：某些食物会引起机体内环境的变化从而导致神经性头痛的发生。

（3）过度锻炼：过度的运动，使身体疲劳也能导致神经性头痛的发生。

（4）睡眠原因：睡眠不足、睡眠过多、睡眠不规律等。

2.药物诱因　口服血管扩张药，避孕药，激素替代类等药物，频繁使用麦角胺、阿片类药、曲坦类药及其他单一成分止痛药（巴比妥、咖啡因、异辛烯胺）。

3.气候诱因　风、寒、湿、热等气候及剧烈的天气变化易诱发神经性头痛。湿热易使人情绪波动、烦躁、食欲减退，导致气血运行障碍，而引发神经性头痛。风寒易损伤人体阳气，引起经脉闭阻，而引发神经性头痛等。

检查

头痛检查涉及医学专业操作，建议到医院完善检查，涉及的检查项目应根据医嘱，检查项目可能包括：脑电图检查、脑血流图检查、脑血管造影检查、脑脊液检查、免疫学检查、血小板功能检查。

防治

川芎茶

中药川芎有"头痛不离川芎"之称，有行气开郁，祛风燥湿，活血止痛之功。

药茶配方　茶叶7克，川芎10克。把以上材料放入锅中，共同煎煮成汤，过滤后即可饮用。一日3次，饭后饮用。

药茶功效　有活血止痛、行气开郁的作用，对该病有良好效果。

推拿疗法

（1）按摩下项线心后枕部（双耳尖水平连线，下称下项线）（见图

6-6-1），头痛者多能在该处找到压痛点，反复多次，以指下微痛为度。数十次后，头痛便减轻或消失，隔几小时再做一遍。

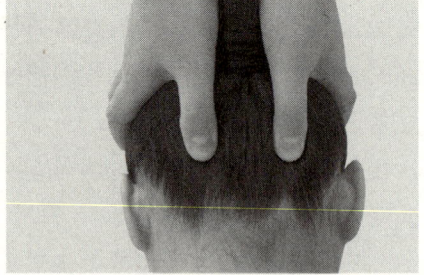

图 6-6-1　按摩后枕部

（2）双手或单手挤捏后颈突两边肌肉，找出疼痛一侧，作旋转按摩（见图6-6-2），边按摩边作头部缓慢地前屈后伸运动，数十次后，头痛便缓解。

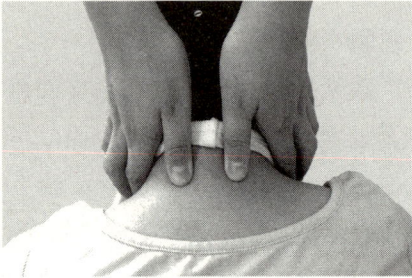

图 6-6-2　旋转按摩

（3）按压风池、肩井（见图6-6-3）、气户、云门等穴位。

痛者通常在这些穴位上有压痛，偏头痛者疼痛均在同一侧穴位发现，要在痛点多加搓揉，能使头痛迅速好转。

此按摩法若在偏头痛（包括全头痛）突然发作之时，立刻自我按摩（或请家人帮助做），可起到立竿见影的效果。

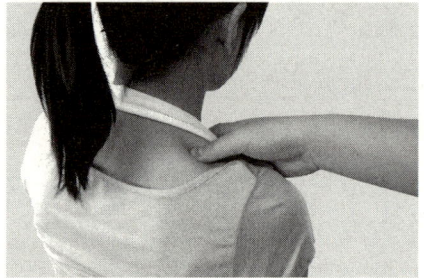

图 6-6-3　按压肩井穴

若有此患疾者，坚持天天自我按摩，能有效预防此病突然发生。

梳　头

可以用五指从头前发际处着力，顺势梳头至后枕部，也可用木梳或刮痧板。

梳头可促进头部血液循环，可疏通经脉，流畅气血，调节大脑神经，刺激皮下腺体分泌，增加发根血流量，减缓头发的早衰，并有利于头皮屑和油腻的清除。此外，还能保持头脑清醒，解除疲劳；梳头对治疗眩晕、失眠、高血压、动脉粥样硬化等疾病也有较好的疗效。

改善生活习惯

（1）保持良好情绪，劳逸结合。许多患者在偏头痛急性发作前，都有或多或少的情绪波动因素，在女性尤其明显。他（她）们或因家庭、子女、亲戚、工作等原因造成不愉快，导致焦虑、紧张、恐惧、情绪不稳。而噪音、强光刺激等也是促发偏头痛发作的因素。因此，在生活中应注意劳逸结合，同时培养豁达、大度的胸襟，并避免噪声、强光的刺激等都可减少偏头痛的发作。

（2）减少吸烟和喝酒。饮酒可以诱发偏头痛，相信很多偏头痛的患者都有体会。吸烟（主动或被动）则因烟草中的尼古丁增加血小板聚集，使5-羟色胺等血管活性物质释放出来而诱发偏头痛。因此，养成良好的生活习惯，不抽烟、不喝酒对于偏头痛患者来说尤为重要。

（3）控制饮食。偏头痛患者有时对某些食物如咖啡、巧克力、奶制品等敏感，容易触发偏头痛。因此，对已经知道对自己不利的食物应该严格控制。

口 腔 溃 疡

🌱 什么是口腔溃疡

口腔溃疡，又称为"口疮"，是发生在口腔黏膜上的表浅性溃疡，大小可从米粒至黄豆大小、成圆形或卵圆形，溃疡面为凹、周围充血。

🌱 自我诊断

本病主要表现为黏膜性损害。初起时黏膜出现单个或两个以上针尖大小的红色小点，局部充血，有灼热不适感，损害逐渐扩大，形成直径 2～3 毫米或更大的圆形或椭圆形溃疡。溃疡周围略高起，有红晕，中央凹陷，表面覆盖淡黄色假膜。有自发性烧灼痛，在咀嚼或遇到咸、辣等刺激时，疼痛加剧。经数日后，溃疡面出现肉芽修复，充血消失，疼痛减轻。轻型口腔溃疡多见于成年人，病情轻，局部疼痛是本病的主要症状，无严重后果。全病程约经

7 ～ 10天自行愈合，不留瘢痕。经一定的间歇期后往往可能复发，可长年累月反复发作，一般无全身症状。

常见病因

虽然至今仍不能完全明确口腔溃疡的确切病因，但多数学者认为口腔溃疡的发生是多种因素综合作用的结果。大多数医生认为，口腔溃疡与以下因素有关：

1.消化系统疾病及功能紊乱 患消化系统性疾病的患者易发生口腔溃疡，主要是通过影响免疫系统而致病。口腔溃疡与胃溃疡、十二指肠溃疡、溃疡性结肠炎、局限性肠炎、肝炎等有关。研究表明：30% ～ 48% 的口腔溃疡患者有消化道疾病，如腹胀、腹泻或便秘等情况。其中 9% 以上有消化道溃疡。

2.内分泌变化 有些女性患者往往在月经期发生，可能与体内雌激素量下降有关。有些女性每逢经期或行经前后就会出现口腔溃疡，用药治疗只能暂时缓解，下月行经时依然如故地出现，疼痛难忍，与此同时，还常伴有口干、心烦、易怒和大便干结等令人烦恼的症状。临床研究发现，月经期出现口腔溃疡主要是由于体内黄体酮水平增高而雌激素的水平降低所致。

3.精神因素 有的患者在精神紧张、情绪波动、睡眠状况不佳的情况下发病，可能与自主神经功能失调有关。

4.缺乏微量元素 如锌、铁、叶酸、维生素 B_{12}，或营养不良等，可降低免疫功能，增加复发性口腔溃疡发病的可能性。

检查

单纯性口腔溃疡，口腔视诊即可；如口腔溃疡病程长或为其他疾病的伴随症状，则还应检查原发疾病。

知识链接

中医对口腔溃疡的认识

按照中医的理论体系，口腔溃疡有以下几种病因：①外感六淫，主要是燥、火两邪，燥邪干涩，易伤津液，火为阳邪，其性炎上，津伤火灼，口疮乃发。故口疮多在秋季及气候突变时容易复发。②饮食不节，由于过食辛辣肥厚之品或偏食，致火热内生，循经上攻，熏蒸口舌，并常耗伤心肺肾之阴津，致口疮发生。③情志过极，患者素日思虑过度，心烦不寐，五志郁而化火，心火亢盛，上炎熏灼口舌，或心火下移于小肠，循经上攻于口，均可致口舌生疮；或平素多有郁怒，肝郁气滞，肝气不疏，郁而化火，暗耗阴血，致冲任经脉不调，经行之时，经气郁遏更甚，肝火旺盛，上灼口舌而致口疮。④素体阴亏，患者素体阴液不足，或久病阴损，虚火内生，灼伤口舌，乃至口舌生疮。⑤劳倦内伤，或久病伤脾，脾气虚损，水湿不运，上渍口舌，而致口疮；或郁久化热，湿热上蒸，亦可致口疮。更有甚者，脾气虚极，伤及脾阳，脾阳不足，寒湿生热，上渍于口，可发口疮。⑥先天禀赋不足，或久用寒凉，伤及脾肾，脾肾阳虚，阴寒内盛，寒湿上渍口舌，寒凝血瘀，久致口舌生疮。总之，外感六淫燥火，内伤脏腑热盛是致病主因，主病之脏在于心和脾（胃）。

防治

中药涂抹

云南白药外敷口腔溃疡创面，一日2次，一般2～3天痊愈。

维 生 素

维生素C药片1～2片压碎，撒于溃疡面上，闭口片刻，每日2次。

中 成 药

（1）口服六味地黄丸每日2～3次，每次6～8克。此方药适用于阴虚体质者。

（2）取六神丸1支(30粒)碾碎成粉，加2毫升凉开水浸透成稀糊液备用。用前先清洁患者口腔，然后用细长棉签蘸上六神丸液涂于溃疡面，以餐前1～15分钟用药为佳，每天3次，睡前加用1次。一般用药5分钟即可起到止痛效果。小溃疡1～2天可痊愈，溃疡面较大者5天痊愈。

改善生活习惯

（1）注意口腔卫生，避免损伤口腔黏膜，避免辛辣性食物和局部刺激。

（2）保持心情舒畅，乐观开朗，避免事情和着急。

（3）保证充足的睡眠时间，避免过度疲劳。

（4）注意生活规律性和营养均衡性，养成一定排便习惯，防止便秘。

消 化 不 良

什么是消化不良

消化不良是由胃动力障碍所引起的疾病，也包括胃蠕动不好的胃轻瘫和食道反流病。消化不良主要分为功能性消化不良和器质性消化不良。功能性消化不良属中医的 "脘痞"、"胃痛"、"嘈杂" 等范畴，其病在胃，涉及肝脾等脏器，宜辨证施治。

自我诊断

消化不良症状自我感受有如下几点：①烧心。②腹胀或嗳气。③腹部压迫感或腹痛。④轻度恶心。

出现以下情况应去医院及时就诊：

（1）任何腹痛持续超过 6 小时都可能意味着阑尾炎、胃溃疡、胆结石或其他疾病，此时需急症处理。

（2）消化不良伴有以下症状：持续呕吐，吐血，黑色或血样大便，严重的上腹痛，疼痛放射到颈部及肩部，气短或感觉到乏力。此时的消化不良可能是严重疾病的一部分，如胆结石、胃炎、胰腺疾病、胃溃疡，甚至是癌症，也可能是心脏病发作，应立刻去就诊。

（3）反复发作的消化不良伴有腹痛、发热、尿色深，可能意味着胆结石、胃溃疡或肝病。

（4）进食乳制品后出现消化不良，可能说明患有乳糖不耐受症。

🌱 常见病因

引起消化不良的原因很多，包括胃和十二指肠部位的慢性炎症，使食管、胃、十二指肠的正常蠕动功能失调。患者的精神不愉快、长期闷闷不乐或突然受到猛烈的刺激等均可引起。胃轻瘫则是由糖尿病、原发性神经性厌食和胃切除术所致。可能原因有：①心理和精神的不良应激；②不良饮食习惯，包括刺激性食物（咖啡、浓茶、甜食、油腻、生冷等）和不良饮食习惯（包括空腹、频繁食用刺激性食物，以及不规律进食或暴食暴饮等。③受环境温度的影响容易引起疾病发病。④幽门螺杆菌感染。

🌱 检查

（1）血常规、尿常规、粪常规。

（2）肝功能、肾功能。

（3）病毒性肝炎免疫学检查。

（4）X 线检查、B 型超声检查。

（5）电解质及无机元素检测。

（6）胃液检测。

（7）心血管检查。

（8）内镜检查：内镜检查可发现溃疡、糜烂、肿瘤等器质性病变。

（9）放射性核素（同位素）检查。

🌱 防治

饮食保健

1.**规律饮食** 研究表明，有规律地进餐，定时定量，可形成条件反射，有助于消化腺的分泌，更利于消化。

2.**定时定量** 要做到每餐食量适度，每日 3 餐定时，到了规定时间，不管肚子饿不饿，都应主动进食，避免过饥或过饱。

3.**温度适宜** 饮食的温度应以"不烫不凉"为度。

4.**细嚼慢咽** 以减轻胃肠负担。对食物充分咀嚼次数愈多，随之分泌的唾液也愈多，对胃黏膜有保护作用。

5. 少吃油炸食物　因为这类食物不容易消化，会加重消化道负担，多吃会引起消化不良，还会使血脂增高，对健康不利。

6. 少吃腌制食物　这些食物中含有较多的盐分及某些可致癌物，不宜多吃。

7. 少吃生冷、刺激性食物　生冷和刺激性强的食物对消化道黏膜具有较强的刺激作用，容易引起腹泻或消化道炎症。

8. 补充维生素 C　维生素 C 对胃有保护作用，胃液中保持正常的维生素 C 的含量，能有效发挥胃的功能，保护胃部和增强胃的抗病能力。因此，要多吃富含维生素 C 的蔬菜和水果。

9. 饮水择时　最佳的饮水时间是晨起空腹时及每次进餐前 1 小时，餐后立即饮水会稀释胃液，用汤泡饭也会影响食物的消化。

10. 避免刺激　不吸烟，因为吸烟使胃部血管收缩，影响胃壁细胞的血液供应，使胃黏膜抵抗力降低而诱发胃病。应少饮酒，少吃辣椒、胡椒等辛辣食物。

11. 注意防寒　胃部受凉后会使胃的功能受损，故要注意胃部保暖，不要受寒。

适量运动

除了饮食注意，消化不良患者还需要注意增加一定的运动量。肠胃病人要结合自己的体征，加强适度的运动锻炼，提高机体抗病能力，减少疾病的复发，促进身心健康。每周做 3 ～ 5 次有氧运动，每次是 20 ～ 40 分钟。在开始任何新的常规训练之前要获得医生的允许。进食后不要立即去做运动。

推拿疗法

按揉穴位　每日按揉下脘穴 10 分钟（见图 6-8-1）。

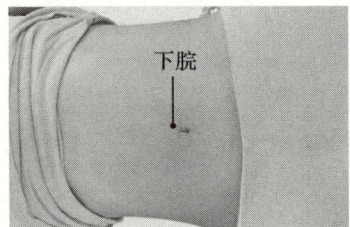

图 6-8-1　下脘穴

捏脊　两手半握拳，用食指中节桡侧顶住皮肤，拇指前按，两指同时用力提拿皮肤，双手同时向前移动。自长强穴起，一直捏到大椎穴，如此反复7遍（见图6-8-2）。

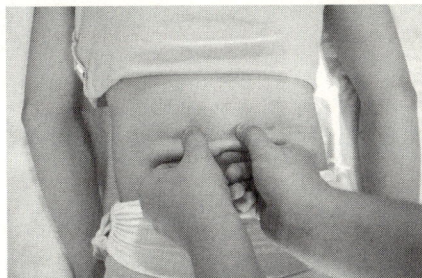

图6-8-2　捏脊

中医辨证治疗

1.舒肝片　助消化，舒气开胃，消积滞，止痛除烦。用于肝郁气滞，宿食停滞之消化不良。

应用指征：情志抑郁，两胁胀痛，胸闷脘痞，饮食无味，呕吐酸水，倒饱嘈杂，周身窜痛。

2.枳实导滞丸　消积导滞，清热利湿。用于饮食过度或食物不洁，停滞于胃肠，湿热、食滞内阻肠胃之消化不良。

应用指征：脘腹胀满，干哕，口中酸腐，腹痛泻痢，舌红苔黄腻，脉沉滑数。

注意事项：忌生冷油腻，体虚者慎用。

3.健胃片消食　开胃消食，消积。用于食欲不振，消化不良。

应用指征：不思饮食，脘腹胀满，恶心厌食。

西药治疗

如果没有发现原发疾病，进行对症治疗即可。抗酸药物或H_2受体拮抗剂如西咪替丁、雷尼替丁或法莫替丁可短期试用。如果消化不良病人胃内有幽门螺杆菌感染，通常可采用铋剂和一种抗生素治疗。

养成良好生活习惯

养成良好的生活习惯。不暴饮暴食，避免吃不易消化的食物及饮用各种易产气的饮料。

失　眠

什么是失眠

　　失眠是指无法入睡或无法保持睡眠状态，导致睡眠不足。又称入睡和维持睡眠障碍，为各种原因引起入睡困难、睡眠深度或频度过短、早醒及睡眠时间不足或质量差等，是一种常见病。主要表现为睡眠时间、深度的不足以及不能消除疲劳、恢复体力与精力，轻者入睡困难，或寐而不酣，时寐时醒，或醒后不能再寐，重则彻夜不寐。教师由于工作压力大，失眠率往往高于普通人。

自我诊断

1. 主观标准判断
　　（1）主诉睡眠生理功能障碍。
　　（2）白天疲倦乏力、头胀、头昏等症状系由睡眠障碍干扰所致。
　　（3）仅有睡眠量减少而无白日不适（短睡眠者）不视为失眠。

2. 客观标准（根据多导睡眠图结果来判断）
　　（1）睡眠潜伏期延长（长于30分）。
　　（2）实际睡眠时间减少（每夜不足6小时半）；觉醒时间增多（每夜超过30分）。

常见病因

　　失眠的原因分为生理原因、身体疾病、精神心理因素几个方面。
　　1. 生理原因　一般是指外界环境发生了改变，生理上受到影响而导致的失眠。比如乘车、船、飞机，或者卧室中有强烈的光、噪音，温度过冷或者是过热等都会导致出现失眠症状。有些人适应能力强，有些人则比较敏感，对环境适应性差的往往容易失眠。
　　2. 身体疾病　伴随身体疾病而出现的失眠症状，如心脏病、肾病、溃疡、关节炎、骨关节病、哮喘、肠胃病、高血压、脑疾病、呼吸暂停综合征等病症，都会引起失眠症状。

3.精神心理因素　比如内心有焦虑、烦躁不安等，或者在生活中受到的打击、工作学习的压力大，都会使人的心理和生理上有反应，以致神经系统出现紊乱，大脑的功能受到影响，引起失眠。

4.药物刺激　有时候服用某些药物的时候也会导致人出现失眠的症状，比如苯丙胺等减肥药物刺激中枢神经系统，安眠药长期服用之后，突然的戒除也会导致戒断症状，致使人的睡眠变浅，容易失眠，多梦。咖啡、可乐以及酒精都会干扰睡眠。

检查

为了查明原因，失眠者到医院有关部门去检查，寻找原因，以免耽误病情。

首先，要求提供详尽的病史情况。在什么情况下失眠？失眠的间接、直接诱因是什么？失眠时病人的主观体验和心情是怎样的？医生只有详细的了解病史，才能使检查做到有的放矢。

其次，可进行与病史有关的系统的检查，查明身体内脏器官有无疾病；进行神经系统的检查，以明确有无脑神经系统疾病；进行精神检查，了解有无精神障碍疾病。因为除了心理生理性失眠以外，躯体疾病和精神障碍伴发的失眠，都可通过病史线索及医生检查得出印象。

为了明确疾病诊断，有时可能有特殊仪器及实验室检查项目。对于失眠症重点应用的是脑部疾病及功能仪器的检查，其中包括：脑电图、头颅平片、脑血管造影、脑超声波、脑血流图、同位素扫描、磁共振等脑成像技术检查等。

为发现躯体疾病，结合病史及临床所见，还可能有针对性地进行某些辅助检查或特殊检查，如：空腹血糖、体内药物（定性、定量）检测、脑脊液及异常代谢产物测定等，胸部 X 线透视、肝功能应列为常规检查，心电图、基础代谢率、内分泌测定等亦需根据病情，在必要时作检测。

此外，为了判明心理生理因素的作用及治疗之需，还可能进行心理测验、人格测定、智能检测及高级神经功能活动检查，进行症状自评量表，焦虑、抑郁量表测评，以及填写睡眠记录表等，以辨明病情，帮助诊断，了解治疗反应。

知识链接

失眠的危害有哪些

（1）身体免疫力下降，对各种疾病的抵抗力减弱。

（2）长期失眠会引发高血压、心脏病、高血脂、老年性痴呆。

（3）记忆力减退、头痛。失眠后往往会导致白天精神不振，头昏脑涨、耳鸣，导致健忘、神经衰弱等。

（4）影响工作、学习和生活。失眠往往导致白天精神不振，工作效率低，紧张易怒，与周围人相处不融洽，抑郁、烦闷，严重的还会导致悲观厌世。

（5）自主神经功能紊乱，长期失眠造成注意力不集中，思维能力下降，产生抑郁、焦虑、精神紧张等情绪，大脑皮层功能失调，引起自主神经紊乱，严重者形成精神病、神经官能症等。

（6）过早衰老，缩短寿命。失眠使机体抵抗力下降，降低身体素质，加速衰老，引发多种疾病，缩短人的寿命。

（7）儿童睡眠质量下降会直接影响身体的生长发育。

防治

针灸疗法

针刺在治疗失眠中的应用非常广泛，效果良好，选穴根据辨证，基础选穴有百会、神门（见图6-9-1）、风池（见图6-9-2）等。应在针灸门诊或病房接受针刺治疗。

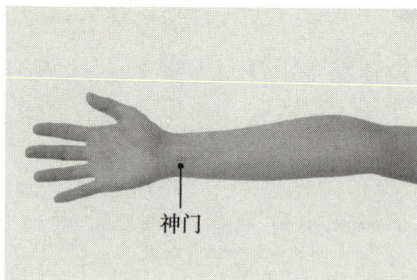

图6-9-1　神门穴

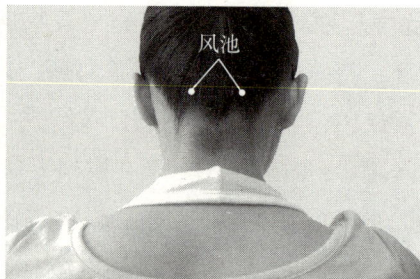

图6-9-2　风池穴

艾灸涌泉穴

操作：晚上睡前用温热水泡脚10分钟，擦干后上床仰卧盖好被褥，露出双脚，凝神。将清艾条点燃，对准涌泉穴施行温和灸，以感觉温热舒适不烫为度，每穴各灸15～20分钟。每日1次，7日为一疗程。

功效：滋阴降火，凝心安神。

耳穴贴压治疗法

穴位：神门、心、脑、交感、神经衰弱区（见图6-9-3）。

加减：肝火上扰型配肝，胃气不和型配胃，阴虚火旺型配肾，心脾两虚型配脾，心胆气虚配胆。

用法：治疗时先用75%乙醇棉球对耳郭皮肤脱脂去污，待干后将粘有王不留行籽的胶布贴于上述耳穴处，并用手按压使之固定。嘱患者每天用手按压每个穴位3次，每次10分钟。两耳交替贴压，隔日更换1次，5次为一疗程。

功效：镇静安神。

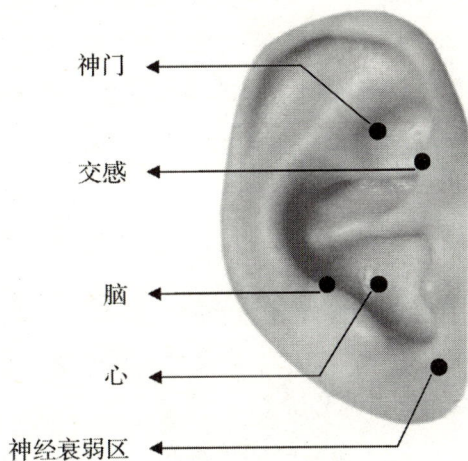

图6-9-3　耳穴

（神门　交感　脑　心　神经衰弱区）

敷涌泉穴

方法：生栀子10～30克，研碎布包。敷于两足底之涌泉穴处。每晚更换1次，1周为一个疗程。

功效：清心泻火，凉血除烦，清热化湿。

菊　花　枕

用法：菊花500克，将菊花反复筛选，置于布袋中，装入枕芯，做成睡枕。

功效：适用于失眠患者，尤其对高血压所致的失眠有较好的效果，并可辅助治疗头晕、耳鸣。

沐浴助眠

失眠的治疗应采取综合疗法，不能单纯依赖药物治疗。日光浴、森林浴、水浴、温泉浴、空气浴等沐浴疗法对于失眠患者具有一定的治疗效果。沐浴不但可清洁身体，还可促进全身细胞的新陈代谢，提高内分泌腺的功能，亦可消除神经紧张和疲劳。洗澡水的温度以40℃为宜，太热易使皮脂脱落过多，入浴的时间以10分钟最适合。

睡前温水浴有镇静作用，可以消除疲劳，促进安眠。水温不需太高，初起从38℃～39℃开始，随着身体适应。逐步降低温度，每浴1～2次降温0.5℃～1℃，直至30℃以下。浴者安静地浸泡于浴池中3～5分钟，然后用毛巾来擦身体，使皮肤发红，全身有暖烘烘的感觉。此法对神经衰弱患者有效。每日1次，15～20分钟，20次为1个疗程。

养成良好睡眠习惯

（1）枕头高度一般以睡者一肩（约10厘米）为宜，若枕头过低则易造成颈椎生理骨刺。在夏季，枕头要经常翻晒，避免让病菌进入口鼻，导致呼吸系统疾病的增多。

（2）每天睡眠时间不少于7～8小时，如果每天睡眠时间都很少，只期待周末可以睡一个长觉弥补的话，将无法得到良好的休息。

（3）定期运动不但有助于缓解压力、减少梦中惊醒、减轻失眠症状，还可以延长机体深度睡眠的时间。但是，需要提醒大家注意的是，运动会使体温升高，促进肾上腺素分泌，使人精神振奋，难以入睡，所以运动应在睡前4小时进行。

（4）晚饭不要吃得太多，对于那些不容易入眠的人，下午和晚上最好不要喝含有咖啡因的饮料。烟酒之类的东西也容易影响正常的睡眠功能。

（5）白天尽量少看电视，最好把电视关掉。因为，即使将电视静音，电视信号仍可影响思维，使人们白天思维麻木，感觉迟钝，烦恼的事情被延迟到夜间去想，从而影响睡眠质量。

（6）足部保暖，研究表明，双足凉的女性比双足暖和的女性，睡眠质量要差，所以建议，为了足部保暖，可穿厚袜子睡觉。

女性教师相关疾病的防治

痛　经

什么是痛经

妇女正值经期或经行前后出现周期性小腹疼痛或痛引腰骶，甚剧痛晕厥者，"痛经"又称"经行腹痛"。西医将痛经分为原发性痛经与继发性痛经两种，原发性痛经又称功能性痛经，且指生殖器官无器质性病变者。由于盆腔器质性疾病如子宫内膜异位症、子宫腺肌症、盆腔炎或宫颈狭窄等所引起的属继发性痛经。

女性教师由于其女性生理病理特点，有的教师容易发生痛经，疼痛起来常影响日常教学工作，需引起注意。

自我诊断

如果您有以下症状，可能患有痛经，建议您及时去医院进行相关检查。

原发性痛经：感到小腹坠胀与痉挛性疼痛，严重者伴有恶心与呕吐，疼痛区可放射至后背部与大腿内侧。疼痛时间持续 48 ~ 72 小时，待月经量多、有血块与组织物排出后，疼痛方能缓解。

继发性痛经：除了以月经周期不规则、月经过多等继发性痛经症状为依据外，患者还常常伴有反复盆腔炎症发作史、放置宫腔节育器、不育等病史。

常见病因

西医对于痛经病因解释

原发性痛经：宫颈管狭窄或瘢痕引起经血外流不畅、受阻、脱落的子宫内膜碎片不容易排出导致子宫内膜中前列腺素释放增加，子宫痉挛性收缩，子宫颈管狭窄可能是先天性的，也可能是手术创伤，电灼，激光过深引起。

继发性痛经：可以引起女性痛经的疾病有很多，常见的有子宫颈管狭窄、子宫发育不良、子宫位置异常、精神、神经因素、遗传因素、内分泌因素、子宫内膜异位症等。

中医对于痛经的病因解释

痛经病位在子宫、冲任，以"不通则痛"或"不荣则痛"为主要病机，其之所以伴随月经周期而发，又与经期且经期前后特殊生理状态有关：未行经期间，由于冲任气血平和，致病因素尚不足以引起冲任、子宫气血瘀滞或不足，故平时不发生疼痛。经期前后，血海由满盈而泄溢，气血盛实而骤虚，子宫、冲任气血且变化较平时急剧，易受致病因素影响，加之体质因素的干扰，导致子宫、冲任气血运行不畅或失于煦濡，不通或不荣而痛。经净后子宫、冲任血气渐复则疼痛自止。 但若病因未除，素体状况未获改善，则下次月经来潮，疼痛又复发。

检查

痛经的病因复杂，相关检查对于没有医学知识的人来说复杂难懂，这里就不进行赘述了，如果您有痛经的表现，建议您去医院进行检查，可检查血沉、白带细菌培养、B超盆腔扫描、子宫输卵管造影、诊断刮宫，最后应用宫腔镜、腹腔镜检查可及早明确痛经之发病原因，详细情况根据医生安排后诊察，此处只做参考。

🌿 防治

茶疗和食疗

益母草茶 绿茶2克、益母草20克。二味入大杯，用开水冲泡5分钟后（加盖）饮服；头次不能饮尽，略留余汁，再泡再饮，直至冲淡为止。每日1剂。活血调经、散瘀止痛，可用于血瘀性原发性痛经，兼有高血压者尤为相宜。

姜汁大枣红糖 姜3片，大枣3枚，红糖10克。三味共冲泡开水5分钟后饮服，每日饭后1杯。清利头目、除烦散寒、化瘀止痛，可用于痛经。

山楂红花酒 山楂30克，红花15克，红酒250克，将上药入酒中浸泡1周。每次15～30克，每日2次，视酒量大小，不醉为度。活血化瘀，温经散寒，可用于治疗痛经。

益母草香附汤 益母草、香附各100克，鸡肉250克，葱白5根。将葱白拍烂，与鸡肉、益母草、香附加水同煎。饮汤，食鸡肉。适用于痛经，并能光艳皮肤。

姜艾薏苡仁粥 干姜、艾叶各10克，薏苡仁30克。将前两味水煎取汁，将薏苡仁煮粥至八成熟，入药汁同煮至熟。功效：具有温经、化瘀、散寒、除湿及润肤功效。

艾灸疗法

通过艾叶的特有气味与温热的刺激，来调整体内功能，达到缓解子宫肌肉反射性痉挛、解痉活血通络止痛的目的。这就是中医所说的"通则不痛，痛则不通"。

穴位：气海、三阴交、关元（见图7-1-1，图7-1-3）。治疗时，病人首先选取仰卧位，点燃艾条，在距离穴位约2厘米的空中熏烤以局部皮肤有灼热感为度。

关元：在下腹部，脐中下3寸，前正中线上。

气海：在下腹部脐中下1.5寸，前正中线上。

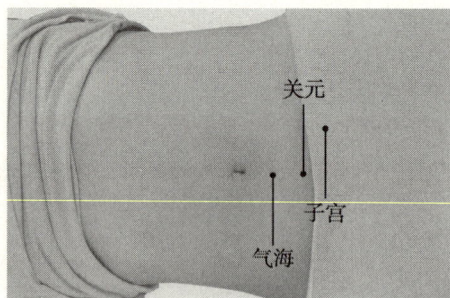

图 7-1-1　腹部取穴

穴位按压疗法

太冲穴：在足背侧，当第1跖骨间隙的后方凹陷处（见图7-1-2）。

三阴交穴：位置在小腿内侧，当足内踝尖上3寸，胫骨内侧缘后方。

血海穴：在股前区，髌底内侧端上2寸，股内侧肌隆起处（见图7-1-3）。

子宫穴：在下腹部，脐中下4寸前正中线旁开3寸（见图7-1-1）。

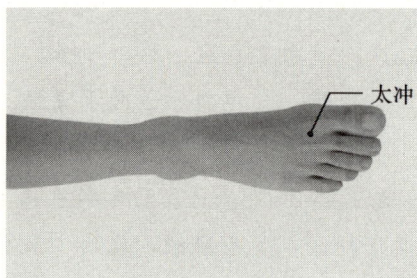

图 7-1-2　太冲穴

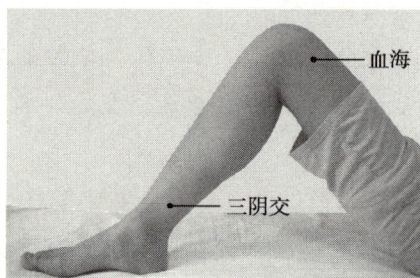

图 7-1-3　血海及三阴交穴

按摩时用双手示指、中指按压住以上穴位，稍加压力，缓缓点揉，以有酸胀感为度，每个穴位顺时针方向点压20～30次。

耳穴贴压疗法

取耳穴神门、子宫、内分泌、皮质下（见图7-1-4）。一般单侧耳穴贴压，两耳交替，每天更换1次，疼痛剧烈者双耳贴压。用75%酒精棉球擦拭耳郭皮肤，将王不留行籽贴压在相应耳穴敏感点上，使局部产生痛、热、胀感。

并嘱患者每日自行按压 5～6 次，每次按压 1～2 分钟。于痛经发生当时开始治疗，直至疼痛缓解后 3 天为止。下次月经来潮时无论有无痛经，均应在来潮时进行耳穴贴压。若有疼痛，治疗至痛止；若无疼痛，连治 7 天即可。共治疗 3 个月经周期，以观察疗效。

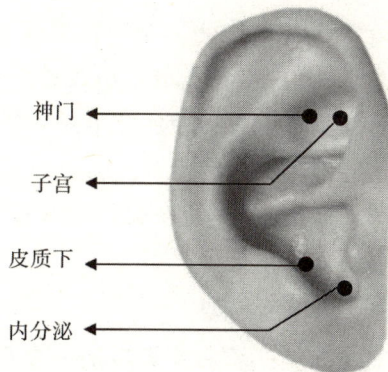

图 7-1-4　耳穴

神门
子宫
皮质下
内分泌

中医辨证治疗

气滞血瘀证

主症：候经前期小腹部胀痛拒按，经血量少，行而不畅，血色紫暗有块，块下痛暂减，乳房胀痛，胸闷不舒，舌质紫暗或有瘀点，脉弦。

治法：理气行滞，化瘀止痛。

方药：膈下逐瘀汤加减（《医林改错》）：当归、川芎、赤芍、桃仁、红花、枳壳、延胡索、五灵脂、乌药、香附、丹皮、甘草。

寒凝血瘀型

主症：经前或经期小腹冷痛拒按，得热痛减；月经或见推后，量少，经色暗而有瘀块；面色青白、肢冷畏寒；舌暗苔白、脉沉紧。

治法：温经散寒，化瘀止痛。

方药：少腹逐瘀汤加减（《医林改错》）：小茴香、干姜、延胡索、没药、当归、川芎、肉桂、赤芍、蒲黄、五灵脂。

湿热瘀阻型

主症：经前或经期小腹疼痛或胀痛不适，有灼热感，或痛连腰骶，或平时小腹疼痛，经前加剧；经血量多或经期长，色暗红，质稠或夹较多黏液；素常带下量多，色黄质稠有臭味；或伴有低热起伏，小便黄赤；舌质红，苔黄腻，脉滑数或弦数。

治法：清热除湿，化瘀止痛。

方药：清热调血汤加减（《古今医鉴》）：丹皮、黄连、生地、当归、白芍、川芎、红花、桃仁、玄胡、莪术、香附。

气血虚弱型

主证：经期或经后小腹隐隐作痛，喜按或小腹及阴部空坠不适；月经量少，色淡，质清稀；面色无华，头晕心悸，神疲乏力；舌质淡，脉细无力。

治法：益气养血，调经止痛。

方药：圣愈汤加减（《医宗金鉴》）：人参、黄芪、熟地、当归、川芎、白芍。

肾气亏损型

主证：经期或经后 1 ~ 2 天内小腹绵绵作痛，伴腰骶酸痛；经色暗淡，量少质稀薄；头晕耳鸣，面色晦暗，健忘失眠；舌质淡红，苔薄，脉沉细。

治法：补肾益精，养血止痛。

方药：益肾调经汤加减（《中医妇科治疗学》）：巴戟天、杜仲、续断、乌药、艾叶、当归、熟地、白芍、益母草。

痛经时的调护

（1）忌冷食、辛辣。个别肠胃虚弱者，忌牛奶，绿茶。经血量多者，忌食红枣，可常饮姜红糖水。

（2）注意保暖，尤其是腹部和腿脚。注意不要着凉，受风。

（3）多休息、适量活动，让心情放松、做些自己感兴趣的事。

（4）实在疼痛难忍，不妨吃些由医生开出的止痛药。

（5）有条件者，可到医院开煎好的中药，回家进行足浴。

如果有女性朋友感觉腹痛难忍，应及时到正规医院进行检查、治疗，一味硬挺，很可能因延误了疾病的最佳治疗时机而抱憾终生。在月经期前后，会有下腹部胀、腰骶部酸、乳胀等感觉，这是正常的现象。

乳 腺 增 生

什么是乳腺增生

乳腺增生是指乳腺上皮和纤维组织增生，乳腺组织导管和乳小叶在结构上的退行性病变及进行性结缔组织的生长。中医又称为乳癖，发病时乳房疼痛，伴有肿块，且乳痛和肿块多与月经周期和情绪变化有明显关系。

自我诊断

常见症状：乳房疼痛，以胀痛为主，或见刺痛，肿块处疼痛较著，可向患侧腋下、胸胁、肩背部放射，常伴有月经不调，烦躁易怒等症状，疼痛严重者不可触碰，影响工作和日常生活。其常有如下特点：多于月经前数日乳痛出现或加重，乳房肿块出现或增大变硬，经行后疼痛明显减轻或消失，乳房肿块变小、变软或消失、也可以随着情绪的波动而变化。乳房疼痛和肿块可同时出现，亦可先后出现，或以疼痛为主，或以肿块为主，个别患者乳痛可见白色或者黄色或呈浆液状溢液。

如果出现以上问题，您可能患有乳腺增生病，请不要惊慌，可以试着自己用手触摸一下乳房：一般肿块可单、双侧出现，以外上象限为多，肿块数量多少不一，大小不等，形态各异，质地中等硬度或坚韧，表面光滑或呈颗粒，边界清，活动度可，多伴有压痛。

如果您触摸到了肿块，或是不太确定是否有肿块，建议及时去医院请医生诊治。

常见病因

西医认为精神刺激可改变人体内环境，从而影响内分泌系统功能，导致某一种或几种激素的分泌出现异常，使身体出现病变。如精神过于紧张、情绪过于激动等不良精神因素，都可能使月经后本来应该复原的乳腺增生组织得不到复原或复原不全，久而久之，便形成乳腺增生，而且这些不良的精神刺激还会加重已有的乳腺增生症状。

另外饮食结构不合理，如脂肪摄入过多，也可影响卵巢的内分泌，强化雌激素对乳腺上皮细胞的刺激从而导致乳腺增生。

还有许多人为因素和生活方式因素都会引起乳腺增生，如人流、不生育或30岁以上生育、不哺乳、夫妻不和、含激素的保健品、佩戴过紧的胸罩等等，尤其是佩戴过紧的胸罩易压迫淋巴和血液循环，有碍乳腺健康。

中医认为本病多与情志内伤、忧思恼怒有关。

日常生活中如何保持良好心情

（1）转移情绪。人生的道路崎岖不平，难免有挫折和失误，也少不了烦恼和苦闷。如遇不顺心的事情，应迅速把注意力转移到别的方面去。比如有时在家中与亲属发生争吵，不妨暂时离开一下现场，换个环境，或者同别人去聊天，或者参加一些文体活动，这样很快就会把原来的不良情绪冲淡以至赶走，而重新恢复心情的平静和稳定。

（2）向人倾诉。心情不快却闷着不说会是不正确的，有了苦闷应学会向人倾诉。首先可以向朋友倾诉，把心中的苦处能和盘倒给知心人并能得到安慰甚至计谋的人，心胸自然会像打开了一扇门一样明朗。除此之外，我们可以向亲人倾诉，学会把心中的委屈和不快倾诉给他们，也常会使心境立即由阴转晴。

（3）拓宽兴趣。兴趣是保护良好的心理状态的重要条件。人的兴趣越广泛，心理压力就越小。比如，同样是从领导岗位上退下来，有的人觉得无所事事，很容易产生无用、被遗弃等失落感。相反有的人则觉得无官一身轻，可以充分利用空闲时间看书、写字、创作、绘画、养鸟、钓鱼、种花等等。总之，兴趣越广泛，生活越丰富、越充实、越有活力，你会觉得生活中处处充满阳光。

（4）憧憬未来。追求美好的未来是人的天性，只有经常憧憬美好的未来，才能始终保持奋发进取的精神状态。不管命运把自己抛向何方，都应该泰然处之。不管现实如何残酷，都应该始终相信困难即将克服，曙光就在前头，相信未来会更加美好。

（5）淡泊名利。现实生活中有的人把名利看得很重。得陇望蜀，欲壑难填，财迷心窍，官瘾十足。有的为了名利，不择手段，一旦个人目的没达到，或者耿耿于怀，疑窦丛生；或者心事重重，一蹶不振。不要那么斤斤计较，不要把名利看得那么重，否则，容易导致心理失衡。

（6）忆乐忘忧。在人生的旅途中，有时荆棘丛生，有时铺满鲜花，有时忧心如焚，有时其乐融融。对此应进行精心的筛选，对那些幸福、美好、快乐的往事要常常回忆，不能让那些悲哀、凄凉、恐惧、忧虑、彷徨的心境困扰着我们。

（7）宽以待人。人与人之间总免不了有这样或那样的矛盾，朋友之间也难免有争吵、有纠葛。只要不是大的原则问题，都应该与人为善，宽大为怀。绝不能"有理不让人，无理争三分"。更不要为一些鸡毛蒜皮的小事争得脸红脖子粗，甚至拳脚相加，伤了和气。应该有"何事纷争一角墙，让他几尺也无妨，长城万里今犹在，不见当年秦始皇"的博大胸怀和高风亮节。

除此之外，还要经常锻炼身体，合理饮食，养成良好的生活习惯，这些对于保持一份好心情也是至关重要的。

检查

1. 医生触诊 这是专业乳腺检查的第一步，30 岁后的女性应每年定期做一次检查。检查内容包括：乳头有无凹陷、上抬、溢液；乳房有无肿块和酒窝症；双乳位置是否一致，颜色有没有改变。

2. B 超检查 这是一种初步筛检乳房硬块的检查手段，能用来判断肿块性质和位置。但它对直径在 1 厘米以下的肿块识别能力较差，如果单做这项检查的话，可能会错过较小的肿块。当怀疑乳腺有肿块，B 超检查是必须做的。

3. 钼靶检查 该检查通过将乳房夹在钼靶机的托板上，以便固定乳房得到清晰的图像，可检查出一些手摸不出来的细小肿瘤萌芽。如果能坚持每年进行此类检查，可以将患者的死亡率降低到 30% ~ 40%。女性在 40 岁以后，每年都该做钼靶检查。

防治

茶疗和食疗

玫瑰蚕豆花茶 玫瑰花 6 克，蚕豆花 10 克分别洗净，沥干，一同放入茶杯中，加开水冲泡，盖上茶杯盖，焖 10 分钟即成。可代茶饮，或当饮料，早、晚分服。玫瑰，具有疏肝解郁、促进新陈代谢的作用。蚕豆味甘、性平，入脾、胃经；可补中益气，健脾益胃，清热利湿。中医认为乳癖是由于气滞痰凝所致，长期服用此茶可以疏肝解郁，健脾化痰，消散增生。

金橘叶茶 金橘叶（干品）30 克洗净，晾干后切碎，放入砂锅，加水浸泡片刻，煎煮 15 分钟，用洁净纱布过滤，取汁放入容器中即成，可代茶饮。或当饮料，早、晚分服。金橘叶具有舒肝郁肝气，开胃气，散肺气作用，冲茶可以消散增生。

食疗佳品 患有乳腺增生平时要多吃绿色蔬菜、豆制品、奶制品、海藻类、鱼类、浆果类水果。甲鱼、泥鳅、黄鱼、海参富含多种微量元素，有保护乳腺、抑制肿瘤生长的作用。菌类食物香菇、银耳、猴头菇等能增强免疫功能，防止乳腺恶性增生。多吃橘子、橘饼、牡蛎等行气散结之品，忌食生冷和辛辣刺激性的食物。多吃粗粮，黑黄豆最好，多吃玉米。富含维生素B_6和维生素E的食物如米糠、酵母、花生、芝麻、核桃都可防止乳腺恶性增生，促使囊性增生康复。多进食富含纤维素的蔬菜，由于纤维可以延缓肠胃的排空，抑制脂肪合成，从而使激素水平下降，有利于乳腺增生疾病的恢复。

乳房保健的常识

1. 正确穿戴胸罩　正确穿戴胸罩对女性朋友来说很重要，如果胸罩太大，起不到支托乳房的作用，而太小会妨碍乳房的发育，胸罩不可过松或过紧，合适的胸罩尺寸是测量自己的底胸围，即用软皮尺沿两侧乳房下缘一周测量。胸罩夏天应每天换洗，冬天每周至少换二次，以保持乳房的清洁。

2. 沐浴健胸按摩　沐浴时可以用莲蓬头冲洗胸部，使用温水，每次至少冲洗1分钟，促进胸腺发育，刺激血液循环。这样不仅能保持清洁，还能增加乳房的柔韧性，预防下垂。

3. 合理使用丰胸产品　配合由上往下、由外往内的正确按摩，植物精华能快速渗透表皮，促进乳腺发育，增加脂肪体积存量以丰满胸部。停经5天后，荷尔蒙比较旺盛，胸腺、相关细胞也比较活跃，这时用一些丰胸的产品。美国在60年代已经提出这种理论，日本、台湾80年代也意识到这一点，国内一些大型的美容机构也开始利用这种技术。但是目前国内市场上有些丰胸产品包含激素，对于身体健康有害，建议教师朋友们不要轻信广告，一定要在医生指导下合理使用丰胸产品。

4. 适当运动　驼背或姿势不好最容易影响乳房的正常发育。腰、背挺直贴在墙上，双手置于膝盖上，举起双手到垂直位置，头、手尽量向上伸，但腰部必须保持直立，常做这样的运动可以使身体舒展，促进乳房发育。经常游泳、做俯卧撑、扩胸运动，每天早晚仰卧在床上，用双手按摩乳房，也可促进乳房健康。

耳穴贴压疗法

耳穴选用：乳腺、内分泌、交感、肝、皮质下 5 个穴位（见图 7-2-1），将王不留行籽用胶布固定于单侧上述耳穴，每天轻加压 3 ~ 5 分钟，每个穴位最少 1 分钟，3 天后换贴另一侧，10 天为 1 个疗程，3 个月为 1 治疗周期。

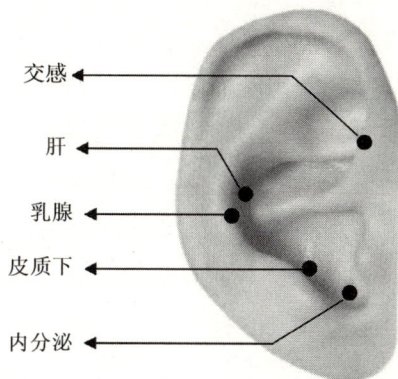

交感
肝
乳腺
皮质下
内分泌

图 7-2-1 耳穴

中医辨证治疗

1. 肝郁气滞证 乳房部出现肿块胀痛，疼痛可放射到腋下或肩背，月经前肿块增大，疼痛加重，经后减轻，伴情志忧郁，心烦易怒，失眠多梦，胸胁胀满等，舌淡红苔薄白，脉弦细。应疏肝解郁散结。

可用逍遥散加青皮、橘叶、香附、川楝子、法半夏、郁金等。

2. 痰瘀互结证 乳房内肿块，边界不清，质地较硬，刺痛难忍，舌边尖有瘀斑，苔薄白，脉细涩或弦。应活血化瘀、散结软坚。

可用桃红四物汤加三棱、莪术、益母草、土贝母、土茯苓、郁金等。

3. 冲任失调证 乳房肿块，结节感明显，乳房胀痛，经前加重，经后减轻，面色少华，腰膝酸软，精神倦怠，心烦易怒，月经紊乱，舌淡红苔薄白，脉沉细。应温阳化痰，兼以疏肝解郁。

可用二仙汤加鹿角霜、巴戟天、菟丝子、首乌、柴胡、白芍、陈皮、香附等。

西医防治

1. 定期检查 一旦被诊断为囊性增生病，患者应定期（如一年 2 ~ 3 次）到专科医院去诊查，以便早期发现是否有异常团块（癌块）。这种异常团块，有时单凭医生用手触摸也难诊断，因此，还必须借助于一些特殊的器械检查，甚至还需要病理活检才能确诊。

2. 坚持服药 囊性增生病是慢性病，内分泌失调严重，病变组织对药物的敏感性差，囊状肿块消失慢，治疗时间长，有时需要内服药物6个月~1年才起效。

3.手术全切除 这是只有局部病变者最好的治疗方法，即只要将局部大块病灶切除，多能收到肯定性治疗效果。如果已有明显的癌变趋势，或经活检确诊为癌前病变，应行单纯乳切除术，以策安全。

除此以外，当出现溢乳时，还要注意与高催乳素血症或闭经溢乳综合征区别开来，以防误诊。健康无小事，建议教师朋友如果发现乳房问题一定要在医生指导下进行防治，不可盲目治疗，以免耽误病情。

日常防治

（1）保持心情舒畅，情绪稳定。情绪不稳会抑制卵巢的排卵功能，出现黄体酮减少，使雌激素相对增高，导致乳腺小叶增生。

（2）要适时婚育。要提倡晚婚晚育，但不宜过迟。女性最好28岁前结婚，30岁前生育，过晚生育也不利于优生优育。其次，要做好避孕。因为怀孕6周时，胚胎绒毛分泌的雌激素和孕激素会刺激乳腺增生。若做人流，增生的乳腺组织不易萎缩，更难恢复原状，这就容易形成小叶增生了。

（3）避免使用含有雌激素的面霜和药物。有的妇女为了皮肤美容，长期使用含有雌激素的面霜，久之可诱发乳腺小叶增生。

（4）适龄生育。妊娠、哺乳对乳腺功能是一种生理调节，因此，适时婚育、哺乳，对乳腺是有利的；相反，30岁以上未婚、未育或哺乳少的女性则易罹患乳腺小叶增生。

（6）房事有规律。

更年期综合征

🪴 什么是更年期综合征

更年期综合征又称围绝经期综合征，中医称为绝经前后诸证，是指妇女在绝经前后，围绕月经紊乱或绝经，出现如眩晕耳鸣、烘热汗出、烦躁易怒、潮热面红、心悸失眠，或腰背酸楚、面肢浮肿、纳呆便溏，或皮肤蚁行感、情志不宁等症状。

自我诊断

更年期综合征最常见的表现是月经的改变和潮热现象的出现。

1. 月经改变　月经周期改变是围绝经期出现最早的临床症状，分为3种类型：

（1）月经周期延长，经量减少，最后绝经。

（2）月经周期不规则，经期延长，经量增多，甚至大出血或出血淋漓不断，然后逐渐减少而停止。

（3）月经突然停止，较少见。

2. 潮热现象　临床表现为潮热、出汗，是血管舒缩功能不稳定的表现，是围绝经期综合征最突出的特征性症状。潮热起自前胸，涌向头颈部，然后波及全身，少数妇女仅局限在头、颈和乳房。在潮红的区域患者感到灼热，皮肤发红，紧接着爆发性出汗。持续数秒至数分钟不等，发作频率每天数次至30～50次。夜间或应激状态易促发。此种血管功能不稳定可历时1年，有时长达5年或更长。

此外还可以出现眩晕耳鸣、烦躁易怒、潮热面红、心悸失眠等症状，如果您在45～55岁之间，又有上述症状，请您及时去医院进行咨询，如果是更年期综合征，及时调理。

常见病因

更年期综合征出现的根本的原因是生理性、病理性或手术而引起的卵巢功能衰竭。卵巢功能一旦衰竭或被切除和破坏，卵巢分泌的雌激素就会减少。女性全身有400多种雌激素受体，分布在几乎女性全身所有的组织和器官，接受雌激素的控制和支配，一旦雌激素减少，就会引发器官和组织的退行性变化，出现一系列的症状。中医认为绝经前后体质均好或调理得当，则绝经期可无不适，但大部分妇女由于平素和绝经前后的体质及产育、疾病、营养、劳逸、社会环境、精神因素等方面调理不当，伤及肾气，更遇绝经期肾气衰，任脉虚，天癸竭，使得阴阳平衡失调而导致本病。

知识链接

究竟是什么导致女性衰老

愁眉苦脸庸人自扰

每天摆"愁眉苦脸"会使皮肤细胞缺乏营养，脸上的皮肤干枯无华，出现皱纹，同时还会加深面部的"愁纹"。笑一笑，十年少。情绪稳定对内分泌平衡十分重要，拥有一颗温和宽容心的女人是十分美丽的。

熬夜

熬夜是皮肤保健的大敌。睡眠不足，会使皮肤细胞的各种调节活动失常，影响表皮细胞的活力。每天至少要睡8个小时，一个香甜的好觉，可以消除皮肤的疲劳，使皮肤细胞的调节活动处于正常，延缓皮肤的老化。

经常曝晒

吸收过量的紫外线，轻则令皮肤变黑变粗，重则可导致皮肤癌，而它当然也是皮肤提早老化的罪魁祸首之一了。因为阳光直射会直接损伤皮肤深层的弹性纤维和胶原蛋白，致使面部皮肤变得松弛无光泽，出现皱纹。所以，要养成注意防晒的好习惯。

抽烟喝酒

尼古丁对皮肤血管有收缩作用，吸烟者皮肤出现皱纹要比不吸烟者提前10年，所以，如果你是一个抽烟者，有可能看上去就会比同龄人衰老10岁。喝酒会减少皮肤中油脂数量，促使皮肤脱水，间接影响皮肤的正常功能。

面部表情过于丰富

经常皱眉、撇嘴、眯眼、狂笑等，都会使面部皱纹增多，所以，最好尽量减少面部动作和过分的表情。

不爱喝水

水是生命之源。让肌肤及时补充足够的水分，才是护肤之道。水分摄取不够，会导致油脂分泌量不足，皮肤衰老，所以每天必须强迫自己喝6～8杯的水，但是不要喝富含咖啡因的饮料。

不喜欢运动

这可不好。适量的运动能促使全身血液循环加速，使肌体活动张弛适度，从而增强皮肤润滑度，也可令全身肌肤有大量流汗的机会，让肌肤达至健康平衡，大大减低肌肤衰老的机会。所以，要加强锻炼啊！

卸妆不彻底

这是大多数人会犯的错误。许多人认为用洗面奶洗脸就足够了，但是仅仅用洗面奶是不能够彻底清洁皮肤的。你应该定期做深层洁面的工作，以免那些我们的肉眼看不到的污垢堵塞毛孔，影响皮肤的正常呼吸。

用不合适的护肤品

你真的了解自己的皮肤吗？只有真正了解自己的肌肤才能做出正确的选择。不妨找个机会做个肌肤测试，了解多一些。选用合适护肤品，使你的肌肤多一层防护。

常吃刺激性的食物

赶快悬崖勒马！刺激性的食物，比如油炸的、辛辣的，对于皮肤犹如定时炸弹，因此煎炸品，辣食都要适量减少，才会有助于肌肤内分泌平衡，减少暗疮和油腻等皮肤问题的出现机会。要尽快合理调配你的饮食啊。

不吃果蔬

果蔬中的维生素对皮肤大有好处。况且果蔬不但美味可口，令人心情大好，而且也可做成天然面膜，效果很好，而且还是一件极有生活情趣的事。

检查

1. 妇科检查　子宫大小尚正常或偏小。

2. 辅助检查　促卵泡生成激素升高、雌二醇与黄体酮水平下降、促黄体生成或激素绝经期可无变化，绝经后可升高。除外其他器质性病变。

更年期综合征检查涉及专业知识，请您到正规医院进行相关检查，以免造成不良后果。

防治

茶疗和食疗

花茶　取乌龙茶及茉莉花、玫瑰花、白菊花、白扁豆花冲泡服用，适用于更年期烦躁不安、精神抑郁等症。

肾阴虚之莲子粥　莲子肉 50 克，糯米 100 克，冰糖适量。将以上三者同煮成粥，每日晨起吃一小碗。中医认为莲子性平味甘、涩，入心、肺、肾经，具有补脾、益肺、养心、益肾和固肠等作用。肾阴虚者以心烦易怒、潮热盗汗为主症。

肾阳虚之枸杞栗子羊肉汤　枸杞15克、栗子18克、羊肉18克、粳米100克，将以上煮粥，常食。枸杞子性甘、平，有养肝、滋肾的作用。栗子有养胃健脾、补肾强筋、活血止血的作用，吃羊肉，是个一举两得的事情，不但可促进血液循环，增加人体热量，而且还能增加消化酶，帮助胃消化；将上述三者同煮，同食，对于治疗一些肾阳虚之更年期综合征有很大的裨益。肾阳虚者以腰膝酸冷，舌淡肿大为主症。

按摩三阴交

常按摩三阴交可推迟更年期对于女性来说，三阴交穴是"不老穴"，是妇科病的"灵丹妙药"，而且长按三阴交穴可以延缓衰老，推迟更年期。

按揉法：拇指或中指指端按压对侧三阴交，一压一放为1次；或先顺时针方向、再递时针揉三阴交，持续10分钟。叩击法，一手握拳有节奏地叩击对侧三阴交穴，20次左右，交替进行。

摩擦法：手掌擦热后摩擦三阴交穴，20次左右。

耳穴贴压疗法

取穴：内分泌、内生殖器、交感、神门、肝、肾（见图7-3-1）。准确选取穴位，常规消毒穴位皮肤，用胶布贴压王不留行籽于敏感点，嘱患者每日自行按压3次（早、中、晚）按压时手指固定，强度适中，有轻度酸胀疼痛感即可，每次5分钟左右，双耳交替，2周一个疗程，休息2周后进入下一个疗程，共3个疗程。

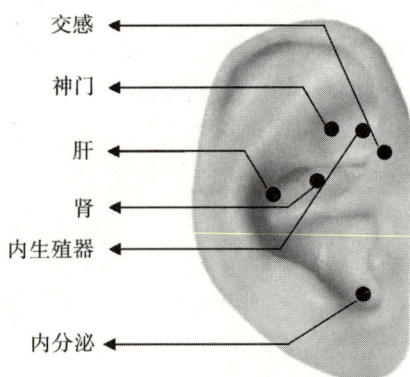

图7-3-1　耳穴

中医辨证治疗

肾阴虚证 临床表现为月经紊乱，月经周期缩短，量少或量多，或崩或漏，头晕，耳鸣，面颊阵发性烘热，出汗，腰膝酸痛，足跟疼，或皮肤干燥，口干便结，尿少色黄，舌红少苔，脉细数。处方一般用左归丸和二至丸。若出现双目干涩等症，以杞菊地黄丸加减；若心烦不宁，失眠多梦，用百合地黄汤或甘麦大枣汤和黄连阿胶汤加减。

肾阳虚证 临床表现为月经量多，精神萎靡，面色灰暗，腰背冷痛，小便清长，夜尿频数，或面浮肢肿，舌苔薄白，脉沉细弱。处方用右归丸加减。

肾阴阳俱虚证 临床表现为月经紊乱，头晕耳鸣，健忘，腰背冷痛，舌淡，苔薄，脉沉弱。处方一般用二仙汤和二至丸。

西医治疗

1. **精神心理治疗** 心理治疗是围绝经期综合征治疗的重要组成部分，可辅助使用自主神经功能调节药物，如谷维素、地西泮（安定）有助于调节自主神经功能。还可以服用维生素 B_6、复合维生素 B、维生素 E 及维生素 A 等。给病人精神鼓励，解除疑虑，建立信心，促使健康的恢复。

2. **激素替代疗法（HRT）** 围绝经期综合征主要是因卵巢功能衰退、雌激素减少而引起，HRT 是为解决这一问题而采取的临床医疗措施，科学、合理、规范的用药并定期监测，HRT 的有益作用将超过其潜在的害处。

3. **防治骨质疏松** 更年期妇女容易骨质疏松，合理的补钙和维生素 D 是相当必要的。

更年期综合征的西医治疗涉及用激素替代疗法的专业知识，如果您需要治疗，请及时咨询医生，给予您科学有效的治疗。

远离更年期综合征有"妙招"

1. **开心快乐** 古语云：笑一笑，十年少；哭一哭，白了头。快乐使人年轻，压力有害健康。打坐和锻炼等活动都能有效解压。

2. **多吃蔬菜** 氧化作用会加速人体细胞衰老。蔬菜等富含抗氧化剂的食物可减速衰老进程。

3. **少看电视** 建议每周看电视时间别超过 5 小时。

4. **避免食糖** 即使是少量，过量食糖容易导致血糖升高，增加换糖尿病的风险。

5. **注意保湿** 一些有保湿作用的护肤品可以保持皮肤柔软滋润，更显年轻。

6. **不要抬眉** 习惯性抬高眉毛容易导致抬头纹过早出现。

7. **保证睡眠** 大部分人每晚需要至少 8 小时睡眠。

8. **常吃坚果** 坚果富含抗衰老脂肪、维生素和矿物质，因而是完美零食。

9. **经常吃鱼** 鱼肉中富含大量脂肪酸，特别有益于皮肤健康。

10. **抹防晒霜** 有效防止紫外线伤害皮肤。

11. **远离香烟** 吸烟最易让人未老先衰，同时注意避免吸"二手烟"。

12. **打破常规** 打破常规，改变习惯，不只可以改变心情，更有益大脑健康。旅行和学习外语之类的活动都是很好的选择。

13. **避开加工肉食** 加工肉食与很多健康问题存在关联。

妇 科 炎 症

什么是妇科炎症

女性生殖器官，包括外阴、前庭大腺、阴道、宫颈、子宫体、输卵管、卵巢及盆腔腹膜，在受到各种致病菌侵袭感染后发生的炎症，统称妇科炎症。临床上常见的妇科炎症为女性外阴炎、阴道炎、宫颈炎、子宫内膜炎、盆腔炎、卵巢囊肿等。

女性常见的外阴炎症

1. **非特异性外阴炎** 生活中理化因素刺激，不注意卫生，身体虚弱，均能使妇女外阴部被细菌侵扰，引起外阴炎，如宫颈、阴道炎症；或穿着不透气的尼龙内裤使阴道分泌物过多，刺激外阴；尿液浸渍外阴；使用不干净的卫生巾、手纸造成外阴感染等。这些因素都会为细菌在外阴部的生长繁殖创造条件，多为葡萄球菌、链球菌、大肠杆菌等混合感染，故称非特异性外阴炎。

2. 霉菌性外阴炎　由一种类酵母菌感染而引起的外阴炎。

3. 前庭大腺炎　多见于育龄妇女。是因为前庭大腺被葡萄球菌、链球菌、大肠杆菌等细菌感染所致，多引起急性炎症。

4. 前庭大腺囊肿　多由于慢性炎症长期存在，使前庭大腺导管阻塞，腺液积聚，腺体囊性扩张引起；或因急性前庭大腺炎消退后，脓液被吸收所致。前庭大腺囊肿与前庭大腺脓肿能相互转化。

5. 性病　在外阴尖锐湿疣、软下疳、生殖器疱疹、淋病等性病的发病过程中，外阴多会出现炎症表现。

🖋 自我诊断

1. 白带增多　白带增多为主要症状，通常白带呈乳白色或淡黄色的脓性分泌物，有时为血性或夹杂血丝。

2. 外阴痒痛　外阴阴道由于白带增多刺激，可继发外阴炎或阴道炎，而引起外阴阴道瘙痒疼痛。

3. 下腹及腰骶部疼痛　炎症较重时可沿子宫骶韧带、主韧带扩散而导致盆腔结缔组织炎，引起下腹部或腰骶部疼痛，并伴有下坠感。

4. 尿频或排尿困难　当炎症波及膀胱三角区或膀胱周围，可出现尿频或排尿困难。

5. 不孕　黏稠的白带不利于精子穿透，故严重的宫颈炎可引起不孕。

如果您有上述症状，请您及时去医院进行相关检查。

知识链接

纠正妇科炎症感染的错误观点

你知道吗？许多妇科疾病的最初起源就是生殖道感染，最常见的子宫肌瘤、宫颈癌就可能是生殖道感染导致。80% 以上的成年女性（包括许多医疗机构的医务人员）对生殖道感染存在或这或那的误区，而这些误区又直接影响着她们的身体，甚至生命。为了健康和快乐，我们没有理由不关注—生殖道感染。下面就让我们一起来纠正一下这些误区：

误区一：生殖道感染都与性接触有关

✕错误观点

女性的阴道炎多半是伴侣包皮过长引起的，因为里面藏有好多看不见的细菌；性病也属于生殖道感染，它的传播途径就是两性接触。这样看来，似乎所有的生殖道感染都与性接触有关。

这样的观点对吗？如果正确，我们避免了性接触，就没有感染的可能了呢？

✓正确观点

目前已知，生殖道感染包括三大类：内源性感染、医源性感染和性传播感染。

内源性感染是指在正常情况下，由于某些因素影响，使存在于生殖道（例如阴道）内的微生物过度生长，打破了生殖道内菌群平衡，从而出现感染症状。平时常见的霉菌性阴道炎和细菌性阴道炎就属于这一类感染。

医源性感染是指因消毒不严的或不卫生的操作过程引起的感染，例如消毒不严的上环、取环，人工流产等可能会引起子宫内膜炎、盆腔炎等。

性传播感染是指因性行为传播的感染，尖锐湿疣、梅毒、淋病等都属于此。

由此可见，上述观点错误，生殖道感染不一定都是性接触引起的。

误区二：只要保持良好的个人卫生就不会患上感染

✕错误观点

我非常注意个人卫生，一天数次清洗私密部，和爱人在亲密前、后也各自清洗外阴部。但在每年例行的体检时，仍然会被发现患有霉菌性阴道炎、细菌性阴道炎，甚至附件炎。

我很困惑，为何保持良好的个人卫生也会患上生殖道感染呢？

✓正确观点

目前，关于生殖道感染与个人卫生习惯的关系并不十分清楚。但是，有一点是肯定的：保持良好的外阴部清洁卫生并不能保护女性免患生殖道感染。

性交前、事后认真清洗私密部就可防病的观点是错误的。相反，过度的清洗，反会破坏阴道原有的一些自然防护机制，引起阴道内菌群失调，更易于患细菌性阴道病和霉菌感染，甚至盆腔炎。

误区三：使用公共用具和设施也会生殖道感染

✕错误观点

我很讲究卫生，无论是出差还是外出旅游，都不使用宾馆的毛巾、浴盆、马桶，害怕被传播上疾病。我还有有一位朋友，被查出患有霉菌性阴道炎，在反复查找原因后，认定她的疾病是在公共游泳池游泳引起的。这很另我担心，公共用具无处不在，每天都得接触和使用。

✓正确观点

尽管很多都坚信很多生殖道感染，特别是性传播疾病，可以通过共用毛巾、衣裤，共睡一张床等间接接触传播，但到目前为止，还没有足够确凿的证据证明：使用公共用具会传播性疾病。

不过虽然没有确切的证据证明使用公共用具和设施会生殖道感染，但风险还是存在的，因此我们在还是要避免入住私人经营的小旅馆，入住后，也尽量使用自带的毛巾，选用蹲式马桶。

误区四：只要自己没有感觉到异常就表明没有感染

✕错误观点

生殖道最常见的感染疾病是阴道炎，它的典型症状是白带过多、有异味，外阴部瘙痒等，经过一段时间的治疗，这些不适也随之消失。由此，很多女性都形成这样一种看法：只要没有感到不舒服就表明未患生殖道感染疾病。是这样的吗？

✓正确观点

必须说明，这种观点是错误的，甚至是危险的。

研究发现，妇女的许多生殖道感染是没有任何症状的，越是后果严重的疾病越容易没有临床症状和体征。例如，淋菌感染会引起宫外孕、不孕症等严重后果，但受感染的妇女 50% 以上无任何自觉症状。

没有症状并不意味着没有感染，病变仍然在悄悄发展，适当时候还是要具有未病先防意识，定期做规范检查，保护自己的健康。

检查

1. 阴道分泌物检查　在做妇科检查时，应注意阴道分泌物颜色、气味及 pH。取阴道分泌物作 pH 测定及病原体检查。

2. 白细胞检查

（1）宫颈管脓性分泌物涂片作革兰染色，中性粒细胞＞ 30/ 高倍视野。

（2）阴道分泌物湿片检查　白细胞＞ 10/ 高倍视野。

3. 病原体检测

防治

茶疗和食疗养生

马齿苋茶

材料：鲜马齿苋 50 克，蜂蜜 25 克。

制作：将鲜马齿苋洗净，冷开水再浸洗 1 次，切小段，搅拌机搅烂，榨取鲜汁，加入蜂蜜调匀，隔水炖熟即成。分 2 次饮用。

功效：清热解毒、利湿止带。

石榴茶

材料：石榴皮 30 克。

制作：水煎，代茶饮，每日 2 ~ 3 次，连服 1 周为 1 个疗程。

冬瓜白果粥

材料：冬瓜子 30 克，白果 10 个，粳米适量。

制作：以上二味洗净，与水一起入锅煮，煮好食用。不宜久服。

功效：有温肾固脉的功效，适用于细菌性阴道炎的治疗。

自我按摩

先取仰卧位，以右手鱼际先揉按腹部的气海穴约 1 分钟，再以右手拇指指腹罗纹面依次点按双侧下肢的三阴交穴，每穴点按 1 分钟，最后以一手手掌按摩小腹部约 1 分钟。再改取俯卧位，先以两手手掌在腰骶部上下往返反复按摩 2 分钟，再以双手拇指指端依次点按肾俞、命门、八髎等穴（见图 7-4-1）各 30 分

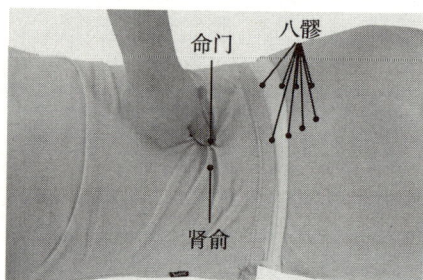

图 7-4-1　背部取穴

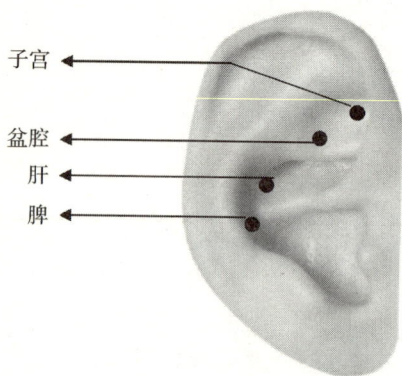

钟，以有酸胀感为度，最后再以双手五指同时提拿双侧肾俞穴各 3 次。

图 7-4-2　耳穴

耳穴贴压疗法

取穴：子宫、盆腔、肝、脾（见图 7-4-2）。准确选取穴位，常规消毒穴位皮肤，用胶布贴压王不留行籽于敏感点，嘱患者每日自行按压 3 次（早、中、晚）按压时手指固定，强度适中，有轻度酸胀疼痛感即可，每次 5 分钟左右，双耳交替，2 周为一疗程，休息 2 周后进入下一个疗程，共 3 个疗程。

中医辨证治疗

下焦湿热证

症状：阴部瘙痒，甚则疼痛，坐卧不安，带下量多，色黄如脓，或呈泡沫米泔样，其气腥臭，胸闷心烦，口苦而腻，小便短黄，舌质红，苔黄腻，脉滑数。治法：清利下焦湿热。方用：萆薢渗湿汤加苍术、白鲜皮、鹤虱等。

肝肾阴虚证

症状：阴部瘙痒，灼热干涩，夜间尤甚，带下量少，五心烦热，头晕目眩，腰膝耳鸣，舌红少苔，脉弦细数。治法：滋补肝肾。方用：知柏地黄汤加当归、白鲜皮、制首乌、地肤子等。

血虚风燥证

症状：阴部瘙痒，夜间尤甚，外阴干燥，或见脱屑，可伴头晕目眩。心悸寐差，多梦健忘，面色萎黄，大便干结，舌淡，脉细涩。治法：养血润燥止痒。方用：养血胜风汤加减。

西医治疗

1. 外阴及阴道炎症的治疗

（1）治疗原则为保持局部清洁、干燥；局部应用抗生素；重视消除病因。

（2）急性炎症发作时，需卧床休息，确定病原体，根据病原体选用抗生素，也可选用相应药物坐浴。

（3）性行为传播疾病性伴侣应同时进行治疗，治疗期间禁止性交。

2. 宫颈炎症的治疗

主要为抗生素药物治疗。有性传播疾病高危因素的患者，尤其是年轻女性，未获得病原检测结果即可给予治疗，对于获得病原体者，针对病原体选择药物。

炎症不及时治疗，除可能导致炎症在各生理部位相互蔓延和交叉感染外，会带来许多并发症，对免疫功能、新陈代谢以及内分泌系统都会产生不良影响，甚至导致某些部位的恶性病变。若是妊娠女性，可引起宫内感染、产道感染等影响新生儿，造成流产、早产、先天发育畸形、智力低下等严重后果。

预防方法

1. 抵制滥用抗生素

咳嗽、发烧、头痛，就吃抗生素？殊不知，抗生素可能抑制部分有益菌群，霉菌就会乘机大量繁殖。因此，使用抗生素要慎之又慎。

2. 单独清洗内裤

霉菌可以在皮肤表面、胃肠道、指甲内等地方大量繁殖。

如果家人或自己患有足癣、灰指甲等，就容易造成霉菌交叉感染。因此，内衣裤一定要单独洗，最好用专用的内衣裤除菌液浸泡几分钟。

3. 切忌过度清洁　频繁使用药字号洗液、消毒护垫等，容易破坏阴道弱酸性环境，阴道的弱酸性环境能保持阴道的自洁功能，弱酸配方的女性护理液更适合日常的清洁保养。

4. 重视怀孕时的护养　妊娠时性激素水平、阴道内糖原和酸度都会增高，容易受霉菌侵袭。对孕妇而言，不宜使用口服药物，而应选择针对局部的预防和辅助治疗方案。

5. 警惕洗衣机　几乎每个洗衣桶内都暗藏霉菌！而且洗衣机用得越勤，霉菌越多！不过不用担心，对付洗衣机里的霉菌有一个百试不爽的杀手锏：用60℃左右的热水清洗洗衣桶就 OK 啦，定时用衣物除菌液清洗一下。

6. 注意公共场所卫生　公共场合可能隐藏着大量的霉菌。出门在外，不要使用宾馆的浴盆、要穿着长的睡衣、使用马桶前垫上卫生纸等等。同时选用适宜的个人清洁护理产品，例如女性卫生护理湿巾。

7. 正确避孕　避孕药中的雌激素有促进霉菌侵袭的作用。如果反复发生霉菌性阴道炎，就尽量不要使用药物避孕。

8. 伴侣同治　如果你感染了霉菌性阴道炎，需要治疗的不仅是你，还有你的他，这样才会有预期的疗效。你日常使用女性护理液的同时也莫忘记准备一支男士护理液给他使用。

9. 穿着全棉内裤　紧身化纤内裤会使阴道局部的温度及湿度增高，这可是霉菌拍手称快的"居住"环境！还是选用棉质的内裤吧。

10. 控制血糖，正确清洗外阴　女性糖尿病人阴道糖原含量高，糖原作用下发酵产生碱性物质，令正常的阴道 pH 从 3.5～4.5 偏离至 5.5，破坏了阴道的自洁功能，易于被霉菌侵害。所以，在控制血糖的同时，还要注意在每天清洗外阴时，选用 pH 为 4 弱酸配方的女性护理液更适合。

11. 预防妇科炎症从卫生护垫做起　正常的白带是无色或是乳白色，呈鸡蛋清状，略带腥味或无味。有的女性经常使用卫生护垫来控制白带，其实这样做反而会使细菌侵入。现在市场上有的卫生护垫的卫生指标不合格，其中常存在一些大肠杆菌、链肠菌、真菌，这样就会造成阴道感染。而且长期使用卫生护垫，会造成外阴呼吸不了新鲜的空气，由于外阴一直处于"闷热"的状态，就会引起细菌滋生，导致白带异常，引发阴道炎、宫颈糜烂等疾病。

教师心理健康的调护

教师心理健康

🌱 心理健康的概念

　　心理健康是指个体能够适应和发展着的环境，具有完善的个性特征；且其认知、情绪反应、意志行为处于积极状态，并能保持正常的调控能力。从广义上讲，心理健康是指一种高效而满意的、持续的心理状态。从狭义上讲，心理健康是指人的基本心理活动的过程内容完整、协调一致，即认识、情感、意志、行为、人格的完整和协调，能适应社会，与社会保持同步。

🌱 心理健康的标准（教师的心理健康标准）

　　美国心理学家马斯洛和米特尔曼提出的心理健康的十条标准被公认为是"最经典的标准"：
　　（1）充分的安全感。
　　（2）充分了解自己，并对自己的能力作适当的估价。
　　（3）生活的目标切合实际。
　　（4）与现实的环境保持接触。
　　（5）能保持人格的完整与和谐。

（6）具有从经验中学习的能力。

（7）能保持良好的人际关系。

（8）适度的情绪表达与控制。

（9）在不违背社会规范的条件下，对个人的基本需要作恰当的满足。

（10）在集体要求的前提下，较好地发挥自己的个性。

心理因素与疾病的关系

近年来心身医学在国际上兴起，它是心理学与医学的交叉科学。它的出现表明医学科学已开始重视心理社会因素在人的健康与疾病中的地位和作用。西医学强调生物因素对疾病的作用，强调病菌、病毒对人体器官的危害。而心身医学的兴起则表明它重视人的心理因素，重视心理因素与生理因素的相互作用。

心身医学重视个性与疾病的关系。一些研究表明，人格与疾病存在某些关系。例如：

高血压的人格特征，多有被压抑的愤怒，好高骛远等。

冠心病的人格特征为忙碌、竞争性强、急躁。

哮喘病的人格特征是过分依赖、幼稚、希望得到别人帮助等。

偏头疼的人格特征是固执、好强、谨小慎微等。

溃疡病的人格特征是抑郁、情感易挫折。

人格特征与某种疾病有某种趋势关系，这并不意味着某种人格特征的人一定会得某种疾病。也不是说，某种疾病一定具备某种人格特征。肯定地说，人格健全、人格发展成熟的人在同样条件下比人格不健全、人格发展不够成熟的人不容易患病，即使患病也容易恢复健康。

教师常见心理问题

人际关系障碍

教师人际关系包括：教师与领导之间的关系、教师与教师的关系、教师与学生的关系。良好的人际关系是维持心理健康的重要条件之一。教师在人际关系方面的障碍表现为：

自闭 不愿展示自己的真实思想和情感，孤僻，不合群，不想与人交往，教师间人际吸引较弱。

冷漠 过于严肃和认真，缺乏热情和爱心，对周围的人常有厌烦、鄙视或戒备心理。

自卑 对个人的能力和品质评价偏低，缺乏信心，悲观失望。另一方面是极为自尊，稍有伤害和不满，就有暴怒或自责不已。

疏远、淡漠的师生关系

情绪不适应

全球化趋势对高等教育领域产生了很大的冲击，也对高校教师提出了一系列新的要求。在此过程中，教师易产生情绪不适应。有的教师表现为厌倦情绪，如在工作上敷衍了事；在生活中，厌倦琐事，时常感到倦怠；有些表现为焦虑感；有些表现为畏难情绪；有的表现为失去自信和控制感。帮助他们采取建设性的方式宣泄不良情绪，和教师共同进行情绪归因，防止产生更深层次的心理行为问题。

人格障碍

"人格"是西方心理学术语，我国心理学界习惯用个性和性格两个术语。人格障碍又称为病态人格或异常人格，是指人格的畸形发展，形成了一种特有的、明显的、偏离所处的社会文化背景，及多数人认可的认知行为模式。人格障碍者不存在认知和智力障碍，没有妄想和幻觉，能认识自己的行为及后果，没有特定的情绪和身体障碍。

教师中人格障碍不多见，表现有如下几种：

强迫型人格障碍　强烈的自制心和自我束缚，过分追求完美。按部就班，注意细节、规则、表格、次序或时间表。过分严肃、认真和谨慎，常犹豫不决，在与别人交往中一旦有人干扰了其生活规律就会内心充满矛盾，但却又很少表现出来。

依赖型人格障碍　主要特征是过多依赖他人，求助于他人出谋划策或出面料理；有的则是懒于动脑出力。

暴躁型人格障碍　行为情绪极不稳定，耐性差，易激惹，因微小的精神刺激而突然爆发非常强烈的愤怒情绪和冲动行为。

偏执型人格障碍　其主要特征是思想固执刻板，过度自我保护和警惕，心胸狭窄，忌妒心强，缺乏幽默感等。

消极行为增多

拖延和避免工作、攻击、酗酒、过量抽烟，与家人和朋友的关系恶化等等是较为常见的教师消极行为。其降低了教师的教育责任感，最可怕的是教师的这种负面情绪，会通过教师的言语、表情、动作直接的传染给学生，这将严重影响到学生的学习效果，以致影响整个教育质量。具体表现主要有：

对教学采取应付方式，备课不认真，甚至不备课，教学活动因循守旧、缺乏创新性。

有的教师受到不公正的待遇后，就会把烦恼、怨愤迁移到学生身上，这样容易产生偏激的心理，进一步加重心理压力，带来一系列心理问题。

对学生失去爱心和耐心，不尊重学生人格，随意挖苦打击学生，不能理智地处理课堂突发事件，伤害学生自尊。

对教师职业失去热情，甚至厌恶教育工作，试图离开教学岗位，另觅职业。这种情绪极易在教师之间得到相互强化，进而影响整个学校的教学风气。

缓解教师心理问题的建议

保持乐观情绪

乐观情绪是一种积极的人生态度，它能使人们用微笑来面对挫折，从而跨越困难，提升自己，有益健康。乐观者的生活品质更高，寿命也更长。保持乐观情绪可通过以下几点：

学会记住生活中一切美好的事物，学会遗忘不愉快的事情。

减少攀比，学会知足常乐。

拓宽视野，寻找新兴的兴趣爱好。

友好对待身边每个人，获得良好的人际关系。

树立积极的人生观与正确的价值观和教育观

加强教师心理健康教育，是培养我国社会主义建设人才的事业需要。在教育工作中，一旦教师能力素质达不到要求，就会造成心理冲突；教师多方位角色的转换错位，容易引起心理上的紧张和疲劳；教师心理调控能力不足，心理健康知识与疏导渠道的缺乏，也使其心理问题得不到及时治疗。因此，教师需要树立积极的人生观与正确的价值观和教育观。

树立积极的人生观　热爱祖国，志存高远，待人真挚诚恳，做事光明磊落；在专业知识、教学技巧、育人成效上与人比赛竞争，而不在权势、谋略比高低，成为维护良好人际关系的榜样。

树立正确的价值观　正确处理奉献与索取的关系，只有以辩证唯物主义和历史唯物主义世纪观及革命人生观为准则，才能有正确的人生方向。

树立正确的教育观　热爱教育事业，严谨治学，勤于进取，热爱学生，诲人不倦。

认知重建

认知是影响个体心理健康水平的重要因素。认知重建策略包括重新认识环境，还包括对自己压力源的认识和态度并做出心理调整以及公正的自我评价。教师只有肯定自己的成绩，正确看待自己的不足，才能保持正常的心态。因此，作为教师要摆正自己的社会位置，辩证地看待遇到的挫折、碰到的困难，扬长避短，减少紧张和压力。

培养自身的幽默感

幽默感是人际交往的润滑剂。一个人如果富有幽默感，就能缓解紧张的气氛，消除尴尬甚至化解仇恨。如何培养自己的幽默感呢？可以通过以下几个方面：

对生活充满积极态度，乐观的生活态度是幽默的"基因"。

区别幽默与讽刺，讽刺会使人反感，幽默的人可以对别人的错误进行善意的批评，也可以使对他人的一种赞扬方式。

思维敏捷，洞察力强，幽默的人往往可以在说明事实的同时更深一层地看到本质，使人在愉快的气氛中意识和接受事实的内在真相。

提高教师自身素质

社会主义市场经济体制的建立和我国经济的持续快速健康发展，特别是教育的改革和发展，对教师素质提出了更新更高的要求。在新的形势下，教师提升自身素质主要可通过以下几条途径：

（1）注重自身师德修养。

（2）参加继续教育学习培训。

（3）学习教育教学理论专著及教育教学刊物。

（4）充分利用网络资源学习、借鉴，交流提高。

（5）外出学习培训。

（6）活动中锻炼提高。

（7）同伴互助。

（8）教育科学研究。

（9）善于思考，乐于反思，勤于总结。

学会调节情绪，维护心理平衡

教师情绪波动起伏，喜怒有变，应属正常现象，但教师又是为人师者，应该经常保持乐观自信的健康情绪，把握并控制好自己的情绪，维护心理的平衡。为此，教师除不断提高自身的修养之外，还应了解一些具体的情绪调节方法：

意识调节法　人的意识能够调节情绪的发生与强度，可以加强意志的磨炼，因此应当努力以个人的意识来控制和调节情绪的变化。

合理释放情绪　即将消极的情绪释放。

注意转移法　当自己处于情绪激动时，为了使它不至于立即爆发，可以有意识地通过转移话题或做点别的事情的方法来分散自己的注意力。

行为转移法　当不良情绪发生时通过改变行为可调控情绪，如参加文体活动，改变面部表情，对自己微笑等来转移消极的负性情绪的影响。

自我心理教育

心理学之父、哲学家威廉·詹姆斯曾说："能接受既成的现实，就是克服随之而来的任何不幸的第一步。" 面对烦恼，回避、畏惧、悲观和怨天尤人均无济于事，明智的选择就是以积极的心态迎接它，并消除它。高校教师应具备自我心理教育的能力，学会自我克制、自我安慰、自我暗示、自我解脱、自我激励等方法，这样才可能针对不同的问题采取不同的策略，有的放矢地使自己得到最大限度的发展。

克制自己的自私心理

自私是一个普遍的心理现象，只要控制程度，则属于正常。而过度的自私会给自己和他人，乃至社会带来很大危害。我们应该采取一些措施来克制自己的自私心理，比如：

通过自我反省的方式进行调控，当自己存在自私想法的时候，可以先写出来或说出来，看看自己行为是否正常，会不会危害到他人，如果不应该存在，则努力改掉不好的做法。

积极帮助他人，一个人想要改正自私的心态，首先应该帮助别人，做一些对他人有益的行为，从小事做起。

将自己的付出当作一种快乐，在帮助他人的过程中得到快乐，从而避免自私的心理。

养成健康的生活方式

在放松心情的同时，还要注意形成健康的生活方式。要做到以下几点：

保证充足的睡眠 睡眠充足，人就会轻松愉快地投入到学习和生活中去，充分发挥脑的功能。还应遵循体内的生物节律和一定的作息规律，使大脑保持良好的工作状态。如在上床前的 2 个小时之前停止一些令人兴奋的活动或者工作。闭目养神、读书、听音乐、喝一杯热牛奶等都有助于我们改善睡眠。

尝试新的爱好 丰富多彩的业余生活，可以分散教师的注意力，减轻压力。但要记住，爱好只是一种乐趣而非日常工作，你只管投入其中，而不要在乎做得好坏，否则，又会产生新的压力。

配合科学、合理的饮食 身体在压力之下消耗的能量比平时快，所以，健康的饮食非常重要。教师要养成良好的饮食习惯，要注意一日三餐的定时定量及热量和营养素的科学分配，注意合理搭配食物及膳食的平衡。如尽量多吃新鲜水果和蔬菜，尽量多吃纤维食物等，以保证各种营养素的供应。

积极进行体育锻炼 体育锻炼有助于释放体内能量，有助于头脑转向其他事情从而忘掉使身体积累的失意和压抑。有规模地进行散步、慢跑、游泳及其他一些有益的活动，可以消除学习及工作在体内积累起来的压力和紧张。